再现传统中国的思想

黄进兴 著

SPM
南方出版传媒
广东人民出版社
·广州·

图书在版编目（CIP）数据

再现传统中国的思想／黄进兴著．—广州：广东人民出版社，2020.3
ISBN 978-7-218-14199-2

Ⅰ．①再… Ⅱ．①黄… Ⅲ．①思想史—中国—文集 Ⅳ．①B2-53

中国版本图书馆 CIP 数据核字（2020）第 024331 号

ZAIXIAN CHUANTONG ZHONGGUO DE SIXIANG
再现传统中国的思想
黄进兴 著

出 版 人：肖风华

丛书策划：李怀宇
责任编辑：李展鹏
装帧设计：张绮华
责任技编：周 杰 周星奎

出版发行：广东人民出版社
地 址：广州市海珠区新港西路 204 号 2 号楼（邮政编码 510300）
电 话：（020）85716809（总编室）
传 真：（020）85716872
网 址：http：//www.gdpph.com
印 刷：恒美印务（广州）有限公司
开 本：889mm×1194mm 1/32
印 张：9.875 字 数：230 千
版 次：2020 年 3 月第 1 版
印 次：2020 年 3 月第 1 次印刷
定 价：59.00 元

如发现印装质量问题影响阅读，请与出版社（020-85716848）联系调换。
售书热线：（020）85716826

自　序

20世纪80年代甫归国，某日受大学之邀做了一个讲演，大约是攸关“朱陆异同”的陈年老题目。因为受了英国哲学家柯灵乌（R. G. Collingwood，1889—1943）分析形上学（metaphysics）的启示，我尝试着用解析“绝对预设”（absolute presuppositions）的技巧，①去厘清两位南宋理学家——朱熹（1130—1200）和陆象山（1139—1193）思想歧异的底蕴。其知识背景当然是鉴于该时某些哲学史工作者总是摆脱不了固有宗派意识的作用，依旧沉溺于道统党同伐异的习性，故希冀个人能另辟蹊径，开拓出一条新路。当然，抚今追昔显然毫不起作用，无奈只是踽踽独行而已。

但是那回讲演，因缘有位听众提问谓：你的分析还不错，但是洋味略重，中国的哲学能否只用本土的概念去阐释？当时我一愣，虽然答了“方法无分中西，只要合宜即行”，可是从此内心却时时徘徊那位先生的提问达数十年之久。直至2014年，我偶读了法籍哲学史名家哈铎（Pierre Hadot，1922—

---

① R. G. Collingwood, *Essay on Metaphysics* (Chicago: Henry Regnery Company, 1972), Chs. IV and V.

2010）的两部英译作品，①方才恍然大悟症结所在。原来中国古典哲学如同西方上古思想一般，均着重在实践，而非言辞辩难，故并非只是重构“论证”即可了事。若是，恰似买椟还珠，本末倒置。

其实，自清末以来西方思想即从四面八方，排山倒海涌进中国。各方反应遂亦不一，其授受的光谱竟有两极：有全盘排斥者，有欣然接受者，二者究竟皆非中庸开通之道。众人之中，个人认为最稳健而中肯者无过于王国维（1877—1927）。他主张：

> 今之言学者，有新旧之争，有中西之争，有有用之学与无用之学之争。余正告天下曰：学无新旧也，无中西也，无有用无用也。②

类此膛腑开阔、百川纳海的胸怀，实不多见。无怪王氏的学问在民初成就最大，境界最高，得居“清华四大导师”之冠。

今哲人已远，典型仍在夙昔，个人平日学习，亦不忘秉持相同的信念，时时鞭策、警惕自己。故拙作所有的文本，无论早发或晚出，题旨虽然有异，惟无不出于同样的旨趣：迎新与纳旧，必须与时俱进。

末了，我必得向老友李怀宇先生致谢，承他热心地牵成，

---

① Pierre Hadot, *Philosophy as a Way of Life*: *Spiritual Exercises from Socrates to Foucault*, edited with an introduction by Arnold I. Davidson, trans. Michael Chase (Malden, Mass.: Blackwell Publishing Ltd., 1995); *What Is Ancient Philosophy*? trans. Michael Chase (Cambridge, Mass.: The Belknap Press of Harvard University Press, 2002).

② 王国维，《国学丛刊序》（1911），谢维扬、房鑫亮编，《王国维全集》（杭州：浙江教育出版社，2009），卷十四，页129。

拙作方得为广东人民出版社所接纳与刊行。常语有云：“为学如逆水行舟，不进则退。”良哉斯言！拙作的缺陷与不足之处必然甚多，故尚祈海内外博雅君子，不吝时时予以指正。

黄进兴谨志

2019 年

目　录

机构的宣言
——重读傅斯年的《历史语言研究所工作之旨趣》

若要标举中国近代史学的里程碑，有两篇大块文章绝不可忽略：其一是1902年梁启超（1873—1929）所发表的《新史学》①；另一则是1928年傅斯年（1896—1950）刊行的《历史语言研究所工作之旨趣》②。前篇系开风气之先，后篇则是机构的宣言；两者影响日后中国史学的发展，既深且远。之前，个人对梁氏《新史学》业略有抒发，于此不再赘言。③以下则拟语境化（contextualize）傅斯年的《历史语言研究所工作之旨趣》，希冀能彰显该文划时代的学术意涵。

---

① 梁启超，《新史学》，《饮冰室文集》（台北：台湾中华书局，1960），第二册，“文集之九”，页1—32。

② 傅斯年，《历史语言研究所工作之旨趣》，傅孟真先生遗著编辑委员会编，《傅斯年全集》（台北：联经出版公司，1980），第四册，页253—266。

③ 黄进兴，《中国近代史学的双重危机：试论“新史学”的诞生及其所面临的困境》，氏著，《后现代主义与史学研究》（台北：三民书局，2006；北京：三联书店，2008），附录，三民版页229—267，三联版页217—255。

傅斯年在北京大学甫完成学业后，考取官费留学，于1919年冬便径赴英国深造；然而这段时期，他投入实验心理学与其他自然学科的修习，与史学研究的关系并不显豁。但1923年秋，他由英国转至德国进修，则深受德国学术氛围的影响，受到比较语言学与历史语言学的熏染，遂奠定他对史学研究的理解。1926年他从德国返国，不到两年便受命筹备“中央研究院历史语言研究所”，并发表《历史语言研究所工作之旨趣》，该文不啻为设立“史语所”的宣言，并引领了下一世代的学风。

世纪之际，欧洲学风已有相当大的变化（包括德国），但傅斯年留德期间对当时德国史学界的认知，似犹被笼罩在19世纪历史学派之下。该时对“语言学”(philology)和“档案”(archives)的重视,①依旧主导了史学研究，而学界较无感于新兴“社会科学”对传统史学的冲击，这与20世纪初期的德国历史学的特征是一致的。②

傅斯年向来厌恶马克思主义，因此鄙视唯物史观，连带对

---

① 傅斯年当年称之为“语言学”（philology），今则译为“语文学”，而与今之“语言学”（linguistics）有所区别。概言之，“语文学”的对象系文字书写，“语言学”则是言说口语。较详细的讨论则参阅Ku-ming Kevin Chang, “Philology or Linguistics? Transcontinental Responses”, in *World Philology*, ed. Sheldon Pollock, Benjamin A. Elman and Ku-ming Kevin Chang (Cambridge, MA: Harvard University Press, 2015), pp. 311 - 331.

② cf. Fritz Ringer, *Max Weber's Methodology: The Unification of the Cultural and Social Sciences* (Cambridge, MA: Harvard University Press, 1997), pp. 8 - 35.

方兴未艾的社会科学于史学的冲击，难免较为低估。①其时他对"社会科学"的认识，似犹停留在"辅助科学"（auxiliary sciences）的工具层面，尚未察觉"社会科学"无论在理论还是方法方面，均将掀起惊涛骇浪。②试对照当时中国史学的动态，另一股企图结合社会科学的史学业已隐然成形，不容忽视；例如，何炳松（1890—1946）于1924年移译了鲁宾逊（James Harvey Robinson，1863—1936）的《新史学》（*New History*），该书极力鼓吹史学与社会科学结盟，主张"历史能否进步，能否有用，完全看历史能否与他种科学联合，不去仇视它们"③。该书风行一时，甚受学界欢迎。④不止于此，原为中国

---

① 举其例：他的晚年定论可见于《"国立台湾大学"法学院〈社会科学论丛〉发刊词》（1950），《傅斯年全集》第四册，页362—365。马克思主义一般被视作社会科学的分支或特殊形态。傅氏发表《旨趣》不久，即发生"中国社会史论战"，围绕唯物史观而发，多方针锋相对。遑论之后，社会科学对史学的冲击。请参阅拙文《历史的转向》，《文化中国》44（2016）：1—10。

② "辅助科学"（auxiliary sciences）乃是传统史学治史的辅助工具，例如钱币学、训诂学、版本学等等。"辅助科学"与"社会科学"之基本差别是：前者为史学之工具，帮助辨伪、考订与解读文献；后者则提供史学解释的理论和方法。

③ 鲁宾逊的《新史学》发表于1912年，其在美国的社会与学术意义可参阅Richard Hofstadter，*The Progressive Historians*（New York：Vintage Book，1970）的相关章节。何炳松受朱希祖之托，将所授课程之英文教本译为中文。何炳松译，《新史学》（上海：商务印书馆，1924），页151。

④ 李孝迁，《西方史学在中国的传播（1882—1949）》（上海：华东师范大学出版社，2007），第五章"鲁宾逊新史学派在中国的回响"，页192—239。

"新史学"发声者的梁启超，继其扛鼎之作《中国历史研究法》（1922）之后，于1926年复刊行了《中国历史研究法补编》，也坦承"史学，若严格的分类，应是社会科学的一种"①。尤有进之，企图结合社会科学的想法，并非流于空谈，视该时主流大学的史学教育学制的更革，均能见其斧凿之痕。例如：1920年起，北京大学史学系即明定"社会科学，为史学基本知识，列于必修科"②。其劲敌清华大学也不遑多让。③

要之，傅斯年所标举的"历史语言"研究的进路，与主张和社会科学结盟的史学，适代表当时两种截然有异、相互抗衡的史学流派。按日耳曼的历史学派专擅"语言学"，傅斯年深悉个中三昧：于公，他立意将"语言"二字镶嵌入甫创立的机构名称——"历史语言研究所"（英文名称则为"Institute of History and Philology"）；于个人实践，他日后几篇中国上古史的开创性研究，均与此息息相关。例如：令他声名大噪的《性命古训辨证》④、《夷夏东西说》⑤诸篇。要言之，"语言学"乃是傅氏治史的利器，其影响绝不止于工具而已；无论在研究进

---

① 梁启超，《中国历史研究法补编》，《饮冰室专集》（台北：台湾中华书局，1972），第一册，页151。

② 朱希祖，《北京大学史学系过去之略史与将来之希望》，《北京大学卅一周年纪念刊》（国立北京大学卅一周年纪念会宣传股编印，1929），页70—71。又见其为何炳松所译，《新史学序》，《新史学》，页1—2。

③ 清华大学历史系编，《文献与记忆中的清华历史系（1926—1952）》（北京：清华大学出版社，2016），页6。

④ 傅斯年，《性命古训辨证》，《傅斯年全集》第二册，页161—404。

⑤ 傅斯年，《夷夏东西说》，《傅斯年全集》第三册，页86—157。

路还是学术命题，它均发挥了关键性的作用。晚近，我的同事张谷铭博士对德国“语言学”（philology，或译“语文学”）与傅斯年史学的形成，有甚为精辟的阐述。①拙文则拟萃取傅氏大文的主要论旨，稍加铺陈，俾便掌握其来龙去脉。

简之，《历史语言研究所工作之旨趣》毫无疑义系傅氏一生治学的纲领，也是傅氏史学最完整的陈述。而最为时人及后代所津津乐道的便是“历史学只是史料学”此一响亮的口号，其功过是非总缘此一命题而发。可是要理解此一论点，则必须先掌握傅氏对史学的定位，以及所赋予的任务。以次，方及他所引进的“史料”的新概念。傅氏的史学与兰克学派的关系断不能机械性地看待，否则恰如禅宗所云：“死在字下。”要之，兰克（Leopold von Ranke，1795—1886）的史学在世纪之际的德国乃至欧洲，面临强敌环伺、四面楚歌的窘况；但若干治史的精神，尤其对不同文化的外来人却仍是新颖可喜，而为傅氏所摄取或继承。

首先，《旨趣》一文，傅氏开宗明义便反对“著史”，因为著史每多多少少带点古世、中世的意味，且每取伦理手段，

---

① 张谷铭，《Philology 与史语所：陈寅恪、傅斯年与中国的“东方学”》，《“中央研究院”历史语言研究所集刊》87. 2（2016）：375—460。另外，王汎森的傅斯年传记，迄今仍是傅氏学思最为生动翔实的力作，甚值得参考。见 Fan-sen Wang，*Fu Ssu-nien*：*A Life in Chinese History and Politics*（Cambridge：Cambridge University Press，2000）；中译本为王晓冰译，《傅斯年：中国近代历史与政治中的个体生命》（北京：三联书店，2012）。

作文章家的本事。①傅氏立意打破中国春秋笔法和文史合一的传统，于此表露无遗。他反对“疏通”，认为只要把材料整理好，则事实自然显明了。依此，外加的“见解”或多余的“推论”，皆不可取，甚至是“危险的事”。②

在他的授课讲义《史学方法导论》里，傅氏犹一再提示直接史料与间接史料的不同价值。以致民初学人之间，他格外推崇王国维（1877—1927）和陈寅恪（1890—1969），其故皆因二位懂得运用中、外直接史料，创造出辉煌的成果。③

其实只要稍加比对兰克的论点，傅氏的史学源头就豁然开朗。兰克的《1494年至1514年拉丁与日耳曼民族史》（*Histories of the Latin and Germanic Nations*, 1494－1514），向来被公认为西方近代史学的里程碑，它的序言学界尤耳熟能详。兰克说道：

> 历史曾经被赋予判断过去，指导现在，以为未来谋福的职责。本书不希望有如许的需求，它仅是陈述真正发生的事实而已。④

兰克呼吁历史仅是“陈述真正发生的事实”（*wie es eigentlich gewesen*），初闻之下语调似极谦卑，实则不然。这句话正是近

---

① 傅斯年，《历史语言研究所工作之旨趣》，《傅斯年全集》第四册，页253。

② 傅斯年，《历史语言研究所工作之旨趣》，《傅斯年全集》第四册，页262。

③ 傅斯年，《史学方法导论》，《傅斯年全集》第二册，页7—23。

④ *The Theory and Practice of History*: *Leopold von Ranke*, ed. Georg G. Iggers and Konrad von Moltke (Indianapolis: Bobbs-Merrill, 1973), p. 137.

代史学的精神标志，它象征历史的独立宣言，史学从此无复是神学、哲学的奴婢，亦非文学、艺术的附庸。

对兰克而言，平铺直叙地呈现史实，纵使感到抑制与无趣，仍然是史学的至高法则。所以舞文弄墨，并非史家分内之事。兰克自许己身的著作咸得自辛勤爬梳的原始资料，果非万不得已，绝不假手间接史料；得以符合如此严苛的史料纪律，他感到万分的自豪。①

而“史实自明”同为傅斯年反对“疏通”的理据。傅氏坚信：

> 史学的对象是史料，不是文词，不是伦理，不是神学，并且不是社会学。史学的工作是整理史料，不是作艺术的建设，不是做疏通的事业，不是去扶持或推倒这个运动，或那个主义。②

若稍加推敲这些学科排名顺序的底蕴，并不难察觉傅氏思路所反映的竟是西方史学演变的缩影。他避而不提传统旧学中压制史学的“经学”，反倒突显西方文化独特的产物——“神学”与“社会学”，就是极可玩味的线索。③这些学科均曾在历史的

---

① *The Theory and Practice of History: Leopold von Ranke*, pp. 137 - 138.

② 傅斯年，《史学方法导论》，《傅斯年全集》第二册，页5。

③ “神学”主导西洋中古史学。“文词”、“伦理”向来是西方上古史学至18世纪启蒙史学所牵涉的面相。“社会学”则是因19世纪法国孔德（Auguste Comte，1798—1857）建立之后，将史学附属其下。*Auguste Comte and Positivism: The Essential Writings*, ed. Gertrud Lenzer (New York: Harper & Row, 1975), pp. 66, 91 - 92, 247 - 261.

园地留下喧宾夺主的纪录，所以傅氏重申史料方是历史的主体，只要整理好史料，事实就显豁了。

若依兰克之见，欲达成上述的目标，历史则必得植基于原始资料，而非如传统史家以文采为高，辗转抄袭，以讹传讹。按，兰克固然受后世封作“科学史学的始祖”（the founder or father of scientific history），但他的文采与叙事风格，生前身后均备受称颂的事实，却往往不受重视。要之，他的史著不止受到标榜“文史合一”的麦考雷（Thomas Babington Macaulay，1800—1859）极大的赞扬，①稍后的狄尔泰（Wilhelm Dilthey，1833—1911）甚至将兰克与修斯狄士（Thucydides，460 BC—400 BC）、古佐亚地尼（Francesco Guicciardini，1483—1540）、吉朋（Edward Gibbon，1737—1794）、麦考雷列为同一等级的叙事天才。②可见作为近代史学的肇基者，兰克深刻动人的文笔并非传承所在；反而拟似科学而严谨的史料批评，方被视为正传。③兰克要求自己的著作需得自原始资料，果非万不得已，绝不假手间接史料。他借自己的作品《宗教改革时期的日耳曼

---

① 举其例：麦考雷对兰克的名著《教皇史》（*Histoire des Papes*）称颂备至。参阅 Thomas Babington Macaulay, *Critical and Miscellaneous Essays*（New York：D. Appleton and Company，1895），vol. Ⅲ，pp. 303 – 340。

② Wilhelm Dilthey, *Selected Writings*, ed. and trans. H. P. Rickman（Cambridge：Cambridge University Press，1976），p. 188.

③ Lord Acton, *Essays in the Study and Writing of History*（Indianapolis：Liberty Classics，1985），pp. 331 – 332；G. P. Gooch, *History and Historians in the Nineteenth Century*（Boston：Beacon Press，1968），p. 97.

史》（*Deutsche Geschichte im Zeitalter der Reformation*）现身说法道：

> 我见到这个时代的来临，吾人不复将近代史（modern history）建立在间接的报导之上，甚而同时代的史家除非拥有一手的知识，亦不予采信。我们宁可把史学从目击的叙述与最真实及直接的史源中建立起来。①

要之，兰克并非首创应用原始资料的史家，但是他却是第一个将此一原则引领至近代史研究的领域。于此，兰克心目中的"近代史"必须稍行批注，方能识其大义。盖15、16世纪以降，欧洲各国所积存的外交档案，于19世纪渐次开放，兰克适逢其会，善加运用，成果斐然；这段历史材料的优势，实上古史与中古史难以望其项背的，以致兰克的成就以近代政治外交史最为耀眼。

终其一生，兰克风尘仆仆地至欧洲各处，辛勤寻找、爬梳原始的档案，他所构作的史著无非是己身治史理念最佳的实践。②他的治学风格诚如下一世纪中国的追随者——傅斯年所自勉的：

> 我们不是读书人，我们只是上穷碧落下黄泉，动手动

---

① Leopold von Ranke, *History of the Reformation in Germany*, trans. Sarah Austin (London: George Routledge and Sons, Limited, 1905), p. xi.

② 参阅 Gino Benzoni, "Ranke's Favorite Source" 与 Ugo Tucci, "Ranke and the Venetian Document Market", 均收入 *Leopold von Ranke and the Shaping of the Historical Discipline*, ed. Georg G. Iggers and James M. Powell (Syracuse: Syracuse University Press, 1990), chs. 4&9。

脚找东西！①

傅氏亟于找寻的“东西”就是“新材料”，居中特以直接史料为高。迥异于传统静坐书斋的文士，傅氏为中国史家塑模动态的新形象，无非远绍西方的兰克。

这种对原始资料的要求，在西方亦迟迄近代方成为史学操作的普遍原则。②而该时西方史学方法的巨著，亦将上述的观点融入其中。③例如：法人朗格诺瓦（Charles V. Langlois，

---

① 傅斯年，《历史语言研究所工作之旨趣》，《傅斯年全集》第四册，页264。虽然我揣测傅斯年所塑立的新史家形象取自兰克的治学特征，但此一句话似由英国史家崔威廉（George Macaulay Trevelyan，1876—1962）转手而来。崔威廉于1903年发表《重新发现克里欧》（注：克里欧［Clio］为历史女神），旨在驳斥另一位史家伯雷（J. B. Bury，1861—1927）科学史学之说。1913年崔氏修订后复收入《克里欧：一位女神》。该文形容敌对的学派“Collect the ‘facts’ …you must go down to Hell and up to Heaven to fetch them”。参较 George Macaulay Trevelyan，“Clio Rediscovered”，in *The Varieties of History*，ed. Fritz Stern（Cleveland：Meridian Books，1957），p. 232。傅斯年所形塑的史家具有搜寻资料的动态观念，此与囿于饱读经史的传统学者有所区别。

② Arnaldo Momigliano，“Ancient History and the Antiquarian”，in his *Studies in Historiography*（New York：Harper & Row，1966），pp. 1－39.

③ 19、20世纪之交，西方广受欢迎且最具分量的两本史学方法巨著，其一为德国史家伯伦汉（Ernst Bernheim，1850—1942）于1889发表的《历史方法论与历史哲学》（*Lehrbuch der Historischen Methode und der Geschichtsphilosophie*）（今名），其二为法国史家朗格诺瓦及赛格诺博于1897年合著刊行的《史学原论》。二书一方面绍述兰克史学，另一方面有所订补，但于此二原则仍深信不疑。这只要稍稍检视它们在“史料征辨”所费的巨大篇幅即可得知。

1863—1929）在其与赛格诺博（Charles Seignobos，1854—1942）合著的《史学原论》（*Introduction aux Études historiques*）里，甫开头便定调："史家处理的是文献（documents）。"①紧接着便不惮其烦阐述史料的征辨，直作到巨细靡遗的地步，方才歇笔。他的业师，同时是法国科学史学的代言人——古朗士（Numa-Denis Fustel de Coulanges，1830—1889）对原始资料有近似洁癖的要求，因为他相信可靠的史料自会忠实地反映历史的真况。对"史实自明"的信心，令他在某个场合面对喝彩的学生，发下如许的豪语：

> 请勿为我鼓掌！在这里讲演的并非我自己，而是历史透过我在讲话。②

凡稍涉猎兰克史学者，初闻古朗士之语，立可知晓古朗士于此无非重申兰克的信念。兰氏于其《英国史》（*Englische Geschichte*）的结论中，曾写道：

> 我所盼望做到的是把自我祛除掉，仅由事情现身说法，让强大的力量显现出来。③

---

① Charles V. Langlois and Charles Seignobos, *Introduction to the Study History*, trans. G. G. Berry (New York: Henry Holt and Company, 1898), p. 17.

② Quoted by Emery Neff, in *The Poetry of History* (New York: Columbia University Press, 1947), p. 192.

③ Quoted by Helmut Berding, in "Leopold v. Ranke", in *Deutsche Historiker*, ed. Hans-Ulrich Wehler (Göttingen: Vandenhoeck & Ruprecht, 1973), p. 13.

这段话曾经传诵一时，且广为学圈所征引。对兰克与古朗士而言，史家旨在“揭露”（reveal）历史，而非“解释”（interpret）历史，乃是史学不证自明的预设。①

不容讳言地，由于情境有异，傅斯年终究不是中国的“古朗士”。因为古朗士坚持：“历史是门科学，爱国是项德性；两者绝不可以相混”②，而傅斯年却明白宣示：本国史的教育价值，主旨在启发“民族意识”上。③职是，民族主义对傅斯年治史则颇有渗透力，傅著《东北史纲》尤涉民族争议。④

相对地，兰克史学在英国的代言人艾克顿（Lord Acton，1834—1902）则申言：“历史倘要免于遁词或争议，则必得站在文献上，而非徒逞意见。”⑤ 在一封发给《剑桥近代史》（*Cambridge Modern History*）撰稿者的公开函里，他更表示由于

---

① James Westfall Thompson, *A History of Historical Writing* (New York: The Macmillan Company, 1942), vol. Ⅱ, p. 456.

② James Westfall Thompson, *A History of Historical Writing*, vol. Ⅱ, p. 372. 不要忘记，兰克于论辩“宗教改革”（The Reformation）时，也宣称：首先，他是位史家，其次方是基督徒。Lord Acton, “Inaugural Lecture on the Study of History”, in his *Liberal Interpretation of History* (Chicago: Chicago University Press, 1967), p. 337.

③ 傅斯年，《闲谈历史教科书》，《傅斯年全集》第四册，页321。

④ 傅斯年治史与民族思想的牵连，请参阅傅乐成，《傅孟真先生的民族思想》，胡适等著，《怀念傅斯年》（台北：秀威信息科技公司，2014），页17—26。又，王汎森，《读傅斯年档案札记》，《当代》116（1996）：37—49。

⑤ Lord Acton, “Inaugural Lecture on the Study of History”, p. 332.

档案的开发与应用，史学研究已臻最终的境界。他相信今后所写的“滑铁卢战役”（The Battle of Waterloo）定能令法、英、德、荷，敌对各方所接受。①他在剑桥大学的继承者——伯雷（John Bagnell Bury，1861—1927）尚以为：只要聚集全部人类历史最细微的事实，历史的真相终会明白。②

这种“史实自明”的乐观情怀，于1900年举办的“首届世界史家会议”（The First International Congress of Historians）再次表现无遗。有位史家在揭幕辞中就信誓旦旦地宣称：“事实、事实、事实（facts）本身即带有教训与哲学，真相（truth，或译“真实”），所有的真相，除此无他”③。

值得注意，同一时期的史学论著，便出现言必有据、步步为营的脚注格式，与之相互呼应。④而史料批评遂成为史家的必备条件，经由共同方法的操作，史学加速专业化。而职业史

---

① Lord Acton, “Letter to Contributors to the *Cambridge Modern History*”, pp. 396, 399.

② Quoted by Geoffrey Barraclough, in *Main Trends in History* (New York and London: Holmes & Meier, 1991), p. 7.

③ Quoted by Peter Novick, in *That Noble Dream* (Cambridge: Cambridge University Press, 1993), p. 38.

④ “脚注”（footnotes）在不同时期的史家处，自有不同的功能。近代史学论著的书写形式则至兰克方才定型。见 Anthony Grafton, *The Footnote: a Curious History* (Cambridge, MA: Harvard University Press, 1997), chs. 2 & 3。

家的登场自然成为近代史学的特色。①在中国，“历史语言研究所”的诞生，无疑是最佳的见证。

实言之，“重视史料”，尤其“原始资料”（original sources），并非始自傅斯年，之前梁启超、胡适受西学影响，业已阐发再三；②惟所不同的是，留德，又曾受业于胡适的傅氏复将此一论点激进化，进而申论“史料的优先性”，遂成就渠“史学即史学”的看法。职是之故，在学理上傅斯年便直截了当地概称：“史学便是史料学”。③因是他认为：

> 凡能直接研究材料，便进步。凡间接的研究前人所研究或前人所创造之系统，而不繁丰细密的参照所包含的事

---

① 在西方，史学的专业化各有不同的国情，但众口一词的是“史料批评方法”的建立和盛行起了关键的作用。参见 Felix Gilbert，“The Professionalization of History in the Nineteenth Century”, in *History: the Development of Historical Studies in the United States*, ed. John Higham with Leonard Krieger and Felix Gilbert (Englewood Cliffs, NJ: Prentice Hall, 1965), pp. 320 – 339。晚近有美国史家专就美国史学初起的专业状况，援“历史政治研究”（historico-politics）的分合以修正兰克史学的影响，但整体而言并不足以动摇前述的论点。比较 Dorothy Ross，“On the Misunderstanding of Ranke and the Origin of the Historical Profession in America”, in *Leopold von Ranke and The Shaping of the Historical Discipline*, pp. 154 – 169。此外，必须一提的，兰克及其门徒所创立的史学杂志对历史研究的专业化亦不容忽视。参见 Margaret F. Stieg, *The Origin and Development of Scholarly Historical Periodicals* (Alabama: The University of Alabama Press, 1986), pp. 3 – 38。

② 梁启超，《中国历史研究法》（1922），《饮冰室专集》第一册。胡适，《治学的方法与材料》（1928），《胡适文存》（台北：远东图书公司，1990），第三集，页 109—122。

③ 傅斯年，《史学方法导论》，《傅斯年全集》第二册，页 6。

实，便退步。①

倚此，傅氏且分辨“科学研究”与过去“学院学究的研究”的差异，遂创立了中国第一个专业史学的研究机构——历史语言研究所。

至于对材料的态度，傅氏主张“存而不补”；对处置材料的手段，则是“证而不疏”。他认为史家应在材料之内发现无遗，材料之外一点也不越过去说。②他执着：

史的观念之进步，在于由主观的哲学及伦理价值论变做客观的史料学。③

依他之见，西方近代史学得以突破，乃缘史料编辑学的跃进。举其例，日耳曼的历史学派，便以挖掘档案、整理史料为治史特色。这种史学，实超希腊、罗马以上，其编纂不仅在于记述，而且有特别鉴定之功夫。他对西方，尤其是德国的史料编纂工作印象尤为深刻。傅斯年甚至称“近代史学亦可说是史料编辑之学”④。意谓史家只能从多方的史料里披沙拣金，过滤出事实的真相。故他亦不落人后，指示史语所投入人力整理出“明清史料”，供学界取资使用。⑤ 日后，史语所迁台，依旧大规模整理出版《清代内阁大库原藏明清档案》三百二十四册

---

① 傅斯年，《历史语言研究所工作之旨趣》，《傅斯年全集》第四册，页256。

② 傅斯年，《历史语言研究所工作之旨趣》，《傅斯年全集》第四册，页262。

③ 傅斯年，《史学方法导论》，《傅斯年全集》第二册，页5。

④ 傅斯年，《中西史学观点之变迁》，《当代》116（1995）：69。

⑤ 傅斯年，《明清史料发刊例言》，《傅斯年全集》第四册，页357—359；《明清史料复刊志》，同前书，页360—361。

(1986—1995)，即是秉持、延续傅氏前所奠定的学风。他砥勉本所同人之治史学，不以空论为学问，亦不以“史观”为急图，乃纯就史料探究史实。① 无怪在西方史家中，傅氏特别推崇兰克（软克）与莫母森（Theodor Mommsen，1817—1903）的史学成就；相对地，在中国史学，他则看重司马光以至钱大昕之治史方法，②而在史料应用方面，他固贬抑欧阳修《五代史》的成著，另一方面却高度称誉欧阳氏的《集古录》乃是“下手研究直接材料，是近代史学的真功夫”③。其故无他，即在迎合西方史学所要求的史料考订水平。

以上所述恰好解开中国近代史学的一个谜团：新史学的倡导者既是摒弃固有史学，何以又对传统的考史功夫赞赏有加。此一情结不止见诸傅氏一人，梁启超、胡适之辈亦复如此。譬如，他们虽蔑视《资治通鉴》所蕴涵的史观，却独对司马光的史考交相称许。而考史工作的极致——清代考据学更受到一致的推崇。唯一不同的，受到西方史学的冲击，考证工作必得重新对焦：传统经典已不复是最后诉求的权威，史料与事实的关联方构成新史学关怀的焦点。这也就是傅斯年所坚持的：“如果抱着‘载籍极博犹考信于文艺’的观念，至多可以做到一个

① 傅斯年，《〈史料与史学〉发刊词》，《傅斯年全集》第四册，页356。

② 傅斯年，《〈史料与史学〉发刊词》，《傅斯年全集》第四册，页356；又见氏著，《中西史学观点之变迁》，页69。有关兰克与莫母森的史学可参阅 G. P. Gooch, *History & Historians in the Nineteenth Century*, chs. Ⅵ & ⅩⅩⅣ。

③ 傅斯年，《历史语言研究所工作之旨趣》，《傅斯年全集》第四册，页254。

崔述，断断乎做不到一个近代史学者"①的正解。

此外，清代朴学之受重视，与清末民初科学主义中的方法论运动有极密切的关系。梁启超早在1902年总结有清一代朴学，即认定考据学者"以实事求是为学鹄，颇饶有科学的精神"②。他相信凡欲一种学术之发达，"其第一要件，在先有精良之研究法"。民国以后，他愈发推衍此说，进而赞扬清代学者"刻意将三千年遗产，用科学的方法大加整理"，取得丰硕的成果，甚值后人发扬光大。③他鼓吹用科学方法去研究国学中的文献学问，而《中国历史研究法》正是他所谓科学方法的实践。梁氏亟思以新史学扩充、检验数据的态度，打破传统经学的束缚，以树立一派"新考证学"。④

这种"方法"意识稍后愈演愈烈。胡适在民初主张"整理国故"，但怎么整理呢？他说：

> 新思潮对于旧文化的态度，在消极一方面是反对盲从，是反对调和；在积极一方面，是用科学的方法来做整理的功夫。⑤

他又说：

---

① 傅斯年，《中国古代文学史讲义》，《傅斯年全集》第一册，页57。

② 梁启超，《论中国学术思想变迁之大势》，《饮冰室文集》第二册，"文集之七"，页87。

③ 梁启超，《清代学术概论》（台北：启业书局，1972），页49，173。

④ 梁启超，《治国学的两条大路》，《饮冰室文集》第七册，"文集之三十九"，页110—113。

⑤ 胡适，《新思潮的意义》，《胡适文存》第一集，页736。

科学的方法，说来其实很简单，只不过“尊重事实，尊重证据”。在应用上，科学的方法只不过“大胆的假设，小心求证”。

在历史上，西洋这三百年的自然科学都是这种方法的成绩；中国这三百年的朴学也都是这种方法的结果。①

他不止称誉“中国旧有的学术，只有清代的‘朴学’确有‘科学’的精神”②，更径言，清代学者的科学方法出现，乃是中国学术史的一大转机。③

梁启超、胡适等对“科学”本身了解得真确与否，并不是本文关心的要点；重要的是他们都把“科学方法”当作获得正确文史知识的保证。④清代考据学则恰好符合“史料考订”与“科学方法”的双重用途，以致成为接引西学的方便桥梁；但“桥梁”本身究竟不是西学“净土”的终点站。作为胡适高弟的傅斯年尤加肯定“方法”之普适性，他认为：

世界中无论那一种历史学或那一种语言学，要想做科

① 胡适，《治学的方法与材料》，《胡适文存》第三集，页109—110。

② 胡适，《清代学者的治学方法》，《胡适文存》第一集，页391。

③ 胡适，《清代学者的治学方法》，《胡适文存》第一集，页390—391。胡适在晚年追述：“我治中国思想与中国历史的各种著作，都是围绕着‘方法’这一观念打转的。‘方法’实在主宰了我四十多年所有的著述。”唐德刚译，《胡适口述自传》（台北：传记文学出版社，1981），页94。

④ 请参考拙著，《论“方法”及“方法论”：以近代中国史学意识为系络》，氏著，《历史主义与历史理论》（台北：允晨文化公司，1992；西安：陕西师范大学出版社，2002），允晨版页261—285，陕西师大版页199—220。

学的研究，只得用同一的方法，所以这学问断不以国别成逻辑的分别，不过是因地域的方便成分工。①

所以他坚决反对有所谓的“国学”、“中国学”诸名词，也不屑洋人所造的支那学“新诺逻辑”（Sinology）一事。

必须点出的，胡适对清代学者推崇备至，认为他们治学符合现代科学的方法：“大胆假设，小心求证。”②但是傅斯年则有些许保留。他固然承认：“清代学问在中国历朝的各派学问中，竟是比较的最可信最有条理的。”③可是他最后的结论却急转直下：

但是若直用朴学家的方法，不问西洋人的研究学问法，仍然是一无是处，仍不能得结果。所以现在的学者，断不容有丝毫“抱残守缺”的意味了。④

从上可以获悉傅氏之所以看重清代考据学，只不过将其定位为解读资料的“辅助科学”，犹非史学的主体。

约言之，傅斯年对于兰克，绝非食古不化。兰克治史的强项存于他对“文献”（documents）的搜寻、爬梳与娴熟的解读，由于他有“文本崇拜”（textual fetishism）的倾向，致使他轻忽考古文物的价值，尤其在其晚年处理西洋上古史时，此一

---

① 傅斯年，《历史语言研究所工作之旨趣》，《傅斯年全集》第四册，页262。

② 胡适，《清代学者的治学方法》，《胡适文存》第一集，页383—412。

③ 傅斯年，《清代学问的门径书几种》，《傅斯年全集》第四册，页411。

④ 傅斯年，《清代学问的门径书几种》，《傅斯年全集》第四册，页415。

弱点更暴露无遗。①然而19世纪下半叶，形势丕变，考古发现成果丰硕，举世瞩目，使得兰克门徒亦不得不正视考古遗址及文物作为历史证据的重要性。总之，兰克史学原系与时俱进，并非一成不变；而傅氏当时绝非鹦鹉学语，确能领会该学派的真精神，并贯通其治学的大经大脉。故“考古学”在傅斯年的治史策略中，具有举足轻重的分量，不但可交相印证纸上、地下的材料，且能扩充、创造新的史源，其重要性有逾王国维前所倡发的“二重证据法”②。具体的见证便是他对“安阳殷墟考古”的卓见，与坚定不移的支持；这与一味只寻觅地底甲骨文的董作宾（1895—1963），诚然有所分别。③他现身说法道：

> 现在中国史料由于地下之发掘与考古学之贡献，日益加多，作史较易，加以近代西洋史学方法之运用与乎社会科学工具之完备，今后史学界定有长足的进展。④

的确，他比起当时受兰克史学影响，却又拘泥于兰克教条的中国学人，实高人一等。⑤

---

① G. P. Gooch, “Ranke”, *History and Historians in the Nineteenth Century*, p. 94. 细论则请参阅拙作，《从普世史到世界史和全球史——以兰克史学为分析始点》，《北京大学学报（哲学社会科学版）》54. 2（2017. 3）：37—50。

② 王国维，《古史新证》（北平：来熏阁影印手稿本，1935）。

③ 试比较傅斯年，《本所发掘安阳殷墟之经过》，《傅斯年全集》第四册，页267—288；《考古学的新方法》，同前书，页289—299。除却甲骨文，傅斯年更注重地底下文化层所蕴藏的历史讯息。

④ 傅斯年，《中西史学观点之变迁》，页68。

⑤ 试比较留德而谨守兰克史学的姚从吾。姚从吾，《历史方法论》，《姚从吾全集》（台北：正中书局，1971），第一册。

况且，傅斯年也重视其他学科对历史研究的帮助。例如他说：

> 现代的历史学研究，已经成了一个各种科学的方法之汇集。地质、地理、考古、生物、气象、天文等学，无一不供给研究历史问题者之工具。①

举其例，他说清代大学者顾亭林（1613—1682），研究历史事迹时，虽知观察地形地物，但如果“他能有我们现在可以向西洋人借来的一切自然科学的工具，成绩岂不是更卓越呢?”②有趣的是，顾亭林与当年德国大史家莫母森的境遇如出一辙，只缘莫母森对史前考古和人类学一无所知，竟连“冰河期”（ice age）和“图腾”（totemism）均闻所未闻，遂招致鲁宾逊的讥讽。③简之，在《旨趣》一文，傅斯年放眼所及的学科仅止自然科学，而除语言学、考古学之外，并无片言只语涉及其他新兴的学科。可见他对社会科学如何应用到史学研究则所知较为有限。④

---

① 傅斯年，《历史语言研究所工作之旨趣》，《傅斯年全集》第四册，页259。

② 傅斯年，《历史语言研究所工作之旨趣》，《傅斯年全集》第四册，页259。

③ James Harvey Robinson, *The New History*: *Essays Illustrating the Modern Historical Outlook* (New York: The Macmillan Company, 1912), p. 91. 按，莫母森缘其巨著《罗马史》(*The History of Rome*)，于1902年获颁诺贝尔文学奖。

④ 傅氏对心理学涉猎颇广，但与史学研究的关系并不显豁。例如：傅氏生前曾撰有《心理分析导引》草稿，并未发表，收入《傅斯年全集》第四册，页212—252。内容并未牵引史学问题。

加上19、20世纪之际，正是历史与社会科学此消彼长的分水岭。自此而下，社会科学在学术版图上，纵横捭阖，远交近攻，而史学却节节败退，困守一隅。甚至连兰克史学之集大成者的伯伦汉（Ernst Bernheim，1850—1942），亦不得不正视社会科学的挑战，于其新版的《史学方法与历史哲学导论》（*Lehrbuch der Historischen Methode und der Geschichtsphilosophie*）里，耗费篇幅，据理以争，亟求维护史学的自主性。①此外，同为世纪之际历史方法论巨擘的赛格诺博也适时刊行了《应用于社会科学的历史方法》（*La Méthode historique appliquée aux sciences sociales*，1901）；他对社会科学的"概化"（generalization）和"抽离"（abstraction）满怀戒心，而强力推销社会科学应实行历史方法，却招致"方法论帝国主义"（methodological imperialism）之讥。②

众所周知，傅氏素不喜玄虚的历史哲学。他甚至援引"可

---

① Ernst Bernheim, *Lehrbuch der Historischen Methode und der Geschichtsphilosophie* (Leipzig: Verlag von Duncker & Humblot, 1908), S. 92-99, 636-677. 本书初刊于1889年。本书有陈韬节略注释部分的中文译本。若伯伦汉著、陈韬译，《史学方法论》（台北：台湾商务印书馆，1968）。傅氏的藏书收有该书的简易通行本：Ernst Bernheim, *Einleitung in die Geschichtswissenschaft* (Berlin und Leipzig, 1920)。自署：傅斯年1937年重装。

② Fritz Ringer, *Fields of Knowledge: French Academic Culture in Comparative Perspective, 1890-1920* (Cambridge: Cambridge University Press, 1992), pp. 265-282; Pim Den Boer, *History as a Profession: The Study of History in France, 1818-1914*, trans. Arnold J. Pomerans (Princeton: Princeton University Press, 1998), pp. 298-299.

笑”一词，来讥讽黑格尔（Georg Wilhelm Friedrich Hegel，1770—1831）的唯心史观。①他深受欧陆实证哲学的影响，故有此一心结；但若就史学内在理路而言，兰克学派本身便孕育了此一倾向，举其开宗祖师兰克而言，兰克万分厌恶历史哲学，尤以黑格尔为最。兰克认为“历史”和“哲学”分别代表两种截然不同的认知模式，②其及门高弟——布克哈特（Jacob Burckhardt，1818—1897）更斥责历史哲学是只半人半马的怪物，本身即自相矛盾；因为历史和观察是同等的，因此是非哲学的，然而哲学却是将观察物附属于原则之下，所以是非历史的。布氏谓：

> 无论如何，我们不追求永恒的智慧，因为它们远超过我们认知的范围；有关世界计划（world plan）的大胆假设之所以导致谬误，正因为它的出发点是假的前提。③

傅斯年本人则论断：“历史哲学”乃语言的泛想，只能当作私人的事，不能作为研究的工作。④换言之，即非科学探讨的对象。

由史学史观之，兰克与后世“科学式史学”（scientific his-

---

① 傅斯年，《中西史学观点之变迁》，页71。

② Leopold von Ranke，“On the Relations of History and Philosophy”，in *The Theory and Practice of History*：*Leopold von Ranke*，p. 30.

③ Jacob Burckhardt，*Reflections on History*（London：G. Allen & Unwin Ltd，1950），p. 16.

④ 傅斯年，《历史语言研究所工作之旨趣》，《傅斯年全集》第四册，页262。

tory）的关系相当错综复杂，兰克是否为始作俑者，真相与否，犹有商榷的余地。①但是他对“事实”（facts）的重视与对史料的考究，毫无疑义立下近代史学的典范。举其例：创刊于该时的西方历史专业学报，更直接反映兰克的观点，法国《史学评论》（*Revue Historique*）的发刊词即声言：“本刊只接受立基于原始资料的原创研究。”②因此，若单就着史的原则和史料的观点，中国的傅斯年确是兰克史学的同调。③是故，有位同为留德的友人追忆，傅氏生前曾告诉他：“史语所的研究工作系根据汉学与德国语文考证学派的优良传统。”④应是言而有征。

另一方面，正缘傅氏执着“史实自明”不疑，令他无从预料之后“历史相对论”（historical relativism）的崛起，“史实自明”遭受空前的质疑，顿成遥不可及的“高贵的梦想”（That

---

① Georg G. Iggers, “The Image of Ranke in American and German Historical Thought”, *History and Theory* Ⅱ (1962): 17 –40.

② Fritz Stern ed., “Preface: *Reveu Historique*”, in *The Varieties of History*, p. 173. 该刊创办于1876年。

③ 据云：傅斯年处处以“中国的朗克（兰克）学派”自居，应非空穴来风。引自胡逢祥，《“五四”时期的中国史坛与西方现代史学》,《学术月刊》1996. 12: 72。

④ 张致远（贵永），《张致远文集》（台北：“国防研究院”，中华大典编印会，1967），页124。张致远在1952年发表《兰克的生平与著作》的前语，谓此文“为纪念傅孟真先生而作”。

Noble Dream)。①尤有过之，果依《旨趣》一文结尾所言，傅氏放声疾呼：不但要祛除主观的“仁义礼智”的道德史学；同时要把“科学的东方学”移植中国，甚至要建设“历史学和语言学和生物学地质学等同样”；②至是，他则坠入“科学史学”的窠臼了。傅斯年曾说过：现代的哲学已受过科学的洗礼，“哲学既和科学用一样的方法，那么，不知道科学的方法的，未便谈哲学了”③。度之傅氏的理路，这句话同样适用于史学。

按，史语所创立于 1928 年，依傅斯年的规划，拟借重德国历史学派的“语言学”一展宏图；究其实，傅斯年终其一生未曾忘情于兰克，于其晚年犹思购得一套《兰克全集》，忠诚之忱不言而喻。④反观创立于同年的法国“年鉴学派”（Annales School），其奠基者——布洛克（Marc Bloch，1886—1944）和费夫雷（Lucien Febvre，1878—1956），却选择摒弃德国旧史

① 《高贵的梦想》（“That Noble Dream”）乃是美国著名史家诺维克（Peter Novick，1934—2012）在 1935 年发表的名文，抨击“史实自明”的神话。详情则请参阅拙文，《历史相对论的回顾与检讨：从比尔德（Beard）和贝克（Beckon）谈起》，收入拙作《历史主义与历史理论》，页 159—191；简体字版，页 117—145。之后，史学客观性（objectivity）遂成史家热门研议的问题。姑举二例，以概其余：Peter Novick, *That Noble Dream*（1993）及 Richard J. Evans, *In Defense of History*（New York: W. W. Norton & Co., 1999）。

② 傅斯年，《历史语言研究所工作之旨趣》，《傅斯年全集》第四册，页 266。

③ 傅斯年，《对于中国今日谈哲学者之感念》（1999），《傅斯年全集》第四册，页 207—209。

④ 傅斯年档案 I：817“傅斯年先生杂记”（台北：“中央研究院”历史语言研究所藏）。

学，而对史学与社会科学作了近乎完美无缺的结合；无怪布、费二氏共同的景仰者正是法国社会学的大宗师——涂尔干（Émile Durkheim，1858—1917）。①而涂尔干学派在法国正是传统历史学派的挑战者。所以就开宗立派而言，中、法确是渊源有别，但不容讳言，就影响所及，“年鉴学派”迄今犹历久不衰，无远弗届，而傅斯年的史学只囿于中国史学一隅，至今或有《广陵散》绝矣之叹呢！②

是故，欲评价傅斯年的贡献，不能光从傅氏倡导“历史学”和“语言学”的结合着眼，而必须端详制度的建制；一如西方史学史家所言，兰克创设“研讨课”（seminar），专责史料分辨，以培育出新世代的史家。正是此一教育机制及其自身作品广受欢迎的程度，令他跃身为西方近代史学首屈一指的人物。③而傅斯年创办“史语所”与个人的史学实践，显有异曲同工之妙，致使傅氏亦不遑多让，骤成近代中国史学的领军人物。东西史学互相辉映尽见于此！

---

① Peter Burke, *The French Revolution* (Cambridge: Polity Press, 1990).

② 在史学研究里，能够领会和发挥“语言学”的强项者，实属凤毛麟角，当年只有傅斯年和陈寅恪二位惺惺相惜。撤台以后的史语所能承继此一治学特征者，唯有留学土耳其的陈庆隆（1968—2002 史语所专任），和哈佛训练回来、短暂停留该所的卓鸿泽博士，两位而已。

③ 兰克的信徒艾克顿，认为兰克本身的作品影响极广泛，但史学史名家顾曲（G. P. Gooch，1873—1968）则认为“研讨课”提高了当时历史研究的水平，且造就不少名家，其影响不逊兰氏的作品。参较 Lord Acton, *Lectures on Modern History* (London: Collins, 1970), pp. 32 - 33；及其 *Essays in the Study and Writing of History*, pp. 331 - 332；以及 G. P. Gooch, *History and Historians in the Nineteenth Century*, p. 107。

末了，值得一提的是，傅氏所创立的史语所在大陆时期，网罗诸多名家，治学成绩斐然，自是蔚为汉学重镇。嗣后迁台，史语所同仁不畏时局的困阨，坚守岗位，一心向学，犹得弦歌不辍；尤其 1980 年后，再次成为台湾史学生力军的汇聚之所，各方学人归来，尽情挥洒，大放异彩，然已非原初傅氏史学所能矩矱了。但这并无损于傅氏创业的伟绩，因为只要“史语所”存在一天，他就功不可没。

刊于《复旦学报（社会科学版）》2017 年第 5 期（2017 年 10 月）。

所谓“道德自主性”

——以西方观念解释中国思想之限制的例证①

“道德自主性”（moral autonomy）为康德（Immanuel Kant，1724—1804）伦理哲学的原则。康氏思想传入中国，源于清末中国知识分子由于内忧外患的逼迫，不得不向西方寻求“真理”；了解西方文化尤其是近代西方文化的根源，对中国人而言，原带有极功利的企图，即对“富强”的追求。随着时势之推移，他们从器物、制度的学习，进而接触西方的学术与思想，谓后者方为西方富强动力之所在。在此一层面，某些中国知识分子除了努力吸收西方文化的精华外，并转而借之，以重新理解、评估中国传统文化的现代意义。康德哲学之引进，即可作为此一现象之例证。

康德位居开创近代西方哲学的枢纽地位，其受中国知识分子的注意，当属意料中事。自清末以降，其思想传进中国已有百余年的历史。康有为（1858—1927）首开风气之先，介绍康氏的“星云说”，继之有严复（1854—1921）、章太炎（1869—

① 拙文初稿承蒙钱永祥、石守谦先生评阅，并提供许多宝贵的意见，谨此致谢。

1936）之评述“不可知论”，至梁启超（1873—1929）在1903年《新民丛报》连续数期介绍康德之生平与思想，谓“德国之哲学，为近世欧洲中之最有力者”①，其中尤以康德哲学唤醒德意志民族之自觉力为著，因此，推论“有康德然后有今之德意志”②，又说康德在思想上巨大的贡献，使康德成为“非德国人而世界之人”，“非18世纪之人，而百世之人”，甚至赞誉康氏至于“百世之师”，“黑暗时代之救世主”。③从梁氏如许推崇，可以得知在当时中国知识分子心目中，康德的思想俨然据有一席之位，殆无疑问。

然而此一阶段对康氏思想之介绍，只是零星片段，难免失之浮光掠影。譬如曾经四次苦读康氏著作的王国维（1877—1927）就曾讥评梁启超说：“如《新民丛报》中之汗德（笔者注：即康德）哲学，其纰缪十且八九也。”④王国维之评语固然持之有故，但似乎缺乏“同情的了解”。就梁氏等而言，接触如此陌生的西方哲学，在概念、思想模式与语言表达上的困难，实所在多有。他们以佛学名词如“真如”、“无明”比附康氏的哲学观念，正反映了当时中国语文在语言及概念两个层

① 梁启超，《近世第一大哲康德之学说》，《饮冰室文集》（台北：台湾中华书局，1960），第三册，“文集之十三”，页49。此文发表于光绪二十九年（1903）。

② 梁启超，《近世第一大哲康德之学说》，《饮冰室文集》第三册，页49。

③ 梁启超，《近世第一大哲康德之学说》，《饮冰室文集》第三册，页49—50。

④ 王国维，《论近年之学术界》，《王观堂先生全集》（台北：文华出版公司，1968），第五册，页1737。

次皆不足以介绍陌生的思想体系。但此种缺陷，并没有阻挠梁氏想会通王阳明（1472—1529）“良知说”与康德伦理思想的尝试。①这正是上述我们所说中国知识分子接触西方文化的第二个目的。以王国维而言，其自身亦借康德哲学来分疏、评估中国哲学，他的《论性》②、《释理》③、《原命》④都曾以康德的哲学来疏解中国传统哲学的命题。在《论性》一文中，他甚至以康德的观点来驳斥中国传统人性论的缺失，他认为“性之为物，超乎吾人之知识外也”⑤，因此中国古人论性之说无不自相矛盾，他说：

至执性善、性恶之一元论者（笔者注：此指孟子、荀子等），当其就性言性时，以性为吾人不可经验之一物，故皆得而持其说，然欲以之说明经验或应用于修身之事业，则矛盾即随之而起，余故表而出之，使后之学者勿徒为此无益之议论也。⑥

---

① 梁启超，《近世第一大哲康德之学说》，《饮冰室文集》第三册，页62—63。并见其《新民说》，《饮冰室合集·专集》（上海：中华书局，1936），第三册，“专集之四”，页118—143。

② 王国维，《论性》，《王观堂先生全集》第五册，页1549—1570。

③ 王国维，《释理》，《王观堂先生全集》第五册，页1570—1596。

④ 王国维，《原命》，《王观堂先生全集》第五册，页1787—1795。

⑤ 王国维，《论性》，《王观堂先生全集》第五册，页1551。

⑥ 王国维，《论性》，《王观堂先生全集》第五册，页1570。

上述引言，实带有康德驳斥西方传统形上学之谬误的基本精神，所不同仅是王国维把矛头指向中国传统的“人性论”而已。

王国维之后，介绍康德仍不乏其人，譬如蔡元培（1868—1940）、张铭鼎（张铁生，1904—1979）、瞿世英（1901—1976）、洪谦（1909—1992）、贺麟（1902—1992）等，每个人强调的重点略有不同，虽具片面性，总和而言，康德的认识论、道德哲学、美学却大略都碰到了。① 1949 年以后，中国大陆虽有李泽厚（*b.* 1930）等介绍康德，但已属凤毛麟角，思想上难起作用。②而中国港、台介绍西方思想方面，是因为主要思潮已为时尚所左右，康德哲学并不据要位。此中特别值得一提的则为牟宗三先生（1909—1995），无论就介绍、译述或评论康德哲学，其成就都能成一家之言。③尤其他有系统地引用康德哲学来分疏中国哲学，无论赞成与否，诚属斐然可观。全面检讨牟氏的贡献，实个人学力所未逮，于此仅择其援用康

---

① 1950 年以前康德学说在中国传播的概况，可参阅贺麟，《康德黑格尔哲学东渐记：兼谈我对介绍康德黑格尔哲学的回顾》，《中国哲学》（北京：三联书店，1980），第二辑，页 343—387。

② 这从李泽厚在他的《批判哲学的批判：康德述评》（北京：人民出版社，1979）的后记可以得知，他感叹“国内多年来没有专讲康德哲学的书”（页 423）。

③ 牟宗三著有《心体与性体》（1968）、《从陆象山到刘蕺山》（1979），皆曾援用康德的观点，有关比较康德与中国哲学之著作则有《现象与物自身》（1975）、《智的直觉与中国哲学》（1971），译述则涉及康德之“纯粹理性批判”、“实践理性批判”等。

氏的伦理概念以理解中国思想的得失，稍加论述，以省察应用西方（异文化）观念阐释中国文化所面临的限制。

自从牟宗三先生在他的大作，例如《心体与性体》①、《从陆象山到刘蕺山》②诸书中援用康德的伦理概念来阐释宋明理学的精蕴，并进而以“判教”的形式来分辨朱熹（1130—1200）与陆九渊（1139—1193）思想的优劣高下之后，“道德自律”或“道德自主性”一词，在讨论中国思想的文献中顿时蔚然成风。

然而大多数此类的著作只是沿袭牟先生的论旨，却少有新意。其中值得特别注意的，却是一篇写自完全不同学养、不同思想背景的学者的近作。林毓生先生（*b.* 1934）在他的《“仁”字意义的演变与儒家道德自主性的概念》③ 一文中，借着许多训诂学者对“仁”字意义演变的考察，试图在理论上追溯“仁”字观念的扩充与蜕化，并进一步指出儒家环绕“仁”的概念所发展出来的伦理思想与道德自主性的关联，意欲疏通自由主义与儒家思想。牟、林两位先生关怀不同、用心迥异，但两人受“道德自主性”此一概念的启示则一。“道德自主性”为我们提供了了解中国思想的新角度，但此一观念的原意

---

① 牟宗三，《心体与性体》（台北：正中书局，1968），第一册，综论。

② 牟宗三，《从陆象山到刘蕺山》（台北：台湾学生书局，1979），第一章与第二章。

③ Lin Yü-sheng, “The Evolution of the Pre-Confucian Meaning of Jen and the Confucian Concept of Moral Autonomy”, *Monumenta Serica*: *Journal of Oriental Studies 31* (*1974 – 1975*): 172 – 204.

和其阐释中国思想之界限亦应同时受到注意，以免多所附会，反而成为了解中国思想的观念障碍，以致得失互见。

“道德自主性”为康德伦理哲学的特色。康德在知识论上“哥白尼革命”（Copernican Revolution）式的贡献，已经众所周知了。①但是他在道德哲学“哥白尼革命”式的突破，却鲜为人所道及。在康德之前，伦理学的研究大多从界定“善”（the good）的概念着手，然后再导出道德律与责任的观念；康德则反是。康德一开始即道破，此为以前哲学家混淆道德最高原则的根源。相反的，人们应该寻求一项为意志（the will）先验地（a priori）决定的律则，然后才找出适合的对象。②

在伦理思想上，康德为一唯理论者（rationalist），他反对道德经验论者，例如赫京生（Francis Hutcheson，1694—1746），后者主张人类的道德实基于内心的道德感情（moral feelings or moral sense），此一“道德感说”为以后的休谟（David Hume，1711—1776）与亚当·史密斯（Adam Smith，1723—1790）所

---

① 有关康德哲学整体的介绍，则请参阅 Stephan Körner，*Kant*（London：Penguin，1977）。

② Immanuel Kant，*Critique of Practical Reason*，trans. Lewis White Beck（Indianapolis：Bobbs-Merrill，1980），pp. 65 –66. 康德研究方法的创新意义则可参阅 John R. Silber，“The Copernican Revolution in Ethics：The Good Reexamined”，in *Kant：A Collection of Critical Essays*，ed. Robert Paul Wolff（Notre Dame，Indiana：University of Notre Dame，1968），pp. 266 –290。

接受而发扬光大，在其时甚为流行。①

康德则认为“道德感说”并不足取，因为经验并非道德的来源。在知识论方面，康德很明显地区分了“现象”（phenomenon）与“本体”（noumenon）的不同，前者乃人类感官经验所构成的世界，后者则是人类经验所不能测知的“物自体”（things in themselves）。依照康德的说法，人的理性有两种功能：一为认知事实，其作用在认识“现象界”；另一为示知我们应然的行动（what ought to be），其作用在“本体界”。②而就人作为理性的存在而言，道德意识与行为乃属于“本体”的“思维世界”（intelligible world），人的智力虽不能“知”（know）其究竟，却可“思”（think）其梗概。③

就“思维世界”而言，人有自由的意志以遵从理性的指

---

① 第一个使用“道德感”（moral sense）这个观念的为谢夫兹伯雷（Anthony Ashley-Cooper, 3rd Earl of Shaftesbury, 1617—1713），但康德在他的著作中特别提出赫京生为批判的对象。见 Immanuel Kant, *Critique of Practical Reason*, p. 41; Brendan E. A. Liddell, trans., *Kant on the Foundation of Morality: A Modern Version of the Grundlegung*, with a commentary (Bloomington: Indiana University Press, 1970), p. 194。关于英国“道德情感”论者，可参阅 Alasdair MacIntyre, *A Short History of Ethics: A History of Moral Philosophy from the Homeric Age to the Twentieth Century* (New York: Routledge & Kegan Paul, 1978), ch. 12。

② Immanuel Kant, *Critique of Pure Reason*, trans. Norman Kemp Smith (London: Macmillan, 1956), and *Critique of Practical Reason*, pp. 50 -51.

③ Immanuel Kant, *Kant on the Foundation of Morality: A Modern Version of the Grundlegung*, pp. 251 -253.

导，由此产生道德的行为；但另一方面，从“现象”的“感官世界”（the world of sense）视之，人完全受制于自然因果律的约束，无所谓自由、不自由的问题，是故无法具有道德的意义。此中值得一提的是，康德在哲学上固然与休谟有许多歧异的观点，但就逻辑上，他坚持“实然”（is）的“感官世界”不能导出“应该”（ought）的命题，却是与休谟一致的。

正是康德这种二元论的观点，才会逼出“绝对要求”（categorical imperative）这个概念。由于人一方面属于“思维界”，因此在这个层面，他可以拥有自由（此为必要的设定），也就是具有“责任”（duty）接受理性先验的道德要求，这种要求与“条件性要求”（hypothetical imperative）截然不同。这种要求本身就是伦理的目的，而非手段。①在形式上，“绝对要求”的原则即是把主观的行为准则（maxims）普遍化以后，作为客观的道德律则（moral rules）来遵守；当然也只有那些能通过普遍化程序的准则，方能成为道德律则。总之，人的道德实来自“思维界”的“绝对要求”，也就是说，道德乃得自伦理普遍化原则的先验“概念”（concept），而非感官经验。②可是另一方面，人又身处“感官世界”，有与生俱来的“欲望”

---

① Immanuel Kant, *Kant on the Foundation of Morality: A Modern Version of the Grundlegung*, pp. 112 – 121. “绝对要求”在形式上即以“命令式”出现，譬如“人必须诚实”或“人应该诚实”，而非如“条件性要求”以“假言形式”出现，譬如“人应该诚实，事业才能成功”等“若……则”的陈述句型。

② Immanuel Kant, *Kant on the Foundation of Morality: A Modern Version of the Grundlegung*, pp. 122 – 134.

(desires) 和“自然喜好”(inclinations) 需要满足，因此在后一世界，人的道德意识并不能如自然律般对人的行为产生必然的制约，这说明了为何人在“现象界”不必然实践伦理的要求。至于为何“思维界”的道德意识能够在“感官界”产生有结果的道德行为，则超出人类知识之外，康德无法提出任何说明。①

总之，康德道德哲学的特色，即在于设定人在“思维界”有意志之自由，以便遵从纯粹实践理性 (pure practical reason) 的指导，从而产生道德的行为。此一过程实衍发自理性先验的概念，既非由经验外铄而致，亦非任何实质的伦理概念，例如“完美的理想”(the ideal of perfection) 或“上帝的意志”(the

---

① Immanuel Kant, *Kant on the Foundation of Morality: A Modern Version of the Grundlegung*, pp. 251 – 252. 诚如佩顿 (Herbert James Paton, 1887—1969) 所指出的“现象的自我”(phenomenal self) 与“本体的自我”(noumenal self) 之间存有许多难以分辨的困难，究竟人何以认知或察觉“本体的自我”，是否因为人一方面属于“感官世界”，另一方面属于“思维世界”? 后者若为显现“本体的自我”的根源，其中涉及的思维过程为何? 因为任何的思维过程在另一层次都可成为思考的对象以至无限回归为“现象的自我”，那么“本体的自我”何得发现? 参阅 Herbert James Paton, *The Categorical Imperative: A Study in Kant's Moral Philosophy* (Philadelphia: University of Pennsylvania Press, 1971), pp. 233 – 241。但佩顿似乎只从“知识论”来考虑这一问题，若严格遵从康德的原则，“本体”是永远无法得知的。另外，“本体的自我”在伦理的领域可视为“道德的自我”(moral self)，“现象的自我”则为“实然的自我”(factual self)，如此就有余地解释为自然律所约束的“实然的自我”，有“道德的自我”的层面以及其影响前者的可能。

will of God）等所能决定；①而是经由普遍化程序，将主观行为准则变成客观的道德律则，以便遵行。这样自我的立法、自我的约束，方有所谓的“道德自律”或“道德自主”可言，而人作为一个“理性存在”（rational being）的意义也就在于此。

中国儒家的学说中，诚然有某些部分可以与康德的道德哲学相通，例如常为人所乐道的孟子“性善说”便是其一。孟子主张“仁义礼智，非由外铄我也，我固有之”②，孔子也说：“仁远乎哉？我欲仁，斯仁至矣。”③这些观点都支持了道德的根源取决于个人（内在的抉择），是故孟子可以据此反驳告子的“性无善与不善”说：

> 乃若其情，则可以为善矣，乃所谓善也。若夫为不善，非才之罪也。④

同时孔、孟对道德行为的推崇，更可以彰显康德反复强调“道德的善”与“幸福”（happiness）不能等同为一的意旨。孔子曾经说：

---

① Immanuel Kant, *Critique of Practical Reason*, pp. 41 -42. 就“理性”（reason）的功能而言，如将“纯粹思辨理性”（pure speculative reason）与“纯粹实践理性”结合为一，后者应属于前者之上，因为“理性”的旨趣最后终归是“实践的”（practical）。Immanuel Kant, *Critique of Practical Reason*, p. 126.

② 杨伯峻译注，《孟子译注》（北京：中华书局，1960），卷一一，“告子章句上”，页259。

③ 杨伯峻译注，《论语译注》（北京：中华书局，1980修订版），“述而篇第七”，页74。

④ 杨伯峻译注，《孟子译注》卷一一，“告子章句上”，页259。

志士仁人，无求生以害仁，有杀身以成仁。①

孟子更明言：

生亦我所欲也，义亦我所欲也；二者不可得兼，舍生而取义也。生亦我所欲，所欲有甚于生者，故不为苟得也；死亦我所恶，所恶有甚于死者，故患有所不辟也。②

倘若“生命”为“幸福”之最基本的依归，为了成就道德，却牺牲了“生命”，则显然“幸福”之追求并非“道德”的目的。诚如康德所言，这种极端的状况最能凸显伦理行为的崇高性，而人之尊严亦莫过于此。③

然而，我们再进一步比较以孔、孟为代表的儒家伦理与康德道德哲学之异同，则会发现二者相异之处，绝不下于其相似之处。

首先，儒家伦理基本上是以“道德情感”为出发点，孟子的“四端说”把此一特色表现得最清楚。他认为“人皆有不忍人之心”，而以“乍见孺子将入于井”生动地描述了“怵惕恻隐之心”的产生。据孟子说，这种感情之产生“非所以内交于孺子之父母”、“非所以要誉于乡党朋友”、“非恶其声而然”，④因此，可以肯定为“道德情感”；更重要的，孟子认为人之所

---

① 杨伯峻译注，《论语译注》，“卫灵公篇第十五”，页163。

② 杨伯峻译注，《孟子译注》卷一一，“告子章句上”，页265。

③ Immanuel Kant, *Critique of Practical Reason*, pp. 162–163.

④ 杨伯峻译注，《孟子译注》卷三，“公孙丑章句上”，页79—80。

以为人，就是因为具有这种感情，而此一感情实为道德的基础或开端，他说：

> 由是观之，无恻隐之心，非人也；无羞恶之心，非人也；无辞让之心，非人也；无是非之心，非人也。①

又说：

> 恻隐之心，仁之端也；羞恶之心，义之端也；辞让之心，礼之端也；是非之心，智之端也。人之有是四端也，犹其有四体也。②

于孟子而言，道德的完成取决于能将“四端于我者，知皆扩而充之”，若“火之始然，泉之始达”。③值得注意的是，“四端”并非形而上的抽象观念，乃是具有经验意义的“道德感”。孟子的“四端说”实为以后儒家伦理哲学的主流，尤以宋明理学中陆、王一系为是。

康德在他的“前批判期的哲学”（pre-critical philosophy）一度亦曾采取“道德感说”的立场，他在1764年的《竞赛论文》（“Prize Essay”）中说道：

> 直到今日人们方才明了“知识”（概念）具有呈现实体的能力，然而“感情”却具有觉察善的能力。④

---

① 杨伯峻译注，《孟子译注》卷三，“公孙丑章句上”，页80。

② 杨伯峻译注，《孟子译注》卷三，“公孙丑章句上”，页80。

③ 杨伯峻译注，《孟子译注》卷三，“公孙丑章句上”，页80。

④ 转引自 Keith Ward, *The Development of Kant's View of Ethics*（Oxford: Basil Blackwell, 1972）, pp. 25 – 26。

这种想法透露了当时康德仍旧受赫京生、休谟和谢夫兹伯雷“道德感说”的影响。①但随后不久，康德即发现此种说法是不妥切的，因为只要经过对人类心理精确的描述之后，即会摧毁“道德感说”所必须预设的“善良的心灵”。在他成熟的伦理学著作，例如《道德形上学的基础》（1785）、《实践理性的批判》（1788）、《道德形上学》（1797），康德全然放弃旧有的想法，自行建构了前述的“道德唯理观”。

在此一时期，康德主张“每一个道德概念都是先验的，理性是它唯一的基础与来源”②。换句话说，道德来源的纯粹性使它自身能成为伦理律则的基础；道德概念如掺有经验的成分，即失去它的纯粹性，也就失去它的“必然性”（necessity）同绝对的价值。康德说：

> 倘若我们欲图证明责任是真实的，无论如何我们必须避免把此项证明建立在人性的特征上；责任所涉及的是行为的实践与无条件的必然性。……人性的特征，例如情感与习性，甚或（可能的话）人类理性的特殊功能都不必然属于每一理性的存在，它们或许可以产生主观的准则，却非（译者注：客观的）律则。③

---

① Lewis White Beck, *A Commentary on Kant's Critique of Practical Reason* (Chicago: University of Chicago Press, 1966), pp. 5 – 8.

② Immanuel Kant, *Kant on the Foundation of Morality: A Modern Version of the Grundlegung*, p. 100.

③ Immanuel Kant, *Kant on the Foundation of Morality: A Modern Version of the Grundlegung*, pp. 149 – 150.

反之，康德并不否认人有一种特别的“道德情感”，我们可以完全先验地知道它的存在，这种情感实来自对“道德律则”的尊崇，是故得视之为理性的产物，而非产生于“道德律则”之前。①但某些哲学家却误把它当作伦理判断的标准，事实上，它并不能作为行为的评估或客观道德律则的基础，而只能提供将律则作为主观准则的诱因。②于康德而言，伦理行为并不依赖个人主观的态度，以便求得赞同或即刻心理的满足，人性或理性存在的尊严即在“道德的自律”，意即无条件地遵从先验理性原则的指导。③

因此，如果把道德的来源或基础建立在“道德情感”之上，依康德而言，即为“道德他律”（moral heteronomy），由此而衍生的行为准则即缺乏“普遍性”与“必然性”。④譬如：一个人因为“怜悯”而帮助他人，如果他后来对此人“失去怜悯感”，则必将不再帮助此人。伦理真正的关键却是一个人“应该”或“必须”帮助他人（假若后者需要援助的话），即使此一行为违反他主观的喜好或意愿；而这个只能经由理性来

---

① Immanuel Kant, *Critique of Practical Reason*, pp. 76 –81.

② Immanuel Kant, *Critique of Practical Reason*, p. 79; *Kant on the Foundation of Morality: A Modern Version of the Grundlegung*, p. 251.

③ Immanuel Kant, *Kant on the Foundation of Morality: A Modern Version of the Grundlegung*, p. 174.

④ 有各种形式经验“道德他律”，“道德情感说”仅是其中之一。康德认为只要“意志”所追求的律则非来自“意志”本身，其结果永远是“他律”，见 Immanuel Kant, *Kant on the Foundation of Morality: A Modern Version of the Grundlegung*, pp. 188 –189。

决定，非能诉诸所谓的“道德情感”。

由此视之，儒家的伦理学说与康德的“道德自主”说不无歧异。与其说儒家道德哲学与康德哲学相通，毋宁说与康德所反对的赫京生、休谟诸人的学说较为类似，后者咸认为人类具有内在的“道德感”（moral sense）以作为伦理判断的依据。①

---

① 当然赫京生等关心的问题与儒家并不同，他们欲探讨的是“理性”（reason）和“情感”（sentiments）何者方为道德的来源与主宰。赫京生主张内在的“道德感”而非“理性”方为道德的泉源，于此他反对洛克（John Locke，1632—1704）的看法，后者以为人不可能有“内在的理念”（innate idea）。赫氏的看法见 Francis Hutcheson，*Illustrations on the Moral Sense*，ed. Bernard Peach（Cambridge，Mass.：Belknap Press of Harvard University Press，1971）。书前有 Peach 长篇的导论检讨赫氏的思想，见该书页 3—112。休谟虽然主张“理性”与“情感”同时决定道德行为，但在伦理行为的过程中，“理性”扮演的角色只是澄清事实与事实之间的关系，“情感”方为道德的抉择者。休谟的整个理论可视为赫氏理论的精致化。休谟的观点参阅 David Hume，*An Inquiry Concerning the Principles of Morals*：*With a Supplement A Dialogue*，ed. Charles W. Hendel（Indianapolis：Bobbs-Merrill，1976），pp. 3 – 8，105 – 112 以及 *Hume's Moral and Political Philosophy*，ed. Henry D. Aiken（New York and London：Hafner Pub. Co.，1975），pp. 23 – 27，31 – 48。他的名言“理性是，而且应该是感情的奴隶，除了服务与遵守感情的指导，永远不能僭越其他的职位”，则见于 *Hume's Moral and Political Philosophy*，p. 25。休谟认为“道德感”即来自对“品格”的思考而产生的某一特殊的满足感，这个特殊的感觉构成我们的赞赏与钦羡。见 *Hume's Moral and Political Philosophy*，p. 44。亚当·史密斯虽然赞成“道德情感说”，却否认人具有天赋的内在道德意识，而以“同情心”的习性作为发展“道德感”的基点。见 Adam Smith，*The Theory of Moral Sentiments*，ed. D. D. Raphael and A. L. Macfie（Indianapolis：Liberty Fund，1976）。与“道德唯理论”者相反，此三者皆主张道德取决于“内心”之可否。

如果上述对康德伦理学的讨论正确的话，那么牟宗三先生以朱熹主张“性即理”，陆九渊主张“心即理”，即判定朱熹的说法为“道德他律”，陆九渊为“道德自律”，皆不无商榷余地；其中的关键并不在朱熹必须引进“敬”的德性功夫来涵摄“理”，①而是从康德的观点视之，朱、陆二位仍不出孟子“道德情感说”的藩篱，因此皆为“道德他律”。倘若不从康德之界义而只取“道德自主性”的字面涵义，意谓“为德性而德性”，则陆九渊固为如此，朱熹又何尝相异？这从朱氏之明斥永康学派陈亮（1143—1194）的“义利双行，王霸并用”之说，可以略见一斑。②又，朱熹平生不甚取董仲舒（179—104 B. C.），独推崇其“正其谊不谋其利，明其道不计其功”③的名言，亦足可确证。因此不论就广义或狭义而言，以“道德自主性”阐释儒家哲学都不得当，其与康德原意相悖既已如上述；纵使就广义而言，把相当丰富、相当复杂的儒家伦理化约成“为德性而德性”，亦难免有削足适履之嫌，其理由容后详述。总之，执着“道德自主性”为判准，来衡量或彰显儒家的现代意义，都未免使“儒门淡薄”至陷于“人心惟危，道心惟微”的境地。

---

① 牟宗三，《心体与性体》第一册，综论；《从陆象山到刘蕺山》，第一章、第二章。

② 朱熹，《朱子大全》（《晦庵先生朱文公集》，收入《四部备要·子部》［台北：台湾中华书局，1965］，第一一八册，明胡氏核本校刊，卷三六，《与陈同甫》，页 19a。）

③ 朱熹著，黎靖德编，《朱子语类》（日本京都：中文出版社据九州岛大学图书馆藏朝鲜古写徽州本影印，1982），卷一三七，页 5239—5242。

李泽厚曾经写了中文里面可能是介绍康德哲学最好的著作，他在《朱熹与近代中国》一文中，虽然对宋明儒学的发展动向观察敏锐，却不免“画蛇添足”地将朱熹与康德比附一番，他说：

> 朱熹哲学的理论模型的确再与康德的学说相似不过了，此中包括：伦理本体、非功利的道德律、“绝对要求”、普遍立法、意志自主等等。①

诚然李氏并没有完全忽视朱熹与康德之不同，他深切明了这些不同除了时代、社会背景的因素之外，另有伦理假设的差异；可是他没有察觉到儒家的“道德情感说”，足使儒家伦理在康德的系统中成为“道德他律”推论的可能性；同时谓宋明儒学之特征在于使“本体界”与“现象界”相互渗透，合而为一，②则已失康德创发此二观念之原旨，意即李氏的用法已不复存有此二观念原来的理论意义，毋庸再论可矣。

尤其当我们深一层探讨儒家道德思想的内容，不难发现其与康德伦理哲学之间的差异，远较初步观察为多。譬如：有某人之父“攘羊”，孔子却道：“父为子隐，子为父隐，直在其中矣。”③如果将孔子所谓的“直”经过“普遍化”的程序，则很难想象康德会承认此一主观准则“直”可以具有客观伦理律则的意义，因为所谓“直”亦不“直”了，以致自相矛盾。

或许有人会引用西方现成的伦理学说以为孔子说辞，例如

---

① Li Zehou, “Zhu Xi and Modern China”, *International Conference on Chu Hsi* (Honolulu: University of Hawaii Press, 1982), p. 13.

② Li Zehou, “Zhu Xi and Modern China”, p. 15.

③ 杨伯峻译注，《论语译注》，“子路篇第十三”，页139。

说孔子所面临的是“情状伦理”（situational ethics）的问题，孟子不是也说过“大人者，言不必信，行不必果，惟义所在”①，“惟义所在”不也就是“情状伦理”的要旨吗？但是这种现成的观念，一方面虽然提供了简捷的答案，另一方面却往往隐晦了儒家伦理真正的特色。

简而言之，理论上，儒家伦理是以亲情为基础，然后由亲及疏、由内往外本着“推恩”的原则层层展开来。孟子说：

> 老吾老，以及人之老；幼吾幼，以及人之幼；天下可运于掌。②

又说：

> 天下之本在国，国之本在家，家之本在身。③

《大学》里面记载“修身”、“齐家”、“治国”以至“平天下”，都是秉着同样的原则。④但追根溯源，“本”的最基点显现在哪儿呢？《论语》里记载的有子之言提供了很确切的答案，他说：

> 君子务本，本立而道生。孝弟也者，其为仁之本与！⑤

---

① 杨伯峻译注，《孟子译注》卷八，“离娄章句下”，页189。

② 杨伯峻译注，《孟子译注》卷一，“梁惠王章句上”，页16。孟子又说：“人人亲其亲，长其长，而天下平。”同前书卷七，“离娄章句上”，页173。

③ 杨伯峻译注，《孟子译注》卷七，“离娄章句上”，页167。

④ 朱熹，《大学章句》（收入《四书章句集注》[北京：中华书局，1983]），页4。

⑤ 杨伯峻译注，《论语译注》，“学而篇第一”，页2。

孟子亦谓：

> 仁之实，事亲是也；义之实，从兄是也。①

孝和弟、仁和义都是针对着“亲‘亲’”与“敬‘长’”而发；职是之故，韦伯（Max Weber，1864—1920）认定儒家伦理本质上是“身份伦理”（status ethics），并非完全没有根据。②因为不论儒者将“仁”或“义”谈到何等的高超玄妙，落实到实际的世界，还是孔子所谓的为政之道“君君、臣臣、父父、子子”③，或者孟子所谓的人伦关系“父子有亲，君臣有义，夫妇有别，长幼有序，朋友有信”④。此处的“亲”、“义”、“别”、“序”、“信”等规范术语，都有特殊的“身份”指涉；这与西方摩西（Moses）的“十诫”（The Ten Commandments）或耶稣（Jesus）的“登山宝训”（The Sermon on the Mount）的普遍指涉，形成极鲜明的对比。⑤

总之，此处所欲强调的是儒家这种“事亲为大”的精神，

---

① 杨伯峻译注，《孟子译注》卷七，“离娄章句上”，页183。

② Max Weber, *The Religion of China: Confucianism and Taoism*, trans. Hans H. Gerth (New York: Free Press, 1964), pp. 205 - 213. 韦伯比较强调的是儒家作为具有文化教养之官僚集团的伦理规范。“身份伦理”反映在传统中国法律制定的内容上至为明显，见瞿同祖，《中国法律与中国社会》（台北：里仁书局，1982），特别是第六章。

③ 杨伯峻译注，《论语译注》，“颜渊篇第十二”，页128。

④ 杨伯峻译注，《孟子译注》卷五，“滕文公章句上”，页125。

⑤ *The Old Testament*, Exodus, 20; *The New Testament*, Matthew, chapter 5.

在在使孔子无法首肯“其父攘羊，而子证之”的行为，倘若如此，作为儒家伦理最基本的一环——父子关系便不免为之崩解（或从属于一个更高的原则）。从此一脉络视之，孔子所说“事父母几谏，见志不从，又敬不违，劳而不怨”①，或孟子认为“父子之间不责善，责善则离，离则不祥莫大焉”②，或《礼记》所载：“子之事亲也，三谏而不听，则号泣而随之”③，都是可以理解的。而无论如何，这些言论不能即视为权威心态的表征。

但不论我们对“父为子隐，子为父隐”做了多少“同情的”辩解，康德仍无法接受，其理由前已述及，不必重复。康德亦明白反对“己所不欲，勿施于人”的概念，④他认为此一概念不能当作对己负责与对人负责的基础，譬如“对人慈爱”的责任即无法从中导出，因为许多人只要可以不帮助别人，他们就宁愿不要别人帮助他们；此外，犯人亦可利用此一概念来指责处罚他们的法官。因此，“己所不欲，勿施于人”并非一

---

① 杨伯峻译注，《论语译注》，“里仁篇第四”，页40。

② 杨伯峻译注，《孟子译注》卷七，“离娄章句上”，页178。此外，桃应之设问“舜为天子，皋陶为士，瞽瞍杀人”，孟子答曰“（舜）窃负而逃”，亦可了解。同前书，卷一三，“尽心章句上”，页317。

③ 郑玄，《宋本礼记郑注》（台北：鼎文书局，据1937年来青阁影刻宋余仁仲万卷堂校刊本影印，1972），卷一，“曲礼下第二”，页24b。

④ Immanuel Kant, *Kant on the Foundation of Morality: A Modern Version of the Grundlegung*, p. 159, footnote.

项普遍律则，它之所以不能作为道德原则的缘故，即在于得自个人喜好或厌恶，而非单单理性而已。①

其他例如孔子之言“言必信，行必果，硁硁然小人哉”②，或前述孟子之言“言不必信，行不必果，惟义所在”③，皆是康德无法苟同的。兹以“言不必信，行不必果，惟义所在”为例，以康德的观点视之，即使为“善意的谎话”亦为道德所不许。因为“善意的谎话”一方面把受言者当作自己主观伦理目的的“手段”，另一方面，“善意的谎话”已将“行为结果”列入考虑，而此一结果并不具有必然性。

总之，康德与儒家伦理之差异不胜枚举，其间有些是纯粹道德层面的问题，有些则为特殊文化脉络所导致，孔子所谓“君子有三畏：畏天命，畏大人，畏圣人之言”④，是处在西方启蒙时代的康德难以想象的。同样的，孟子的话“尽其心者，知其性也。知其性，则知天矣”⑤，或张载（1020—1077）所谓“天地之塞，吾其体；天地之帅，吾其性”⑥，这种儒家对“存在连续性”的本体预设，终究不是写下不朽名言“在我之

---

① Immanuel Kant, *Kant on the Foundation of Morality: A Modern Version of the Grundlegung*, pp. 159 – 160.

② 杨伯峻译注，《论语译注》，“子路篇第十三”，页140。

③ 杨伯峻译注，《孟子译注》卷八，“离娄章句下”，页189。

④ 杨伯峻译注，《论语译注》，“季氏篇第十六”，页177。

⑤ 杨伯峻译注，《孟子译注》卷一三，“尽心章句上”，页301。

⑥ 张载，《张载集》（北京：中华书局，1978），《正蒙·乾称篇》，页62。

上有繁星的天空，在我之内有道德的律则”①的作者所能认同的。

不可讳言，西方的哲学的确提供了许多新向度来观察儒家伦理，但要说能妥切地把握儒家伦理，恐怕还有相当的距离。姑举一例，譬如孔、孟之重视伦理之先决条件，恐非西方伦理学所能道尽，孟子不是说“有恒产者有恒心，无恒产者无恒心”②，又说“救死而恐不赡，奚暇治礼义哉”③？

随意比附中西文化固然失之浮浅，但尽是毫无目的地列举二者之异同，亦无助于增进彼此之认识。“比较研究”（comparative approach）之有效必须相对于有意义的观点，方能领略其中的好处，否则漫无边际地“比”下去，只是徒费时间。倘若有人一方面以康德“道德自主性”的观念来发挥儒家哲学，另一方面以韦伯的“责任伦理”（the ethics of responsibility）来

---

① Immanuel Kant, “Der bestirnte Himmel über mir, und das moralische Gesetz in mir”, in *Kritik der praktischen Vernunft*, ed. Ernst Cassirer (*Immanuel Kants Werke*, Berlin: Bruno Cassirer, 1922), Band 5, p. 174. 见诸《实践理性批判》的结论，为二元论的观点，以自然界的繁星与人类内在的道德律则做一内外对比。康德逝后，此一不朽名言刻在他的墓碑上。

② 杨伯峻译注，《孟子译注》卷五，“滕文公章句上”，页117。

③ 杨伯峻译注，《孟子译注》卷一，“梁惠王章句上”，页17。另外《管子》亦载有“仓廪实，则知礼节；衣食足，则知荣辱”，见尹知章注，戴望校正，《管子校正》（台北：世界书局，1972），卷一，“牧民第一”，页1。道德的物质先决条件似乎在中国伦理思想中普遍受到重视。

说明孔子为管仲辩解的事实，却不能意识到“道德自律”与“责任伦理”之间的冲突，① 其结果不仅没有澄清儒家政治文化之特点，反而“浊上加浊”、“河清无日”矣。

问题的关键是，欲了解或重新解释中国文化，仅诉诸西方或任何外来文化都是不够的。不可否认，异文化的观点提供了许多认识中国文化的新角度，这方面的成绩极具启发价值；但如果不能逐步从自己的文化里爬梳出一些适切的现代语言和概念，恐怕很难真正把握传统文化的特征及其现代涵义。历史一再显示：仅诉诸西方文化以解释中国文化，其结果，则令中国

---

① Max Weber, “Politics as a Vocation”, in *From Max Weber: Essays in Sociology*, trans. and ed. H. H. Gerth and C. Wright Mills (New York: Oxford University Press, 1946), pp. 77－128. 韦伯所谓的“责任伦理”，必须把行为可预见的结果列入道德的考虑。“道德自律”则只接受“理性”的指导，经验结果不是它形成的要素。《论语》中记载有子路、子贡对管仲的批评以及孔子之答辩。其对答如下：Ⅰ. 子路曰：“桓公杀公子纠，召忽死之，管仲不死。”曰：“未仁乎?”子曰：“桓公九合诸侯，不以兵事，管仲之力也。如其仁，如其仁。”参见杨伯峻译注，《论语译注》，“宪问篇第十四”，页151。Ⅱ. 子贡曰：“管仲非仁者与？桓公杀公子纠，不能死，又相之。”子曰：“管仲相桓公，霸诸侯，一匡天下，民到于今受其赐。微管仲，吾其被发左衽矣。岂若匹夫匹妇之为谅也，自经于沟渎而莫之知也?”参见杨伯峻译注，《论语译注》，页151—152。此二引言透露了子路与子贡对管仲个人伦理的疑问，但孔子答辩的论证饶有趣味。很显然的一点，孔子是以管仲日后的作为来辩解他先前的行为。此外，这里面又涵蕴了“私德”与“公德”的冲突的问题。“责任伦理”只是一个假设上可能解释的模型，不必然真正符合以上的情形。

文化沦为西方文化的“万花筒”，到处都可以看到西方文化形形色色的“迹象”，而现代中国思想也就变成近代西方思潮的“风信鸡”，东西南北随风飘摇了。

这方面，法国人类学家杜蒙（Louis Dumont，1911—1998）的研究很发人深省。杜蒙在他研究印度阶级社会时，发现西方的概念或学科语言极不适于描写印度社会的特质，而后另辟蹊径，苦思力索，终于结合他对古典文献的知识和田野工作的经验，写下独树一帜的巨著——《阶层人》（*Homo Hierarchicus*），允为了解传统印度社会的杰作，而且其研究结果又能回馈对近代西方社会的认识。①有关中国文化或社会类此的创作，虽仍未得见，但无论如何其中必先涉及两项工作：一为反省惯用的语言及概念。这方面不论自命为保守或激进的学者，在不同层面都有意识或无意识，受到西方文化冲击的影响。如何能自觉到此一影响（正面或负面），然后逐渐摸索出适切的描述语言和解释概念，则不是光靠形式的“语言分析”即能达成的。这就牵涉到第二项工作——实质研究的累积与突破。此二项工作是相互为用、与时并进的。这些工作的进展必然艰辛、缓慢，然而至少有一点是清楚的：套用现成或西方时髦的观念不只不

---

① Louis Dumont, *Homo Hierarchicus: An Essay on the Caste System*, trans. Mark Sainsbury (Chicago: University of Chicago Press, 1970). 在此书的导论与“The Individual as an Impediment to Sociological Comparison and Indian History”乙章中，皆有论及西方语言与概念在了解印度社会方面的不妥切之处。见 Louis Dumont, *Religion, Politics and History in India: Collected papers in Indian Sociology* (Paris: Mouton, 1970), pp. 133 - 150。

管用，有时候还变成不必要的观念障碍，无端阻挠了实质研究的进展，届时还得花费许多力量去从事廓清的工作。

研究中国思想，我们首要的信念为："返归原典"！向来中国思想之研究，已沦为各种西方思想利器或意识形态的实验场，其结果光怪陆离则有之，实质建树则未必，而其共同心态则昭然若揭：中国文献只不过是印证或演绎外来思想的"资料"，如此不啻奉外来思想为设计蓝图（解释理论），中文典籍充其量只能当作亟待塑造的素材（史料），其为园林小筑或高楼华厦则端赖蓝图而定，于此中文典籍之"本体地位"（ontological status）亦为之荡然无存。①

今日研究中国文化难免有借诸外来文化的地方，但借外债必须要有偿还的能力，如是方才有自力更生的可能，否则永远成为别人的附属品。研究中国文化的第一要素，即要能养成尊重中文典籍的敬业态度，其次要培养取舍、甄辨外来文化的品位。光是依赖陈说、套用现成的理论，不仅不是"终南捷径"，恐怕不免落得"欲速则不达"、"为道日远"的境遇。三百多年前的一位大学者顾炎武（1613—1682），在自述撰写《日知录》的经过时，讲过一段富有启示性的话，其中所标示的治学态度，仍值得今日研究者取法，谨抄录于下，作为拙文的结语：

> 尝谓今人纂辑之书，正如今人之铸钱。古人采铜于山，今人则买旧钱，名之曰废铜，以充铸而已。所铸之

① 西方学者也有类似的反省，例如：Dominick LaCapra, *Rethinking Intellectual History*: *Texts*, *Contexts*, *Language* (Ithaca: Cornell University Press, 1983), pp. 23 –71。

钱，既已粗恶，而又将古人传世之宝舂剉碎散，不存于后，岂不两失之乎？承问《日知录》又成几卷，盖期之以废铜，而某自别来一载，早夜诵读，反复寻究，仅得十余条。然庶几采山之铜也。①

刊于《食货月刊》14．7/8（1984）；收入《优入圣域：权力、信仰与正当性》（台北：允晨文化实业股份有限公司，1994、2004；北京：中华书局，2010）；又收入《思想的芦苇》（上海：上海人民出版社，2017）。

---

① 顾炎武，《原抄本顾亭林日知录》（台北：文史哲出版社，1979），页8。

再现传统中国的思想
——迈向论述化、命题化的哲学？

> 中国本没有所谓哲学。多谢上帝，给我们民族这么一个健康的习惯。
>
> ——傅斯年（1926）

假如借着“阅读来思考”（thinking by reading）不失为一种学习方式的话，已故法籍哲学史名家哈铎（Pierre Hadot，1922—2010）对西方古代哲学的重新阐释，势必对民国以来中国哲学史的研究有所针砭，甚至对未来中国哲学发展也有借鉴意义。

迥异于过去习以为常的理解，哈铎认为西方古代哲学的精髓，主要是一种“生活方式”（way of life）的抉择。在西方古典时期，“爱智”（*philosophia*）的活动主要见诸“精神的锤炼”（spiritual exercises），“哲学论述”则只是衍生而来的辩护，而非如当代哲学活动这般概由“概念论述”所主导。①一如哈铎所料，他的洞识复可适用至中国哲学古今演变的轨迹，虽然两者的步调略有差异。

“哲学”一词盖属舶来品，而晚清以降，中国哲学的发展摆脱不了西方思想的影响，甚至达到形影不离的地步，这已是当今学术界的基本常识。因此，近代中国哲学的发展呈现了两项特色：其一，外来的欧美哲学思潮变成疏通或衡量传统思想的准则，或解释的架构。这与中古时期佛教借径固有的儒、道思想以方便传布的手法，截然异趣；好友刘笑敢（*b*. 1947）特称之为“反向格义”，不无道理。②另项特色，即借着梳理中国传统思想，以开发新时代的中国哲学。职是之故，中国哲学史的研究与近代中国哲学的开发，遂密不可分。

贺麟（1902—1992）在1945年发表的《当代中国哲学》里，谈到近五十年中国哲学发展的几点特征，以今日逆视之，则尚有两点见证上述的时代流风。其一，便是西学持续不断地左右中国哲学的构作；其二，重新整理中国哲学史。③二者复

---

① 哈铎的著作，请参阅两册英译本：Pierre Hadot, *Philosophy as a Way of Life: Spiritual Exercises from Socrates to Foucault*, edited with an introduction by Arnold I. Davidson, trans. Michael Chase (Malden, Mass.: Blackwell Publishing Ltd., 1995); *What Is Ancient Philosophy*? trans. Michael Chase (Cambridge, Mass.: The Belknap Press of Harvard University Press, 2002)。

② 刘笑敢，《反向格义与中国哲学研究的困境：以老子之道的诠释为例》，刘笑敢主编，《中国哲学与文化》（桂林：广西师范大学出版社，2007），第一辑，页10—36。

③ 比较贺麟，《当代中国哲学》（嘉义：西部出版社，1971），页2—3。该书1945年由胜利出版社初版。

交互为用。对于第一点，乃至为显豁，理无疑义；第二点，则需稍加疏解。民国以来所谓厘理中国哲学史，其概念架构甚为倚重西方流行的哲学，因此呈现新旧轮替的现象。

居间，胡适（1891—1962）的《中国哲学史大纲》卷上（1919）①，乃是最受瞩目的先驱作品。流传至今，他的开辟之功，犹有难以磨灭的贡献。②首先，他截断众流划定中国古代哲学的时限，祛除三皇五帝渺不可知的远古传说，从老子、孔子谈起。其次，他以新受教的西方逻辑概念，重新条理中国思想的质素。胡适在日后（1958）追述道：

> 我这本书的特别立场，是要抓住每一位哲人或每一个学派的“名学方法”（逻辑方法，即是知识思考的方法），认为这是哲学史的中心问题。……所以我这本哲学史在这个基本立场上，在当时颇有开山的作用。可惜后来写中国哲学史的人，很少人能够充分了解这个看法。③

核诸史实，胡适的说辞并不准确；然而他鲜明而清楚的方法论意识，影响后世的哲学史与哲学的写作，既深且远。包括站在

---

① 胡适的《中国哲学史大纲·卷上》初版于1919年，由上海商务印书馆印行。尔后在1929年的“万有文库”本，改名为《中国古代哲学史》。这段更名因缘，请参见胡适，《中国古代哲学史台北版自记》，氏著，《中国古代哲学史》（台北：台湾商务印书馆，1958），页1—8。

② 试比较蔡元培1919年8月3日为该书所作的序。见蔡元培，《中国哲学史大纲序》，收入胡适，《中国哲学史大纲·卷上》（上海：商务印书馆，1926），页1；蔡序亦收入更名后的《中国古代哲学史》，页1。

③ 胡适，《中国古代哲学史台北版自记》，页3—4。该篇自记系1958年1月10日于纽约寓楼撰成。

胡适对立面、勠力重构形上学的“新儒家”，大多曾在逻辑学（无论是西方文化的逻辑学 logic 或佛教的因明学 Hetuvidyā）下过深刻的功夫，遑论其他。

举后进的劳思光（1927—2012）为例，他力图澄清一种“谬误的俗见”，而这种俗见认为，讲中国哲学不能用外国的方法。倘若真是“不能用外国的方法”，那就等于说，我们根本不能运用逻辑思考来处理中国哲学史的问题了。①劳氏申言道：

> 中国人不曾建立逻辑解析，因此自己未“发明思想上的显微镜”，但不能说，“思想上的显微镜”不能用于中国思想的考察；正如显微镜虽非中国的发明，我们也不能据此说，西方发明的显微镜看不见中国的细菌。②

此处劳思光所谓“思想上的显微镜”，无疑就是“逻辑分析”。

诚然，有关中国哲学史的研究，胡适所标榜的“逻辑分析”在不久之后，即为继踵而起的各式各样西方思潮所取代。依时段先后，试举三要例，以概其余：直接与胡适作品针锋相对的冯友兰（1895—1990）所撰的《中国哲学史》③，便是取

---

① 劳思光，《序言：论中国哲学史之方法》，氏著，《中国哲学史》（香港：香港中文大学崇基学院，1968；台北：三民书局，1981），第一卷，香港中大版页 20，三民版页 18。劳思光的《中国哲学史》，第一卷初版于 1968 年，第二卷 1971 年，皆由香港中文大学崇基学院发行；1981 年增加了第三卷（上、下），由台北三民书局初版，全套共计四册；1984 年增订版则改名为《新编中国哲学史》，仍维持四册。

② 劳思光，《序言：论中国哲学史之方法》，香港中大版页 21，三民版页 19。

③ 冯友兰的《中国哲学史》共有上、下两册，上册初版于 1931 年，下册 1934 年，初版均由上海商务印书馆印行。

新实在论为其解释架构；侯外庐（1903—1987）等合撰的五卷《中国思想通史》①，则全由唯物观点所笼罩；劳思光的《中国哲学史》不时针砭冯氏前作，却带有分析哲学的色彩。上述前后三书之理论虽有异，其学风则颇为一致，均不出西方哲学范畴的启发。

倘若搁置各自所凭仗的西学，他们的著作最醒目而共通的现象，则是由传统的“修辞”（rhetoric）转化成模仿西学“论证”（argument）的表达形式。如此一来，古典学问所看重的力行实践，便受到压缩而无从彰显。纵使他们的著作里面并不乏道德的论述，但也仅止于概念的“论述”或后设叙述而已。至于具体的成德之方，则销声匿迹。循此，中国哲学史的整理便陷入“论述的陷阱”而不自知。整体的趋向，便是现代中国哲学的发展，变成论述化、命题化的哲学，而欠缺实践的层面；古典哲学的精髓，遂无由阐发。

直觉上，借用西方哲学疏通中国传统思想，未免会有挂一漏万的疑虑。例如：胡适的高足——傅斯年（1896—1950）便反对胡适把记载老子、孔子、墨子等等之书，称作“哲学史”，盖有见于此。多年后，胡适在傅斯年逝世两周年纪念会（1952）特别点出：傅氏并“不赞成用哲学史的名字来讲中国思想，而主张用中国思想史的名字”②。所以胡适虽已撰成《中国古代哲学史》出版，但他后来撰述中古部分时，却不取

① 由侯外庐、赵纪彬（1905—1982）、杜国庠（1889—1961）三人合著的《中国思想通史》计五卷，自1956年至1960年间，由人民出版社初版。

② 胡适，《傅孟真先生的思想》，收入胡适等著，《怀念傅斯年》（台北：秀威信息科技股份有限公司，2014），页4。

"哲学史"之名，而改冠以"中国中古思想史"①，或与傅斯年的意见有关。

当时傅氏是这样认为的：

> 大凡用新名词称旧物事，物质的东西是可以的，因为相同；人文上的物事是每每不可以的，因为多是似同而异。②

因此他独排众议，大胆放言：

> 中国本没有所谓哲学。多谢上帝，给我们民族这么一个健康的习惯。③

虽说症结在于此，问题存于此，但无可讳言，傅斯年的观点在其时仅是空谷足音，西方论述化的哲学仍然席卷了近代中国哲学的版图，中国古典哲学的精神遂只留下缭绕的余音。在此一节骨眼，哈铎适时的狮子吼，对中、西哲学的反思，遂变得万分切要。

"哲学"一义，在近代哲学固然变得言人人殊（若维根斯坦或分析哲学），在学术多元化的社会，要求其执一不变，委实不易。在中国的语境，傅斯年极早便敏锐地观察到：

---

① 1919年胡适出版《中国哲学史大纲·卷上》，暴得大名，该书风行一世。20世纪30年代胡适便改以《中国中古思想史》为名，出版了长编油印本，分赠好友请教。

② 傅斯年，《与顾颉刚论古史书》，傅孟真先生遗著编辑委员会编，《傅斯年全集》（台北：联经出版公司，1980），第四册，页473。参见胡适，《中国中古思想史·长编》（台北：胡适纪念馆，据胡适手稿影印朱墨套印本，1971）。傅斯年对"哲学"的理解，非本文的要点。

③ 傅斯年，《与顾颉刚论古史书》，页473。

> 我们中国所有的哲学，尽多到苏格拉底那样子而止，就是柏拉图的也尚不全有，更不必论到近代学院中的专技哲学，自贷嘉、来卜尼兹以来的。①

傅氏的说辞，不啻预示了哈铎对中西古代哲学的汇通，②所以哈铎阐扬古典哲学的范例，势必导致人们对当下中国哲学的不同领略。例如：审视第二代的新儒家，牟宗三（1909—1995）思辨力特强，治学锐见迭出、泾渭分明；惟论学喜评断高低，朱熹（1130—1200）受其贬抑为“庶子别宗”而非儒学正宗，便是一例。要之，牟氏所凭借的，无非是自行改造的康德架构，但底蕴犹不出传统的“道统”意识，而其行径则近似释教“判教”的作为。③相对的，唐君毅（1909—1978）的为学风格优柔敦厚，不惮其烦地反复阐述生命的各种境界与成德的要方。表面上，其论述张力似不如牟氏，但实则较趋近哈铎“古典哲学”的理想。例如唐氏1944年的《人生之体验》、《道德自我之建立》，1958年《文化意识与道德理性》，1977年《生命存在与心灵境界》，等等，都存有如此的旨趣。④

---

① 傅斯年，《与顾颉刚论古史书》，页473。按，傅氏这里提到的“贷嘉”，推测应该是指笛卡尔（René Descartes，1596—1650）。

② Pierre Hadot, *What Is Ancient Philosophy*? p. 279.

③ 牟宗三，《心体与性体》（台北：正中书局，1968），第一册。

④ 唐君毅，《人生之体验》、《道德自我之建立》，收入《唐君毅全集》（台北：台湾学生书局，1991），甲编，第一卷；《文化意识与道德理性》，同前书，丁编，第二〇卷；《生命存在与心灵境界：生命存在之三向与心灵九境》，同前书，丁编，第二三至二四卷。

要之，中国上古思想之强调道德实践，确与古希腊有异曲同工之处。“修身”原本并非只是儒家的专利品，而是先秦诸子所共享的观念。① 《大学》定调“自天子以至于庶人，壹是皆以修身为本”②，适可总括该时思想的意向。中国的古代先贤复不若古希腊先哲之重视“雄辩术”，孔子曾拟诸“天何言哉”③以自况，他只要求“辞达而已矣”④。孔子更谴责“巧言、令色，鲜矣仁”⑤，甚至一度宣称“予欲无言”⑥。孟子也坦承：“予岂好辩哉？予不得已也。”⑦老子则主张“多言数穷，不如守中”⑧，他推崇“行不言之教”⑨。是故，古人视“身教”逾于“言教”。

马克思（Karl Heinrich Marx，1818—1883）曾说他的学说不类之前的西方哲学只顾“理解世界”，他的哲学则是试图

---

① 余英时，《中国知识分子的古代传统：兼论“俳优”与“修身”》，氏著，《史学与传统》（台北：时报文化出版公司，1982），页71—92。

② 参见朱熹，《大学章句》，收入氏著，《四书章句集注》（北京：中华书局，1983），页4。

③ 参见朱熹，《论语集注》（收入《四书章句集注》），卷九，“阳货第十七”，页180。

④ 参见朱熹，《论语集注》卷八，“卫灵公第十五”，页169。

⑤ 参见朱熹，《论语集注》卷一，“学而第一”，页48。

⑥ 参见朱熹，《论语集注》卷九，“阳货第十七”，页180。

⑦ 参见朱熹，《孟子集注》（收入《四书章句集注》），卷六，“滕文公章句下”，页271及273。

⑧ 参见朱谦之，《老子校释》（收入《老子释译三种》［台北：里仁书局，1983］），“道经·五章”，页15。

⑨ 参见朱谦之，《老子校释》，“道经·二章”，页6。

"改变世界"。① 反观中国古代的哲学从一开始便勠力于改变人间世，这点与西方哲学显然有所不同。

职是之故，哈铎侧重实践的论点，当然引起了当代专注中国哲学学者的留意，因此有人即呼吁"将功夫引入哲学"②；但要紧的不是将"功夫"纳入论述的领域，而是能体知、把握其德性实践面。例如：《大学》所规约的"定、静、安、虑、得"的为学步骤，今人或知其仿佛；可是至若孟子善养的"浩然之气"③或素为宋明理学家所看重的儒家的"静坐"功夫④，今儒业颇难窥晓其究竟，遑论其他。

因此，哈铎的论点必然陷入进退维谷的两难局面：即使意识到"实践作为"与传统中国哲学的不可分隔性，惟犹不得其奥妙而入；另一方面，衡诸当今哲学的判准，哈铎的论点恐犹招致中、西主流思潮施以"反哲学"（anti-philosophy）之讥，一如前贤尼采（Friedrich Wilhelm Nietzsche，1844—1900）的"生命哲学"受到学院派专技哲学的排斥；其故即缘后者执着

---

① Karl Marx, "Theses on Feuerbach (1845)", in *The Marx-Engels Reader*, ed. Robert C. Tucker (New York: W. W. Norton & Company, 1972), p. 109.

② 倪培民，《将"功夫"引入哲学》，刘笑敢主编，《中国哲学与文化》（桂林：漓江出版社，2012），第十辑，页49—50。

③ 参见朱熹，《孟子集注》卷六，"滕文公章句下"，页271，273。

④ 儒家提倡"静坐"功，始于北宋二程，令"静坐"变成儒门功夫论的要项，故先儒通说儒家的"静坐"法门起于二程。而朱子也教导门徒"半日静坐，半日读书"。朱熹撰，黎靖德编，《朱子语类》（北京：中华书局，1986），卷一一六，页2806。详论则请参见钱穆，《朱子新学案》（台北：三民书局，1971），第二册，《朱子论静》。

哲学的活动乃源自或存于纯粹理性的思虑，却忽略精神与力行的锻炼。①诸如种种疑难，都有待我们未来在“知”与“行”齐头并进，继续探索。

刊于《文汇报》2014年10月31日第九版“文汇学人”；收入刘翠溶主编，《中国历史的再思考》（台北：联经出版事业股份有限公司，2015）。

---

① Gwenaëlle Aubry, “Philosophy as a Way of Life and Anti—philosophy”, in *Philosophy as a Way of Life: Ancients and Moderns: Essays in Honor of Pierre Hadot*, ed. Michael Chase, Stephen R. L. Clark and Michael McGhee (Chichester, West Sussex: Wiley-Blackwell, 2013), pp. 210 – 222.

反思“中国哲学合法性”的论辩
——一个虚构的“假议题”（pseudo-problem）？

源自对语言的误用，许多哲学问题乃系“假议题”。

——卡纳普（Rudolf Carnap，1891—1970）①

人生问题的解决，存于问题本身的消失。

——维根斯坦（Ludwig Wittgenstein，1889—1951）②

20世纪80年代，我自己在美国求学时，便发现“中国哲学”一门不是安置于“宗教系”，便是“东亚系”；摆在西方正统的“哲学系”极为罕见。任教“中国哲学”的先生，对

---

① 这是卡纳普的名言。此一概念散见其著作。其中 *Logical Syntax of Language*（London：K. Paul，Trench，Trubner & Co.，Ltd.，1937），有傅斯年签名并予以收藏，见“中研院”史语所傅斯年图书馆。卡纳普的论文“Pseudo-problem in Philosophy”（1928），in his *The Logical Structure of the World*，trans. Rolf A. George（Berkeley：University of California Press，1967），pp. 301－343。卡纳普的观念和早期维根斯坦是一致的。Cf. Ludwig Wittgenstein，*Tractatus Logico-Philosophicus*，trans. C. K. Ogden（London：Routledge and Kegan Paul，1971），6. 53.

② Ludwig Wittgenstein，*Tractatus Logico-Philosophicus*，6. 52，6. 521.

于无法侧身于西方哲学的名人堂，尤其耿耿于怀。

又，法哲德里达（Jacques Derrida，1930—2004）在2001年访问上海时，径谓“中国没有哲学”，①骤然引起学界轩然大波。哲学人士尤其感到不平，唇枪舌剑，异常热闹，迄今尚余波荡漾。②究其实，这是典型哲学上的“假议题”（pseudo-problem）。

其实，德里达的论点远绍19世纪的黑格尔（Georg Wilhelm Friedrich Hegel，1770—1831）。但在20世纪里远早于德里达，我们的自己人傅斯年（1896—1950）在1926年业已宣称：

> 中国本没有所谓哲学。多谢上帝，给我们民族这么一个健康的习惯。③

“哲学”一义，在近代哲学发展的过程，颇为周折，因是变得言人人殊；④处于今日学术多元化的社会，要求其执一不变，委实不易。在中国的语境，傅斯年极早便敏锐地观察到：

> 我们中国所有的哲学，尽多到苏格拉底（Socrates）那样子而止，就是柏拉图（Plato）的也尚不全有，更不必论到近代学院中的专技哲学，自贷嘉（Descartes）、来卜

---

① 陆扬，《本体论·中西文化·解构：德里达在上海》，《文化研究》4（2003．6）：224。德里达的发言并非突发奇想，之前在为《书写与差异》中译本所做的访谈中，他已明白表达此一观点。参见雅克·德里达著，张宁译，《书写与差异》（北京：三联书店，2001），页10。

② 例如：2018年2月号的《学术月刊》（总585期）犹有讨论。

③ 傅斯年，《与顾颉刚论古史书》，傅孟真先生遗著编辑委员会编，《傅斯年全集》（台北：联经出版公司，1980），第四册，页473。

④ John Passmore, *A Hundred Years of Philosophy* (Harmondsworth, England: Penguin, 1966).

尼兹（Leibniz）以来的。①

傅斯年的理据盖如此：

大凡用新名词称旧物事，物质的东西是可以的，因为相同；人文上的物事是每每不可以的，因为多是似同而异。②

傅氏曾留学德国，他的说辞无非在呼应尼采（Friedrich Nietzsche，1844—1900）的论调：迥异于自然的事物，历史与文化的知识具有时空的制约，必得因时制宜，方能蒙其益，而不受其害。③

作为胡适（1891—1962）的高足，傅斯年反对胡适把记载老子、孔子、墨子等等之书，称作“哲学史”，实有见于此。多年后，胡适在“傅斯年逝世两周年纪念会”（1952）特别点出：傅氏并“不赞成用哲学史的名字来讲中国思想，而主张用

① 傅斯年，《与顾颉刚论古史书》，《傅斯年全集》第四册，页473。按，傅氏这里提到的“贷嘉”，推测应该是指笛卡尔（René Descartes，1596—1650）。

② 傅斯年，《与顾颉刚论古史书》，《傅斯年全集》第四册，页473。按，胡适虽已撰成《中国古代哲学史》出版，但他后来撰述中古部分时，却不取“哲学史”之名，而改冠以《中国中古思想史》，应与傅斯年的意见有关。参见胡适，《中国中古思想史·长编》（台北：胡适纪念馆，据胡适手稿影印朱墨套印本，1971）。傅斯年对“哲学”的理解，非本文的要点。

③ Friedrich Nietzsche，“On the Uses and Disadvantages of History for Life”，in his *Untimely Meditations*，ed. Daniel Breazeale，trans. R. J. Hollingdale（New York：Cambridge University Press，1997），pp. 59 – 123.

中国思想史的名字。”①

析言之，“哲学”一词盖属舶来品，而晚清以降，中国哲学的发展摆脱不了西方思想的影响，甚至达到形影不离的地步，这已是当今学术界的基本常识。民国初年西方哲学移植的成功，无形鼓舞了中国哲学和西学与时俱进。自此，西学若有风吹草动，中国哲学必将随之起舞。是故，中国哲学为了迎合“苟日新，日日新”的潮流，便恓恓惶惶，无所安顿。因此，近代中国哲学的发展呈现了两项特色：其一，外来的欧美哲学思潮变成疏通或衡量传统思想的准则，或解释的架构。这与中古时期佛教借径固有的儒、道思想以方便传布的手法，截然异趣；好友刘笑敢（*b*. 1947）特称之为“反向格义”，确有所见。② 其二即借着梳理中国传统思想，以开发新时代的中国哲学。职是之故，中国哲学史的研究与近代中国哲学的开发，遂密不可分。

之所以造成如此的景象，盖其来有自，必须追溯清末以来中国哲学发展的轨迹。举贺麟（1902—1992）在1945年发表的《当代中国哲学》为例，他谈到近五十年中国哲学发展的几点特征。其一，便是西学持续不断地左右中国哲学的构作；其

---

① 胡适，《傅孟真先生的思想》，胡适等著，《怀念傅斯年》（台北：秀威信息科技股份有限公司，2014），页4。

② 刘笑敢，《反向格义与中国哲学研究的困境：以老子之道的诠释为例》，刘笑敢主编，《中国哲学与文化》（桂林：广西师范大学出版社，2007），第一辑，页10—36。

二，重新整理中国哲学史。①二者复交互为用。而民国以来所谓董理中国哲学史，其概念架构甚为倚重西方流行的哲学，因此呈现新旧轮替的现象。贺氏的论点直迄今日犹是有效的观察。总而言之，21 世纪“中国哲学”与“西学”的关系，大概只能用“夸父追日”这句成语方足以道尽其中原委。

这由清末进化论的引进、20 世纪 20 年代胡适鼓吹实用主义，到历史唯物论的盛行，迄至当今令人目眩神迷的后现代主义等等，居中除了夹杂不同阶段西方文化霸权的驱策，都只能看作是时尚的差异。值得警惕的，当 20 世纪 80 年代，西方哲学界对本门学科产生危机感；这种危机意识像瘟疫般地蔓延到其他学科，令得满怀虚心登门求教的哲学工作者，茫然不知所措。

今日处于后现代的氛围，“哲学的死亡”（the death of philosophy）或“哲学的终结”（the end of philosophy）的呼声，业已喧嚣尘上。20 世纪 90 年代，罗狄（Richard Rorty，1931—2007）便直言无碍：

> 于奎因（Willard Van Orman Quine，1908—2000）、维根斯坦、戴维森（Donald Davidson，1917—2003）和怀若本（Paul Feyerabend，1924—1994）诸哲手里，“意义之死”（the death of meaning）同时意谓着“哲学之死”（the

---

① 贺麟，《当代中国哲学》（嘉义：西部出版社，1971），页 2—3。该书 1945 年由胜利出版社初版。

> death of philosophy），而哲学并无法拥有自成一格的方法。①

因此，对所谓“哲学的合法性”尤不知所云！

西方哲学源远流长，林林总总，各有侧重，各有变化。举其大要，略可分作三大宗：形上学（metaphysics）、道德哲学（moral philosophy）、知识论（epistemology）。②但在近代这三大宗均渐次消融，甚至蜕化成无主（无实质内容）之学，在后现代尤为显著。

首先，传统哲学里占大宗的本体论，早先经过康德（Immanuel Kant，1724—1804）批判哲学（critical philosophy）的洗

---

① Richard Rorty，“Twenty-five Years After”，in *The Linguistic Turn*，ed. Richard Rorty（Chicago：The University of Chicago Press，1992），pp. 371 –374. 必须稍加批注的，该时奉为攻无不摧的解析利器，正是一度风行无阻的“语言哲学”（linguistic philosophy）。这是罗狄在刊行《语言转向》（1967）二十五年之后的省思，至此“语言哲学”已云淡风轻了。又见 Isabelle Thomas-Fogiel，*The Death of Philosophy*，trans. Richard A. Lynch（New York：Columbia University Press，2011）。又举其例：德里达在访谈中所透露后现代的氛围，参见雅克·德里达著，张宁译，《书写与差异》，页 2 –3。

② Cf. G. H. R. Parkinson，“What is Philosophy?”，in *An Encyclopaedia of Philosophy*，general editor G. H. R. Parkinson，associate editors T. E. Burke… [et al.]（London：Routledge，1988），pp. 3 –4. 我将西方 13 世纪以来哲学内容的三大分类：形上学、道德哲学与自然哲学（natural philosophy）中的自然哲学以 17 世纪笛卡尔所开启的知识论取代之，因为自然哲学业为近代科学所取代。

礼，①再经20世纪上半逻辑实证论（logical positivism）和分析哲学（analytical philosophy）联袂围攻，殆繁华尽褪。按逻辑实证论乃是坚决反对形上学的，其代表：德国的卡纳普和英国的耶尔（Alfred Jules Ayer，1910—1989）便本诸“可验证的原则”（verifiability principle），以两篇驳斥形上学的论文语惊学界。前者的《从语言的逻辑分析祛除形上学》（The Elimination of Metaphysics through Logical Analysis of Language）②，和后者的《证明形上学的不可能》（Demonstration of the Impossibility of Metaphysics）③，皆曾传诵一时。复加上欧陆哲学家海德格（Martin Heidegger，1889—1976）迄德里达“逻各斯中心主义”（logocentrism）一系下来的解构，西方形上学已剥落得体无完肤；④恰仿若民国的新儒家将传统蕴涵丰富的儒家文化，化约成一息尚存的“惟精惟一”之旨。

而知识论亦先后受到怀若本、罗狄、泰勒（Charles Taylor，

---

① Immanuel Kant, *Critique of Pure Reason*, trans and ed. Paul Guyer and Allen Wood (Cambridge: Cambridge University Press, 1998).

② Rudolf Carnap, "The Elimination of Metaphysics through Logical Analysis of Language", in *Logical Positivism*, ed. A. J. Ayer (New York: The Free Press, 1959), pp. 60-81.

③ A. J. Ayer, "Demonstration of the Impossibility of Metaphysics", *in Mind: A Quarterly Review of Philosophy* 43. 171 (July 1934): 335-345. 另外，在耶尔声名大噪的成名作（初版，1936）也再三阐发此一概念。A. J. Ayer, *Language, Truth and Logic* (Harmondsworth, England: Penguin Book, 1971).（傅斯年也藏有此书1946年版。）

④ Jacques Derrida, *Of Grammatology*, trans. Gayatri Chakravorty Spivak (Baltimore: Johns Hopkins University Press, 1976).

b. 1931）等人猛烈的质疑，必须重起炉灶。①而道德哲学也从“规范性伦理学”（normative ethics）往“后设伦理学”（meta-ethics）推移，以描述性、分析性取代价值取向的道德学说（即所谓“语言的转向”［the linguistic turn］）。②20 世纪初穆尔（G. E. Moore, 1873—1958）的“善的不可界定说”（the indefinability of the good）足为典范的示例。③其间，虽说《正义论》（*A Theory of Justice*）的作者罗尔斯（John Rawls, 1921—2002）异军突起，拟力挽狂澜，④但整体的趋势确是往后者推移的。况且，自“结构论”（structuralism）起而发难，亟解消人的主体性（subjectivity），⑤至傅柯（Michel Foucault, 1926—1984）力倡消除“人”（man）的概念；⑥尤有进之，对解构论的大宗

---

① 例如：Paul Feyerabend, *Against Method* (London: Verso, 1979); Richard Rorty, *Philosophy and the Mirror of Nature* (Princeton: Princeton University Press, 1979); Charles Taylor, *Philosophical Arguments* (Cambridge, MA: Harvard University Press, 1995)。

② Jonathan Jacobs, *Dimensions of Moral Theory* (Malden, MA: Blackwell Pub., 2002); Bernard Williams, *Ethics and the Limits of Philosophy* (Cambridge, MA: Harvard University Press, 1985), pp. 120 - 131.

③ G. E. Moor, *Principia Ethica* (Cambridge: Cambridge University Press, 1993). 初版 1903 年。

④ John Rawls, *A Theory of Justice* (Cambridge, MA: Harvard University Press, 1971). 罗尔斯被公认为 20 世纪最伟大的契约论者。

⑤ Jean Piaget, *Structuralism*, trans. and ed. Chaninah Maschler (New York: Harper & Row, 1970).

⑥ Michel Foucault, *The Order of Things: An Archaeology of the Human Sciences* (New York: Vintage Books, 1973), pp. 308 - 318.

师——德里达而言，反形上学和反人文主义乃系携手并行的，所以他自不会轻易放过“人的终结”的议题。[1] 视此，固有的传统“人性论”遂无所挂搭，传统道德学说因是遭逢存亡危急之秋，受伤尤其严重。这的确是令人忧心如焚的窘境。

是故，今日的西方哲学，已变成概念或语言解析性的工具，而近乎无实质内容。[2]职是之故，哲学鬼才普南（Hilary Putnam，1926—2016）抛出“没有本体论的伦理学”（ethics without ontology）[3]。后现代同调的罗狄会提出“没有原则的伦理学”（ethics without principle）[4]或“没有实质或本质的形上学”（metaphysics without substances or essences）[5]，就毋足为奇了。诚如西方哲学史名家帕斯莫（John Passmore，1914—2004）

---

① Jacques Derrida, *Margins of Philosophy*, trans. Alan Bass (Chicago: University of Chicago Press, 1982), "The Ends of Man", pp. 111 - 136.

② 参较 Richard Rorty ed., *The Linguistic Turn: Recent Essays in Philosophical Method* (Chicago: The University of Chicago Press, 1992), 初版 1967 年。Cf. David E. Cooper, "Visions of Philosophy", in *Conceptions of Philosophy*, ed. Anthony O'Hear (Cambridge: Cambridge University Press, 2009), p. 2.

③ Hilary Putnam, *Ethics without Ontology* (Cambridge, MA: Harvard University Press, 2004).

④ Richard Rorty, *Ethics without Principles* (Taipei, Taiwan: Institute of European and American Studies, Academia Sinica, 1994); Jonathan Dancy, *Ethics without Principles* (Oxford: Oxford University Press, 2004).

⑤ Richard Rorty, *Metaphysics without Substances or Essences* (Taipei, Taiwan: Institute of European and American Studies, Academia Sinica, 1994).

所说的：

> 至少我们有合理的信心，许多当前我们视为哲学问题的，在未来，却未必见得如此，虽说当下我们并不能预知那些会落得如是。①

至此，西方哲学唇亡齿寒。而所谓中国“哲学”，遂亦将“皮之不存，毛将焉附”。

析言之，西方哲学显然是中国哲学“合法性”（legitimacy）的参照系，无奈前者自身在现代语境恓恓惶惶，若丧家之犬。因此，便无所谓“合法性”与“正当性”的取舍准则。再说，若经维根斯坦“家族类似性”（family resemblances）②的启示，“哲学”一词所涉，绝非亘古执一不变，而是因时制宜、互有出入、多元多样的。③故传统本质性的定义（essential definition），早已为人弃置不顾，而必须改弦更张。

关键的是，百年来中国哲学于西学恒呈亦步亦趋的状态，但借外债总需偿还，独立自主，发展出有自己特色的思想，方是当务之急！回忆年轻时，对中国哲学的走向过度仰赖外来资

---

① John Passmore, “Philosophy”, in *The Encyclopedia of Philosophy*, ed. Paul Edwards (New York: Macmillan, 1967), vol. 6, p. 219.

② Ludwig Wittgenstein, *Philosophical Investigations*, trans. G. E. M. Anscombe (New York: Macmillan Publishing, Co., Inc.: 1968), p. 32.

③ 西方哲学扼要的叙述可参考 John Passmore, “Philosophy”, pp. 216 – 226。

源，时有省发。① 当时我曾在一篇小文如是写道：

> 魏晋之际，中土人士汲取释教佛理，初以“格义”行之，情有可解。唯圆熟自信之后，自当证诸原典，以求本义，是乃理之当然。岂料千百年之后，今日饱学之士反以西方学理“格义”斯文，谓不若此，无由彰显斯文之“真谛”，毋乃咄咄怪事乎！唐初，解经大师孔颖达（574—648）有一段批评前朝经师之语，发人深省。孔氏言道：“熊（安生）则违背本经，多引外义，犹之楚而北行，马虽疾而去逾远矣！又欲释经文，唯聚难义，犹治丝而棼之，手虽繁而丝益乱也。”②

但哲学究竟非我专业，之后遂无暇多费心思了。近年学界复发一股“中国哲学合法性”论辩的热潮，不啻提供了一个及时阶段性的省思，或容是中国思想（或哲学）迈向康庄大道的好契机。

刊于《文汇报》2018 年 7 月 20 日第七至八版“文汇学人”。

---

① 请参阅拙作：《所谓“道德自主性”：以西方观念解释中国思想之限制的例证》（1984）、《孟子的“四端说”与“道德感说”》（1994），收入《优入圣域：权力、信仰与正当性》（台北：允晨文化公司，1994；北京：中华书局，2010），允晨版页 3—24、32—43；中华版页 3—20、27—33。

② 引自拙著，《十年之后：后记》，《优入圣域：权力、信仰与正当性》，台北：允晨文化公司，2004，页 42—43，北京：中华书局，2010，页 38。

论儒教的俗世性格

——从李绂的《原教》谈起①

西哲泰勒（Charles Taylor，*b*. 1931）于其近著《俗世的时代》（*A Secular Age*），权挪“超越与内涵”（transcendent/immanent）的分辨，以突显西方近代宗教的转折与特征。泰勒固知晓定义“宗教”（religion）一词的困难，因此上述的对比，只是方便的法门而已。②但不意此一对比，若放在讨论中国宗教的脉络下加以蠡测，尤其是关涉儒教的变化时，则会显得力有未逮。因为儒教从古至今，即具有俗世的特质；是故，以“俗世化”说明近代儒教的际遇与嬗演，恐有方枘圆凿之憾。以下，将从李绂（1675—1750）入手，揭开儒教之强烈俗世性

---

① 感谢两位匿名者的审查，所提意见，受益良多，谨此致谢。

② Charles Taylor, *A Secular Age* (Cambridge, Mass.: Harvard University Press, 2007), p. 15. 该书于2007年曾获颁“天普登奖”（Templeton Prize）。儒教之作为“宗教”，个人略有析论，于此不再赘述，敬请参阅拙作，《作为宗教的儒教：一个比较宗教的初步探讨》，原载《亚洲研究》23（1997）：184—223；后收入拙著《圣贤与圣徒：历史与宗教论文集》（台北：允晨文化公司，2001、2004；北京：北京大学出版社，2005），允晨版页49—87，北大版页117—143。

格的特质与倾向（orientation）。本文希望借由对近世儒教的俗世性格之分析，揭示泰勒等人所提议的宗教理型定义，犹有商榷余地。

清初陆王学派的健将——李绂，撰有一篇名文《原教》，内容宏富而有要旨，甚能说明儒教的俗世性格。按，以"原教"为篇名，传统上均用来阐发教门宗旨，而带有浓郁的护教意味，又可与古来《原道》之文互通。① "原教"的文类，较早可能出现在释教文献，举其例：宋代高僧契嵩（1007—1072）作《原教》、《广原教》,② 以与当时辟佛者抗辩，儒者恐是后起而仿效。③之后，"原教"的文类则甚为流行，且一度

---

① 例如：韩愈（768—824）的典范之作《原道》，清朝储欣（1631—1706）原录《韩昌黎文评点注释》就说："原道也，大抵原教焉耳。"转引自罗联添编，《韩愈古文校注汇辑》（台北："国立编译馆"，2003），第一册，卷一，《原道》，页57—58。茅坤（1512—1601）于"原教"类评说"大类韩文"。参见茅坤编，《唐宋八大家文钞》（收入《景印文渊阁四库全书》［台北：台湾商务印书馆，1983］，第一三八三至一三八四册），卷九〇，《临川文钞十·论原说解杂类》，页7b，"原教"。

② 契嵩，《辅教篇》（收入《中华大藏经》［台北：修订中华大藏经会，据民国二十年影印宋版藏经委员会影印出版宋碛砂藏经及宋藏遗珍二书缩印，1965］，第一辑第七三册），卷上，《原教》，页32049b—32052a；卷中，《广原教》，页32054c—32060a。

③ "原教"文类有时亦用在同教门、不同宗门之争，例如陈确（1604—1677）撰《原教》以攻讦程朱一系。参阅陈确，《陈确集》（台北：汉京文化事业公司，1984），别集卷五，《原教》，页456—457。

曾为科举命题。①

李绂在《原教》一文中，有个论点甚值得注意：首先他援引《中庸》谓“修道之谓教”②，以界定“教”字。又说：

> 道恶在？君臣、父子、夫妇、昆弟、朋友是也。道在于是，则教在于是矣。③

可见“道”存于人伦关系之中，“教”遂亦见诸人伦关系之中。

于李绂而言，远古之史固无须多论，若唐虞使契为司徒，敬敷“五教”④，或《鲁论》所述的“四教”⑤，《周礼》的“六德”⑥、“六行”⑦、“六艺”⑧，均不外“五伦之所有事”。那么“五伦”所指为何呢？就是孟子所述的人伦规范：“父子

---

① 李开先，《李中麓闲居集》（收入《四库全书存目丛书》[台南：庄严文化公司，1995]，集部第九二至九三册，明嘉靖至隆庆刻本），卷一一，《原性堂记》，页“记55a”。

② 《中庸·第一章》：“天命之谓性，率性之谓道，修道之谓教。”参见朱熹，《中庸章句》（收入《四书章句集注》[北京：中华书局，1983]），页17。

③ 李绂，《穆堂初稿》（清道光十一年奉国堂刻本），卷一八，《原教》，页1a。

④ “五教”即“五伦”之谓。陈焕章，《孔教论》（收入《民国丛书》[上海：上海书店，据孔教会1913年版影印，1992]，第四编第四册），页1。

⑤ “四教”：文行忠信。

⑥ “六德”：智仁圣义中和。

⑦ “六行”：孝友睦姻任恤。

⑧ “六艺”：礼乐射御书数。

有亲，君臣有义，夫妇有别，长幼有序，朋友有信。”①此一表述原是儒者一般的见解，并无特别新颖之处。

可是李绂接续的申论却颇寓新意。依李绂之见，普天下之人，皆无所脱逃于人伦的网络。换言之，“天下无伦外之道，即无道外之人”。可是后世出了杨、墨，出了释、老的异端邪说，“天下乃有伦外之道，乃有伦外之人”。然而李绂并不苟同先儒韩愈（768—824）、欧阳修（1007—1072）汲汲与教外争辩，②因为“吾儒之道，固万古流行于天地”，何必与二氏在言词上争胜负。此外，李绂亦不屑宋明儒本末倒置，终日谈心言性。他认为真正解决之法，唯有“实指五伦为道”③，让世人明了活于世上，即无所逃于人伦之际。换言之，士农工商只要修

① “五伦”的意指原出《孟子》一书。孟子曰：“圣人有忧之，使契为司徒，教以人伦：父子有亲，君臣有义，夫妇有别，长幼有序，朋友有信。”参见朱熹，《孟子集注》（收入《四书章句集注》），卷五，“滕文公章句上”，页259。孔子亦言：“君君、臣臣、父父、子子。”参见朱熹，《论语集注》（收入《四书章句集注》），卷六，“颜渊第十二”，页136。

② 唐韩愈著有《原道》，阐扬儒道以辟佛老异端；北宋欧阳修则撰有《本论》，吁“学问明而礼义熟……礼义者，胜佛之本也”。韩文见《原道》，《韩愈古文校注汇辑》第一册，卷一，页56—110。欧文见欧阳修，《本论上》、《本论下》，《居士集》（收入《欧阳修全集》[台北：华正书局，1975]，上册，卷一），卷一七，页125—128。

③ 李绂，《穆堂初稿》卷二四，《中庸明道论》，页1下。

"五达道"①，便是践行圣人之教的儒者，所以不必质疑守儒教者众，而遵二氏者鲜。②双方信徒的寡众悬殊，原是不辩自明的事实。该立论之所以成立，一如徐乾学（1631—1694）前云："吾人不能离五伦、泯四端，即不能不为儒。"③而李绂的说辞，恐是反映该时犹陷于"儒门淡薄，收拾不住"的焦虑；他的辩解原是儒生一贯的老调，却能极大化儒教的共同体，涵盖全民，而非只限于"士"的阶层而已。其实，李绂之所以能致此，在概念上，无非得利于儒教与生俱来的俗世性格。

因为同以"原教"命篇的诸儒，无不异口同声肯定伦常与儒教俗世的关联性。兹举二例以为佐证：北宋的王安石（1021—1086）便曾说："天下之君君、臣臣、父父、子子、兄兄、弟弟、夫夫、妇妇，皆吾教也。"④清儒朱彝尊（1629—1709）也曾说："所谓教者何哉？君臣、父子、兄弟、夫妇、朋友之教而已矣。"⑤

---

① "五达道"：君臣也，父子也，夫妇也，昆弟也，朋友之交也。参见朱熹，《中庸章句》，页28。李绂的思想请参阅 Chin-shing Huang, *Philosophy, Philology, and Politics in Eighteenth-century China: Li Fu and the Lu-Wang School under the Chìng* (Cambridge: Cambridge University Press, 2002), chap. 5。

② 李绂，《穆堂初稿》卷一八，《原教》，页4a—b。

③ 参见谢文洊，《谢程山集》（收入《四库全书存目丛书》集部第二〇九册，道光三十年刻本），卷九，《癸巳复南城刘子淳书》，页25b。

④ 王安石，《临川先生文集》（台北：华正书局，1975），卷六九，《原教》，页731。

⑤ 朱彝尊，《曝书亭集》（台北：世界书局，1964），下册，卷五八，《原教》，页683。

按，儒教的着力点本来即置于俗世的“五伦”网络之内，这原是儒者一向的共识。明儒刘宗周（1578—1645）说得好：“人生七尺堕地后，便为五大伦关切之身。”①又说：“盈天地间皆吾父子、兄弟、夫妇、君臣、朋友也。”②因为儒教成德的典范——“圣人”，依孟子之言也不过是“人伦之至”③；荀子亦言“圣也者，尽伦者也”④ 而已。故下迄明清，儒者犹顺着说：

> 若吾儒之学也，学以经世。世有君臣、父子、兄弟、夫妇、朋友之天伦，即有亲、义、序、别、信之达道。圣人非有所强也，不过顺此天伦之道，一为之经纶焉尔。⑤

毋怪该时讲求实学的李颙（1627—1705），一反恍兮惚兮的性理之学，乃主张：

> 最上道理，只在最下修能，不必骛高远。说“精微”，谈“道学”，论“性命”，但就日用常行，纲常伦理，极浅极近处做起。⑥

“但就日用常行，纲常伦理，极浅极近处做起”，可见儒家独厚

---

① 戴琏璋、吴光主编，《刘宗周全集》（台北：“中央研究院”中国文哲研究所筹备处，1996），第二册，《证人要旨》，页8。

② 戴琏璋、吴光主编，《刘宗周全集》第二册，《证人要旨》，页9。

③ 朱熹，《孟子集注》卷七，“离娄章句上”：“规矩，方员之至也；圣人，人伦之至也。”（页277）

④ 北京大学哲学系校释，《荀子新注》（台北：里仁书局，1983），《解蔽》，页432。

⑤ 谢文洊，《谢程山集》卷九，《癸巳复南城刘子淳书》，页23b。

⑥ 李颙撰，陈俊民点校，《二曲集》（北京：中华书局，1996），卷六，《传心录》，页45—46。

人间世，且无分古今。

上述李颙无异在发挥孔子“庸德之行”的教诲，至为明白不过了。孔圣不就曾说过：“道不远人。人之为道而远人，不可以为道。”①上古的经典《中庸》也演绎道：

> 君子之道费而隐。夫妇之愚，可以与知焉，及其至也，虽圣人亦有所不知焉；夫妇之不肖，可以能行焉，及其至也，虽圣人亦有所不能焉。②

明儒王阳明（1472—1529）更为之定调：“与愚夫愚妇同的，是谓同德。与愚夫愚妇异的，是谓异端。”③他的追随者王艮（1483—1541）遂宣称：“圣人之道，无异于百姓日用。凡有异者，皆谓之异端。”④ 有清章学诚（1738—1801）也言道：“道在事物，初不出乎人伦日用之间。”⑤这在在都呼应着儒者之教“道也者，不可须臾离也，可离非道也”⑥ 的宗旨。

---

① 朱熹，《中庸章句》，页23。

② 朱熹，《中庸章句》，页22。

③ 陈荣捷，《王阳明传习录详注集评》（台北：台湾学生书局，1983），“传习录卷下·黄省曾录·第二七一条”，页329。这似与《周易·系辞》所述略有出入。它如是说：“一阴一阳之谓道。……仁者见之谓之仁，知者见之谓之知。百姓日用而不知，故君子之道鲜矣。”见高亨，《周易大传今注》（济南：齐鲁书社，1983），卷五，《系辞上》，页514。

④ 王艮，《重刻心斋王先生语录》（收入《续修四库全书》[上海：上海古籍出版社，1997]，子部第九三八册），卷上，页9b。

⑤ 章学诚撰，叶瑛校注，《文史通义校注》（北京：中华书局，1985），卷二，《原道上》，页124。

⑥ 朱熹，《中庸章句》，页17。

倘挪儒教的俗世性格，与释、道二教作一对比，则尤为显豁。南宋大儒朱熹（1130—1200）便言道：

佛老之学，不待深辨而明。只是废三纲五常，这一事已是极大罪名！其他更不消说。①

按，“三纲五常”于释、道而言，乃是“世间法”而已。要之，朱子旨在总结之前儒生对佛老的评断。前述韩愈在维护儒道的名文，即判定佛、老为祸天下，灭其天常，以致“必弃而君臣，去而父子，禁而相生养之道，以求其所谓清净寂灭者”②。北宋的孙复（992—1057）以“佛老之徒横乎中国”，谓之“儒辱”，遂鸣鼓而攻之，盖“彼以死生祸福、虚无报应为事……去君臣之礼，绝父子之戚，灭夫妇之义”。③

同为宋初三先生的石介（1005—1045），也同仇敌忾抨击佛门道：

彼其灭君臣之道，绝父子之亲，弃道德，悖礼乐，裂五常，迁四民之常居，毁中国之衣冠，去祖宗而祀夷狄，汗漫不经之教行，妖诞幻惑之说满。④

职是之故，后儒遂判定“儒佛之分，千载未决之公案”，尽在：

---

① 朱熹著，黎靖德编，《朱子语类》（北京：中华书局，1983），卷一二六，页3014。

② 韩愈，《韩愈古文校注汇辑》第一册，卷一，《原道》，页73—74。

③ 孙复，《孙明复小集》（收入《景印文渊阁四库全书》第一〇九〇册），不分卷，《儒辱》，页37a—b。

④ 石介著，陈植锷点校，《徂徕石先生文集》（北京：中华书局，1984），卷五，《怪说上》，页61。

佛法以君臣父子为世法、为常道，欲扫而空之，故可一悟即了，一超直入。儒者以君臣父子为大恩、为大义，故必行而后尽，断断乎必不可一悟即了，一超直入者。①

总之，释子亟欲“小孔子以张大佛氏”至为显然。由儒家者言，人伦、王政无非“世法、常道，固与天地相始终”②，反之，一旦“非君臣、父子、夫妇、兄弟、宾客、朋友之位”，即是悖人道。③清儒朱彝尊且力诋“儒释道三教”之说，谓：“彼二氏者，既已弃绝其人伦事物之常，将何以副教之名哉?”④毋怪近代的儒者均断言“孔教之教，乃人道之教，非神道之教也”⑤，并非无据。然而，这便需涉及儒教对“天人之际”与“死生之际”的了解与信念。“天人之际”涉及“天”、“人”之别，而“死生之际”则牵涉身后何去何从的问题。

首先，迥异于儒教只拥有单面向（one-dimension）的现实世界，时间上，佛教则有“过去”、“现世”、“未来”三世之分；空间上，则“幻为极乐国诱之于前，轮回地狱怖之于后”⑥，而有“天堂地狱”之说。道教则仿效释教的世界观，

---

① 王启元，《清署经谈·初集》（明天启三年刊本，台北：“中央研究院”历史语言研究所藏），卷一六，《圣经合赞篇》，页49b。

② 王启元，《清署经谈·初集》卷一六，《圣经合赞篇》，页45a。

③ 石介，《徂徕石先生文集》卷一〇，《中国论》，页116。

④ 朱彝尊，《曝书亭集》卷五八，《原教》，页684。

⑤ 劳乃宣，《桐乡劳先生遗稿》（台北：文海出版社，据1927年桐乡卢氏校刊本影印，1969），卷一，《论孔教》，页47a。陈焕章，《孔教论》，页1—2。

⑥ 谢文洊，《谢程山集》卷九，《癸巳复南城刘子淳书》，页23a。

有所谓“天上界”、“地上界”、“地狱界”之分，更在儒教所主宰的现实世界之上，塑造一个超越尘世的神仙世界，以吸引其信众，而有“三十六洞天、七十二福地”之说。①对比之下，西方的基督教也有“上帝之城”（the city of God）与“世人之城”（the city of man）的区别。②约翰（John）于《启示录》（*Revelation*）里，便预言“圣城”（the holy city）的降临，则之前的“天地”必然消失，③人、神则处于截然对立的情况。然而，儒教却独排众议，自始至终只认领一个俗世的世界（secular world）。

盖儒家固然将“天”认作一个存在与价值的根源，譬如古人有云“道之大原出于天”④，又说“道者……仁义礼乐皆其具也”⑤，但讲究的却是“天人合一”的境界。从上古原始宗教的“民神杂糅”、“民神同位”，发展至儒家主流思想的“天

---

① 顾大韶，《炳烛斋随笔》（收入《续修四库全书》子部第一一三三册，清初刻本），页12b—13b。又参阅葛兆光，《周孔何以不言——中古佛教、道教对儒家知识世界的扩充与挑战》，《史学月刊》2011. 1：20—32。

② Saint Augustine, *The City of God*, in *Great Books of the Western World*, ed. Robert Maynard Hutchins (Chicago: Encyclopedia Britannica, INC., 1952), vol. 18, Books 11 - 19.

③ *The Holy Bible*, ver. King James (Taipei: The Bible Society in Taiwan, 2004), *New Testament*, Revelation: chapter 21.

④ 班固，《汉书》（台北：鼎文书局，1987），卷五六，《董仲舒传》，页2518—2519。

⑤ 班固，《汉书》卷五六，《董仲舒传》，页2499。

人合一”，自然牵涉曲折的过程，惟前贤发现已多。①而英时师晚近攸关“天人合一”的崭新阐释，尤具启发性，他示知“天人合一”如何从上古个人的关怀（通常是巫者或统治者）转化成后世儒者的普遍命题。②

但“天”在古代用语，却有多样意义。朱熹分疏得切要：“天……也有说苍苍者，也有说主宰者，也有单训理时。”③又说：“虽说不同，又却只是一个。知其同，不妨其为异；知其异，不害其为同。”④就“天人合一”，则概括有两层涵义：其一，“人”与“天”在实体或精神上合而为一；其二，透过特殊的精神锻炼，凡“人”皆得以知晓“天”的究竟。孟子认为“万物皆备于我”，“上下与天地同流”，⑤庄子也说“天地与我并生，而万物与我为一”⑥，概属于第一义。可见上古不分儒、道，均有同样的看法。

---

① 张光直，《考古学专题六讲》（台北：稻乡出版社，1999），第六讲，“三代社会的几点特征——从联系关系看事物本质两例”，页95—133。张亨，《“天人合一”的原始及其转化》，氏著，《思文之际论集：儒道思想的现代诠释》（台北：允晨文化公司，1997），页249—284。

② 详论请参阅余英时，《天人之际——中国古代思想的起源试探》，陈弱水主编，《中国史新论·思想史分册》（台北：“中央研究院”，联经出版公司，2012），页11—93。

③ 朱熹，《朱子语类》卷一，页5。

④ 朱熹，《朱子语类》卷七九，页2039。

⑤ 朱熹，《孟子集注》卷一三，“尽心章句上”，页350，352。

⑥ 郭庆藩辑，《庄子集释》（台北：汉京文化公司，1983），卷一下，《齐物论》，页79。

在认知方面，孟子则说："尽其心者，知其性也。知其性，则知天矣。"①《中庸》的作者更衍生道：

> 唯天下至诚，为能尽其性；能尽其性，则能尽人之性；能尽人之性，则能尽物之性；能尽物之性，则可以赞天地之化育；可以赞天地之化育，则可以与天地参矣。②

人道、天道、地道一以贯之，这不啻《周易》"三才"说的进化版。③尤有进之，宋儒甚至放言："天人本无二，不必言合。"④明儒王阳明的"心即道，道即天，知心则知道知天"，则是臻于圆熟自信的逻辑陈述。⑤职是之故，近儒钱穆（1895—1990）方得好说："率性之谓道，亦即是天人合一。"⑥

---

① 朱熹，《孟子集注》卷一三，"尽心章句上"，页349。

② 朱熹，《中庸章句》，页32。

③ "《易》之为书也，广大悉备，有天道焉，有人道焉，有地道焉。兼三材而两之。"又说："昔者圣人之作《易》也，将以顺性命之理，是以立天之道曰阴与阳，立地之道曰柔与刚，立人之道曰仁与义。兼三才而两之。"见高亨，《周易大传今注》（济南：齐鲁书社，1979），卷五，《系辞下》，页592；又卷六，《说卦》，页609—610。

④ 程颢、程颐，《二程集》（台北：里仁书局，1982），上册，《河南程氏遗书》卷六，页81。

⑤ 陈荣捷，《王阳明传习录详注集评》，"传习录卷上·陆澄录·第六六条"，页96。

⑥ 钱穆，《从中国历史来看中国民族性及中国文化》，《联合报·副刊》1979年6月20日。此长文系钱穆先生应香港中文大学新亚书院之邀，于1978年10月担任"新亚学术讲座"的六次演讲，汇整成一小书《从中国历史来看中国民族性及中国文化》，1979年由台北的联经出版事业公司及香港的中文大学出版社出版；之后亦收入《钱宾四先生全集》（台北：联经出版公司，1998），丙编第四〇册，页1—160。

也方得说“在中国思想中，‘天’、‘人’两者间，并无‘隐’、‘现’分别。除却‘人生’，你又何处讲‘天命’”，西方则将“天命”与“人生”划分为二，分作两个层次。① 这恰与当代儒家所津津乐道的“既超越又内在”的说法互为唱和。②

析言之，西方的宗教概念里，“天人之际”甚为分明，均恪守“神圣”（sacred）与“世俗”（profane）的分辨，彼此泾渭分明；即便近代从涂尔干（Émile Durkheim，1858—1917）下迄埃利奥特（Mircea Eliade，1907—1986）的论述，皆毫无

---

① 钱穆，《中国文化对人类未来可有的贡献》，《联合报·副刊》1990 年 10 月 26 日；后收入《世界局势与中国文化》（《钱宾四先生全集》丙编第四三册），页 419—429。

② “天人合一”或“天人不二”，于当代新儒家，若牟宗三，在伦理上涵蕴着“内在超越”（immanent transcendence）；在宗教上，则与主“外在超越”的基督教形成鲜明的对比。参见牟宗三，《心体与性体》（台北：正中书局，1973），第一册，综论，页 1—139。但是“内在超越”说，从西方哲学的立场，却难以证成。参较 Alasdair MacIntyre，“Questions for Confucians”，in *Confucian Ethics：A Comparative Study of Self，Autonomy，and Community*，ed. Kwong-loi Shun and David B. Wong（Cambridge：Cambridge University Press，2004），p. 206。麦金泰于该文举成中英（Chung-ying Cheng，*b.* 1935）为批驳的对象。此外，复有冯耀明从分析哲学的观点，予以辩驳。见冯耀明，《“超越内在”的迷思》，刘述先等编，《天人之际与人禽之辨：比较与多元的观点》（香港：香港中文大学新亚学院，2001），页 287—302。余英时师则改采“内向超越”（inward transcendence）之说。参见余英时，《天人之际》，氏著，《人文与理性的中国》（台北：联经出版公司，2008），页 1—22；《轴心突破和礼乐传统》，氏著，《知识人与中国文化的价值》（台北：时报文化出版公司，2007），页 75。

例外。①反观西哲芬格列（Herbert Fingarette，1921—2018），却谓孔子“即凡而圣”（the secular as sacred），以人群的共同体（human community）作为神圣的礼仪，确极有见地。②若《庄子》一书中，孔子自道：“彼，游方之外者也；而丘，游方之内者也。”③若将“方”释为“俗世”，其隐喻亦不过如此。

此外，就死生之际，儒家俗世的立场尤为明白。相较释、道“天人鬼”三界之说，儒教动辄遭“腐儒”之讥，谓“儒者之知有中界，而不知有上界、下界也”。④对“不可知的世界”，儒者讳莫如深，若孔子言：“未知生，焉知死？”⑤后儒甚或以为“平常事”，坦然以对。朱子便说：“六经记载圣贤之行事备矣，而于死生之际无述焉，盖以是为常事也。”⑥ 二程也说：“圣贤以生死为本分事，无可惧，故不论死生。”⑦ 而最为人所称道的经典事例，便是邵雍（1011—1077）临终时笑曰：

---

① Émile Durkheim, *The Elementary Forms of Religious Life*, trans. Karen E. Fields (New York: Free Press, 1995); Mircea Eliade, *The Sacred and the Profane: The Nature of Religion*, trans. Willard R. Trask (New York: Harper & Row, 1961).

② Herbert Fingarette, *Confucius: The Secular as Sacred* (New York: Harper & Row, 1972).

③ 郭庆藩辑，《庄子集释》内篇卷三上，《大宗师》，页 267。

④ 顾大韶，《炳烛斋随笔》，页 12b—13a。

⑤ 朱熹，《论语集注》卷六，“先进第十一”，页 125。

⑥ 朱熹著，陈俊民校订，《朱子文集》（台北：德富文教基金会，2000），第八册，卷八一，《跋郑景元简》，页 4029。

⑦ 程颢、程颐，《二程集》上册，《河南程氏遗书》卷一，《端伯传师说》，页 3。

“死生亦常事尔!”①张载（1020—1077）也说道：“存，吾顺事，没，吾宁也。”②这都是本诸孟子所讲的“殀寿不贰，修身以俟之，所以立命”③ 的道理。

于儒者而言，释教之“怖死”，道教之“解形”，恰成其讥斥的对象。朱熹便称许欧阳修说“老氏贪生，释氏畏死”，其说甚好。④石介亦曾讽言：

> 佛者乃说曰：“天有堂，地有狱，从我游则升天堂矣，否则挤地狱。”其老者亦说曰：“我长生之道，不死之药，从我游则长生矣，否则夭死。”⑤

稍后的胡寅（1098—1156）亦云：

> 人死犹其生，其来不可御，其去不可止。……盖圣人以生死为分内事，无可惧者，故未尝以为言。佛氏本于怖死，是以藏经五千四十余卷，传灯一千七百余人，皆皇皇然以死为一大事。⑥

此语非假。盖对“死亡”的关注，迄今犹萦绕于释子之心，由印光法师（1862—1940）的题词可为见证。他写道：“‘死’，

---

① 黄宗羲著，全祖望补修，《宋元学案》（北京：中华书局，1986），卷九，“百源学案上”，页366。

② 张载，《张载集》（台北：汉京文化公司，1983），《正蒙·乾称篇》，页63。

③ 朱熹，《孟子集注》卷一三，“尽心章句上”，页349。

④ 朱熹，《朱子语类》卷一二六，页3012。

⑤ 石介，《徂徕石先生文集》卷一〇，《中国论》，页117。

⑥ 胡寅撰，容肇祖点校，《崇正辩》（北京：中华书局，1993），上册，卷二，页57。

学道之人念念不忘此字，则道业自成。”①

要知隋唐为中土佛教鼎盛时期，进入有宋，儒者便进行全面的反扑，因此有如是激烈的思想交涉。但儒者的生死观，下迄明清，犹承继宋儒的论调。而张载的“存顺没宁”，遂成为儒者自我期许的箴言。明儒文翔凤（1610 年进士）就“千古死生大事”，则阐发道：

> 吾儒尽性至命之学，正死生公案，所操长于二氏者。……其所闻何道？所生何直？非破除人伦，别一款则也。盖圣人之所以存顺没宁者，以尽人伦而合天道，非如二氏求天道于人伦之外，又求自性于天道之外。②

换言之，就是“人道尽而天之符节在手”之意。又有人临终了悟前生，谓知死生大事，竟落入轮回之念，王学殿军刘宗周（1578—1645）闻之，颇不以为然，谓“非吾儒所谓生死”。他驳道：

> 盖吾儒之学，以了生死为事；佛氏之说，亦以了生死为事。但吾儒之学，事事求之于实，惟尽其生事以善其死事……是故吾儒之道，只从事于君臣、父子、夫妇、昆

① 鸠摩罗什译，释印光鉴定，黄智海居士演述，《阿弥陀经白话解释》（台北：净土善书流通处，1998），见目录页 2 之印光法师书法题词。另，依题词落款四字“时年八十”推测，印光法师题词之时间，当为 1940 年。

② 文翔凤，《皇极篇》（收入《四库禁毁书丛刊》［北京：北京出版社，2000］，集部第四九册，明万历刻本），卷一〇，《汝渍书院讲录》，页 20a—b。

弟、朋友。①

又说：

> 理会生死之说，本出于禅门。夫子言原始反终，这是天地万物公共的道理，绝非一身生来死去之谓，与禅门迥异。……吾儒之学，宜从天地万物一体处看出大身子，天地万物之始即吾之始，天地万物之终即吾之终，终终始始，无有穷尽，只此是死生之说。原来死生只是常事。②

其底蕴不过是呼应阳明所谓“佛氏不着相，其实着了相”的意旨。③

王学左派罗汝芳（1515—1588）尚且豪气干云地说：“大丈夫须放大些志气，莫向鬼窟作活计！”又说：“真正仲尼，临终也不过叹口气而已。”④诸此皆在发挥孔子求仁得仁，“朝闻

---

① 戴琏璋、吴光主编，《刘宗周全集》第二册，《证人社语录》，“第九会”，页685。

② 戴琏璋、吴光主编，《刘宗周全集》第二册，《证人社语录》，“附说”，页683。

③ 陈荣捷，《王阳明传习录详注集评》，“传习录卷下·黄直录·第二三六条”，页309。阳明后学的生死观则可参阅Guoxiang Peng, “Death as Ultimate Concern in the Neo-Confucian Tradition: Taking Wang Yangming's Followers as an Example”, in *Mortality in Traditional Chinese Thought*, ed. Amy Olberding and Philip J. Ivanhoe (Albany: State University of New York Press, 2011), ch. 11。

④ 罗汝芳撰，熊傧辑，钱启忠重订，《近溪罗先生一贯编》（收入《四库全书存目丛书》子部第八六册，明长松馆刻本），卷一一，《心性下》，页52b。

道，夕死可矣”①的精神。总之，儒者对“死生之际”，概全神贯注于人间世，尽其本分而已，并且拒绝臆测生前死后的世界，以求契合孔圣“不语怪力乱神”② 的规训。儒者对此世的务实心态，孔子业已一语道出，“务民之义，敬鬼神而远之”③，盖循“未能事人，焉能事鬼”④之义。又说“祭如在，祭神如神在”⑤，不啻言“事死如事生”⑥，似拟规避人神对立而分处的情况。巧合的是，释教的“净土”或耶教的“圣城”都是极其异想，金玉盈地，光彩炫目；⑦而儒教所憧憬的“大同”世界，充其量也不过是秩序井然、平实无奇的人间世而已。⑧晚明的许大受鉴于佛典喜言三世之说，便评道：

> 吾儒手眼，只使人体认目前，绝不许人想前想后，所以前世后世，总不拈起，以绝人徼福免祸之私萌。⑨

---

① 朱熹，《论语集注》卷二，“里仁第四”，页71。

② 朱熹，《论语集注》卷四，“述而第七”，页98。

③ 朱熹，《论语集注》卷三，“雍也第六”，页89。

④ 朱熹，《论语集注》卷六，“先进第十一”，页125。

⑤ 朱熹，《论语集注》卷二，“八佾第三”，页64。

⑥ 程树德，《论语集释》（北京：中华书局，1990），卷五，页175。

⑦ *The Holy Bible* (King James version), *New Testament*, Revelation: chapter 21. 佛教的净土则参见鸠摩罗什译，释印光鉴定，黄智海居士演述，《阿弥陀经白话解释》，页43—128。

⑧ 孙希旦，《礼记集解》（北京：中华书局，1989），卷二一，《礼运第九之一》，页582。

⑨ 许大受，《佐辟》，收入徐昌治辑，《明朝破邪集》（《四库未收书辑刊》［北京：北京出版社，1997］，第十辑第四册），页384—8b。

16 世纪来华传教的利玛窦（Matteo Ricci，1552—1610）也见证：儒教的信徒不提“天堂”或“地狱”。①总之，儒教只认领实存的俗世世界。

而近代阐发儒家思想的方家，莫不对儒教的俗世性有着深刻的认识。试举第一代的新儒家为例，熊十力（1885—1968）便言：

> 儒者践道于日用伦常之间，即道乃于己而实现。天地万物同体之实，反己而自明、自证。②

同为新儒家的开山者——梁漱溟（1893—1988）也说：

> 儒家从不离开人来说话，其立脚点是人的立脚点，说来说去总还归结到人身上，不在其外。佛家反之，他站在远高于人的立场，总是超开人来说话，更不复归结到人身上——归结到成佛。③

据此，梁氏遂判定：前者属世间法，后者则为出世间法。

另依梁漱溟所言，中国是以伦理组织社会，那么五伦就是

---

① 利玛窦、金尼阁（Nicolas Trigault，1577—1628）著，何高济、王遵仲、李申译，何兆武校，《利玛窦中国札记》（北京：中华书局，1983），上册，第一卷第十章，页 101。

② 熊十力，《读经示要》（收入《民国丛书》［上海：上海书店，据重庆南方印书馆 1945 年版影印，1996］，第五编第一册），第二讲，页 133。

③ 梁漱溟，《儒佛异同论之一》（1966），氏著，《东方学术概观》（香港：中华书局，1988），页 5。

中国的社会组织，离了五伦别无组织。①深言之，五伦之中，尤以父子一伦最为关键，乃为传统社会不可动摇的基石。毋怪有人“攘羊”，孔子却为之维护，谓“父为子隐，子为父隐”；②孟子亦言：“父子之间不责善。责善则离，离则不祥莫大焉！”③此一心态影响后世甚巨，故儒者莫不用心巩固或延伸“孝”的论述，后世致有“移孝作忠”之论，遂促成历代政权皆标榜以“孝治天下”。④至此，“孝”不只是伦理的规范，也变成政治与社会的准则。

即使民初儒教的批判者——蔡元培（1868—1940）亦得承

---

① 梁漱溟，《中国是伦理本位底社会》，氏著，《中国文化要义》（台北：正中书局，据路明书店1949年版影印，1969），页91。于此，梁漱溟乃是发挥张东荪（1886—1973）的精义。参阅张东荪，《理性与民主》（台北：庐山出版社，据1946年排印本影印，1974），页57—58。

② 朱熹，《论语集注》卷七，“子路第十三”，页146。

③ 朱熹，《孟子集注》卷七，“离娄章句上”，页284。

④ 史称“汉代以孝治天下”，事实上历代统治者为了维护政权和社会的稳定，无不以“孝”为核心价值并作为施政的口号。相对的，儒者亦提出相应的论述，尤其是围绕着《论语》、《孝经》两部经典。温纯在《孝经序》所述：“先王以孝治天下旧矣！汉近古帝号，率以孝称。我明则以孝上号列后，重化原也。”见温纯，《温恭毅集》（收入《景印文渊阁四库全书》第一二八八册），卷七，《孝经序》，页1a。晚近吕妙芬教授用力《孝经》独多。请参阅吕妙芬，《孝治天下：〈孝经〉与近世中国的政治与文化》（台北：联经出版公司，2011）。明清以降则请参阅吕妙芬的近作，《儒门圣贤皆孝子：以家庭人伦为主的儒学成圣工夫》，发表于“清代理学国际学术研讨会”，新加坡国立大学，2012年10月：29—30。

认："（儒释道）三教并存，而儒教终为伦理学之正宗。……而普通社会之伦理学，则犹是儒家言焉。"①其故，无非释道异端，一旦必须从超越世界回归世俗凡间，便不得不受主导人间秩序的儒家者言所左右。②适如有明开国之君——朱元璋（1328—1398）所云，昔时释佛演说者，"乃三纲五常之性理也"③。也就是说，当言及现实的俗世，佛说也只能落入"三纲五常"的网络里了。

另一方面，儒教俗世的思维亦可从现代的儒者测知。熊氏的高弟——牟宗三（1909—1995）言及儒家的宗教性便说：

> 宗教可自两方面看：一曰事，二曰理。自事方面看，儒教不是普通所谓宗教，因它不具备普通宗教的仪式，它将宗教仪式转化而为日常生活轨道中之礼乐；但自理方面看，它有高度的宗教性，而且是极圆成的宗教精神，它是全部以道德意识道德实践贯注于其中的宗教意识宗教精

---

① 蔡元培，《中国伦理学史》，孙常炜编，《蔡元培先生全集》（台北：台湾商务印书馆，1977），页47。

② 这种现象亦难逃社会学家杨庆堃的"法眼"。参见C. K. Yang, *Religion in Chinese Society* (Berkeley: University of California Press, 1961), chap. 11, "Religion and the Traditional Moral Order"。又冉云华，《中国佛教对孝道的受容及后果》，氏著，《从印度佛教到中国佛教》（台北：东大图书公司，1995），页43—55。

③ 姚士观、沈铁编校，《明太祖文集》（收入《景印文渊阁四库全书》第一二二三册），卷一五，《心经序》，页13a。

神，因为它的重点是落在如何体现天道上。①

上述的言辞可分两部分来理解，“自事方面”来看，“将宗教仪式转化而为日常生活轨道中之礼乐”无异就是社会学所言的“扩散型宗教”（diffused religion）的现象，②也就是康有为（1858—1927）、陈焕章（1880—1933）习称的“人道之教”。③另“自理方面”，则亟求达致“天人合一”的境界。

总之，从原始儒家开始，孔、孟、荀便把儒家的价值体现摆在俗世里边，并不另外托诸一个超越的世界。古人所谓“立德、立功、立言”的“三不朽”，均是针对“俗世”所言，而非另有“彼世”之谓。④即使受儒家推崇备至的远古“三代”，

---

① 牟宗三，《作为宗教的儒教》（1960），氏著，《中国哲学的特质》（收入《牟宗三先生全集》［台北：联合报系文化基金会，2003］，第二八册），页 107。引文最后一句倒数第六暨第七字的“如何”两字，该文原作“如可”，当是误植。

② C. K. Yang, *Religion in Chinese Society*, chaps. 10, 12. 依杨庆堃的观点：所谓“扩散型宗教”乃与“制度性的宗教”（institutional religion）相对而言。前者的宗教的思想与制度渗透或拓展至俗世的社会组织，而无独立的存在；而后者的宗教组织却与俗世的社会组织泾然有别，例如佛教、基督教等。杨氏的见解启发自西方宗教社会学家瓦赫（Joachim Wach, 1898—1955），确有见地。唯独无法涵盖作为儒教圣域的孔庙。

③ 以“人道之教”标举“孔教”作为宗教的特色，散见康氏的著述，不胜枚举，姑以康有为的《中华救国论》（1912 年 6 月）为例；收入汤志钧编，《康有为政论集》（北京：中华书局，1981），下册，卷三，页 699—731。另陈焕章，《孔教论》，页 1—4。

④ 杨伯峻编著，《春秋左传注》（北京：中华书局，1981），第三册，“襄公二十四年·传”，页 1088。襄公二十四年系公元前 549。

也不过是一个理想俗世的投射而已。韦伯（Max Weber，1864—1920）在比较宗教社会学论道，某些宗教对“现世”（this world）采取拒斥或弃绝的态度，①而这种情形却从未在儒教发生过，② 允为的当之论。职是，以儒学主入世、崇教化，立判定儒教非宗教，便大有商榷的余地。③

简言之，拙文缘读西哲泰勒的《俗世的时代》，有感其与新儒家阐扬儒教的方向背道而驰，然而复有异曲同工之妙。④面对20世纪的挑战，二者均得重新阐释其原有的“教义”或历史，俾便适应新的时代氛围。将来此二学说居间是否能汇聚而开出新论，值得留意。

---

① Max Weber, *The Sociology of Religion*, trans. Ephraim Fischoff (Boston: Beacon Press, 1968), chapter 11.

② 进一步的阐释，请参阅 Wolfgang Schluchter, “Weber's Sociology of Rationalism and Typology of Religious Rejections of the World”, trans. Ralph Schroeder, in *Max Weber, Rationality and Modernity*, ed. Scott Lash and Sam Whimster (London: Allen & Unwin, 1987), pp. 92 - 115。也因为如此，韦伯认为儒教无法像基督新教一般，带来同等转化世俗的力量。详论请参阅拙作，《韦伯论中国的宗教：一个“比较研究”的典范》，收入《优入圣域：权力、信仰与正当性》(台北:允晨文化公司，1994、2004；北京：中华书局，2010)，允晨版页45—76，中华版页39—64。

③ 举其例：汤一介、张耀南、方铭主编，《中国儒学文化大观》（北京：北京大学出版社，2001），页418—419。

④ 过去，将基督教视作“外在超越”的典范，而20世纪的新儒家则高举“内在超越”之说，由“内涵”隐摄“超越”；而泰勒则勾勒近世基督教的历程，由“超越”迈向“内涵”。

又，拙文析论儒教的俗世性格，始取李绂的名文《原教》破题。李绂同之前的儒者并无两样，所以勠力“原教”，不外是对传统释、道二教的回应与省思。而拙文旨在“概念丛结的解析”（ideal-complex analysis），并不着意照料个别儒者所面临的宗教情境。例如：下迄 19 世纪，呈现在中国的宗教视野，则更形多元与复杂，而儒者的焦虑势必愈演愈烈，身处其境的儒者汤鹏（1800—1844）就言道：

> 天下之民而桀然为儒之徒者，百无过二三而已。而道据其半，释据其半，天主据其半，回回据其半……而一切无名之教，又骈旁而别出，诘屈而横行。①

新增的“天主”、“伊斯兰”诸教，甚或一切无名之教，虽非其时陡然出现在中国的历史舞台，但时至汤鹏的年代，它们显然已在当时儒者的意识中，成为不可忽视的威胁。然此间演变业已溢出拙文的论域，需待他篇梳理，以免失焦与枝蔓。

---

① 汤鹏，《浮邱子》（长沙：岳麓书社，1987），卷一一，《原教上》，页 339。

【后　记】

近年来，“现代化”（modernization）和“俗世化”（secularization）跃为宗教社会学的热门话题，西方的名家大儒不乏侧身此一论辩者。根据旧有的理解，在近代西方文明，宗教与近代化乃是此消彼长的进程，而“现代化”和“宗教俗世化”则是携手并行、双头并进的。但晚近的研究则多所修正，其中的曲折和复杂的过程，远超过刻板的想象。社会学家诺利斯（Pippa Norris，*b*. 1953）和英格哈特（Ronald F. Inglehart，*b*. 1934）合著的《神圣和俗世》（*Sacred and Secular*：*Religion and Politics Worldwide*）①，以及哲学家泰勒（Charles Taylor，*b*. 1931）的《俗世的时代》（*A Secular Age*，2007），均是这方面的扛鼎之作，但其析论究竟只限于西方的历史经验，若跳出欧洲的世界，异地异文化可能另有一番不同的景象。举其例：若文明古国中国，儒教便有所歧出。拙文《论儒教的俗世性格》盖为此而发，因为自古迄今，儒教与生俱来的俗世性并不全然符合欧洲从神圣至俗世的近代化轨迹。这与西方社会学家揣测“俗世化理论”并不适用于解释中国的儒教，恰不谋而合。②

---

① Pippa Norris and Ronald Inglehart, *Sacred and Secular*: *Religion and Politics Worldwide* (Cambridge: Cambridge University Press; first edition, 2004, second enlarged edition, 2011).

② cf. José Casanova, "Rethinking Secularization: A Global Comparative Perspective", *The Hedgehog Review* (Spring-Summer 2006): 7-22.

刊于《思想史》创刊号（台北：联经出版事业股份有限公司，2013年9月）；收入《从理学到伦理学：清末民初道德意识的转化》（北京：中华书局，2014）；又收入《思想的芦苇》（上海：上海人民出版社，2017）。

理学家的道德观

——以《大学》、《近思录》与《传习录》为例证

吾国思想界中孔孟之垂训、宋明之理学，自为吾国文化之至宝，以其指示吾人以行己立身与待人接物之方。伸言之，指示吾人以人生之意义与价值也。以吾国固有之名词言之，亦称为义理之学。

——张君劢①

北宋大儒程颐（1033—1107）在标榜新时代的学问时，曾自豪地说："古之学者一，今之学者三，异端不与焉。一曰文章之学，二曰训诂之学，三曰儒者之学。欲趋道，舍儒者之学不可。"②他所谓的"儒者之学"，便是后世所称的"理学"或"义理之学"。而"义理"即是"德行"。③

---

① 张君劢，《学术界之方向与学者之责任》，《民族复兴之学术基础》（北平：再生杂志社，1935），页42—43。

② 程颢、程颐，《河南程氏遗书》（收入《二程集》［台北：里仁书局，1982］，上册），卷一八，页187。

③ 苏舆编，杨菁点校，蒋秋华、蔡长林校订，《翼教丛编》（台北："中央研究院"中国文哲研究所，2005），卷四，页246。

按，理学本为修己治人、参究心性之学。就传承而言，理学源远流长，博大精深，但分门别类，大抵不外程朱与陆王两大流派。于此，我们并不细究其异同，着重的毋宁是其共同的道德关怀——成圣之学。是故，拟取《大学》、《近思录》与《传习录》略作分疏，以勾勒其共通的道德观。

细言之，之所以取样三者，着眼点在：《近思录》为朱熹（1130—1200）、吕祖谦（1137—1181）所编纂，广义里，可涵括理学家的道德视野；狭义里，则反映程朱的观点。《传习录》则记录王守仁（1472—1529）的言思，与陆王一系相应。而《大学》自二程以降，改本丛出，文字互有出入；居中朱熹所厘定的《大学章句》，附有《格物补传》，最具权威。下抵有明，阳明特揭示《古本大学》，与朱子改本相抗衡。①但整体而言，《大学》作为理学家最高的道德纲领，则毋庸置疑。以上三种指标性的文本，适可理出理学家心目中的道德典范。

一、《大学》："自天子以至于庶人，壹是皆以修身为本。"

《大学》原为古代典籍《小戴礼记》的一篇，据说北宋司

---

① 《大学》改本与理学之间的纠结，请参阅拙著《理学、考据学与政治：以〈大学〉改本的发展为例证》，拙著，《优入圣域：权力、信仰与正当性》（台北：允晨文化公司，2004），页351—391。

马光（1019—1086）始将之独立刊行。①但衡诸天圣八年（1030）宋仁宗业以《大学》赐第新进士王拱辰（1012—1085）等，②《大学》单行别出恐早于司马光之所为。

宋明儒学之振兴，韩愈（768—824）、李翱（774？—836？）实开其先河。而《大学》一文首见重于韩、李之文，③成为日后理学发展的典据。韩愈在其影响深远的《原道》一文，即援引《大学》，倚之弘扬儒家"淑世有为"的义理。④

李翱在其《复性书》，亦借《大学》的"格物"说来判

---

① 朱彝尊，《经义考》（京都：中文出版社，1978），卷一五六，页1上。然毛西河谓《大学》在汉、唐已单行，与《孟子》、《论语》、《中庸》、《孝经》并称为"小经"。见毛西河，《大学证文》（收入《景印文渊阁四库全书》［台北：台湾商务印书馆，据台北故宫博物院藏本影印，1983］，第二一〇册），卷一，页5下—6上。全祖望驳毛氏"伪造典故以欺人"。见全祖望，《鲒埼亭集》（台北：华世出版社，1977），《外编》卷一二，页826。故毛说不足采信。

② 王应麟，《玉海》（收入《景印文渊阁四库全书》第九四三至九四八册），卷五五，"天圣赐进士中庸大学"条谓："五年四月辛卯，赐新第王尧臣以下《中庸》。八年四月丙戌赐王拱辰以下《大学》，后登第者必赐《儒行》及《中庸》、《大学》以为常。"（页46下）

③ 真德秀，《大学衍义》（收入《景印文渊阁四库全书》第七〇四册），《序》，页1下。

④ 韩愈在《原道》引《大学》说："传曰：'古之欲明明德于天下者，先治其国；欲治其国者，先齐其家；欲齐其家者，先修其身；欲修其身者，先正其心；欲正其心者，先诚其意。'然则古之所谓正心而诚意者，将以有为也。"见韩愈著，马其昶校注，《韩昌黎文集校注》（台北：世界书局，1960），卷一，页9—10。

儒、释之别。①在北宋中期，司马光亦较早于理学家，就“格物”新解来剖析德行陷落之源。②由此视之，《大学》一文能从儒家众多典籍中脱颖而出，成为宋明理学发展的泉源，并不意外。

自韩愈而下，《大学》固然渐受重视，但直迄二程与朱熹反复阐发之后，《大学》一书的地位才屹立不摇。例如，韩愈虽援引《礼记·大学》，但只称之为“传”而已。程颢（1032—1085）则直言：“《大学》乃孔氏遗书，须从此学则不差。”③ 必须点出的，于儒者“学本是修德”④。其弟程颐亦主张“修身，当学《大学》之序”⑤，又说：“入德之门，无如

---

① 李翱，《李文公集》（收入《四部丛刊初编》[台北：台湾商务印书馆，1965]），卷二，页6上。《复性书》中谓：“《大学》曰：‘致知在格物’……敢问：‘致知在格物何谓也？’曰：‘物者，万物也。格者，来也，至也。物至之时，其心昭昭然明辨焉，而不应于物者，是致知也，是知之至也。知至故意诚，意诚故心正，心正故身修，身修而家齐，家齐而国理，国理而天下平。此所以能参天地者也。’”

② 司马光，《司马温公文集》（收入《丛书集成初编》[北京：中华书局，1985]，第一九一七至一九二〇册），卷一三，页298—299。司马光写道：“《大学》曰：‘致知在格物’。格，犹扞也，御也。能御外物，然后能知至道矣。郑氏以格为来，或者犹未尽古人之意乎？”

③ 程颢、程颐，《河南程氏遗书》卷二上，《二程集》上册，页18。

④ 程颢、程颐，《河南程氏遗书》卷一八，《二程集》上册，页232。

⑤ 程颢、程颐，《河南程氏遗书》卷二四，《二程集》上册，页311。

《大学》。今之学者，赖有此一篇书存，其他莫如《论》、《孟》。”① 朱熹更综述上述二程的概念，于《大学章句》开宗明义地说：

子程子曰：“《大学》，孔氏之遗书，而初学入德之门也。”于今可见古人为学次第者，独赖此篇之存，而《论》、《孟》次之，学者必由是而学焉，则庶乎其不差矣。②

《大学》既经二程着意表彰，复逢朱熹大肆弘扬，列于“四书”之首，其地位之崇高可想而知。而《大学》所以享有如此的殊荣，朱熹有番说辞。他解释道：“先读《大学》，以定其规模。”③所谓的“规模”，无非是“修身治人底规模”④。相应于《大学》本文，则是“明明德”、“新民”、“止于至善”的三纲领。⑤朱熹又说：“《大学》一篇有等级次第，总作一处，易晓，宜先看。”⑥“等级次第”就是“古人为学首末次第”⑦，也就是《大学》所说的：

古之欲明明德于天下者，先治其国；欲治其国者，先

---

① 程颢、程颐，《河南程氏遗书》卷二二，《二程集》上册，页277。

② 朱熹，《大学章句》（收入《四书章句集注》［北京：中华书局，1983］），页3。

③ 朱熹著，黎靖德编，《朱子语类》（北京：中华书局，1986），卷一四，页249。

④ 朱熹，《朱子语类》卷一四，页250。

⑤ 朱熹，《大学章句》，页3。

⑥ 朱熹，《朱子语类》卷一四，页249。

⑦ 朱熹，《朱子语类》卷一四，页250。

齐其家；欲齐其家者，先修其身；欲修其身者，先正其心；欲正其心者，先诚其意。欲诚其意者，先致其知；致知在格物。①

修德始自“格物”，终迄“平天下”，循序以进，恰好构成环环相扣的“八条目”。②正缘《大学》既有道德纲领，复有践行的步骤，本末兼赅，令它在“四书”的序列里胜出，并且凌驾同由《礼记》抽绎而出的《中庸》。朱熹曾说“学问需以《大学》为先，次《论语》，次《孟子》，次《中庸》”③，他又说《中庸》“难看”，全得靠“思量义理”，遂不如《大学》“只说个做工夫之节目”来得切实。④朱熹的说辞，适透露了理学的用力所在。

细言之，“成德”（moral perfection）作为向往的目标，古今儒家均无异辞，但其践行的步骤却是在理学家的义理系统中完成的。孟子曾鼓吹“人皆可以为尧舜”，并说“子服尧之服，诵尧之言，行尧之行，是尧而已”，⑤惟前后述句恰构成循环论证，令人无所适从。问题是，如何才能“服尧之服，诵尧之言，行尧之行”方是症结所在，而孟子却未多置一语。职是，荀子虽主张“涂之人可以为禹”，但在现实上他不讳言：“涂之

---

① 朱熹，《大学章句》，页3。

② 朱熹，《大学章句》，页4。

③ 朱熹，《朱子语类》卷一四，页249。

④ 朱熹，《朱子语类》卷一四，页255。朱熹说：“《中庸》，初学者未当理会。”又说：“《中庸》多说无形影，如鬼神，如‘天地参’等类，说得高。”同前书，卷六二，页1479。

⑤ 朱熹，《孟子集注》（收入《四书章句集注》），卷一二，页339。

人可以为禹，则然；涂之人能为禹；未必然。”①所以《大学》一书因载有修德的步骤，而独受理学家的青睐，绝非偶然。

尤有意义的，理学家借《大学》一锤定音，敲出了儒学“自天子以至于庶人，壹是皆以修身为本”的基调。诚然，将“修身”当作普遍的道德实践绝非《大学》所独擅；譬如《中庸》于论“天下国家有九经”，便首举“修身”。②其实，先秦诸子，尤其原始儒家，均已提出“修身”为成德的途径。③孔子不就要求君子“修己以敬”、“修己以安百姓”吗？④孟子也说“夭寿不贰，修身以俟”⑤，又说“天下之本在国，国之本在家，家之本在身”⑥。《荀子》一书且专辟《修身》一章以详论其细目。⑦但必须点出的，孔、孟实以君子、士为主要诉说的对象，荀子则明白将“修身”的道德要求延伸至“君道”，谓“闻修身，未尝闻为国”⑧；他复往下推衍：“臣下百吏至于庶人莫不修己而后敢安止”⑨。如是，荀子不啻撒下“修身”之网，将统治者与百姓一网打尽。这正是《大学》所载“自天

---

① 北京大学哲学系校释，《性恶》，《荀子新注》（台北：里仁书局，1983），页477。

② 朱熹，《中庸章句》（收入《四书章句集注》），页29。

③ 余英时，《中国知识分子的古代传统》，氏著，《史学与传统》（台北：时报出版公司，1982），页83—92。

④ 朱熹，《论语集注》（收入《四书章句集注》），卷七，页159。

⑤ 朱熹，《孟子集注》卷一三，页349。

⑥ 朱熹，《孟子集注》卷七，页278。朱熹以为《大学》所谓“自天子以至于庶人，壹是皆以修身为本”，即为是故也。

⑦ 北京大学哲学系校释，《修身》，《荀子新注》，页17—29。

⑧ 北京大学哲学系校释，《君道》，《荀子新注》，页236。

⑨ 北京大学哲学系校释，《君道》，《荀子新注》，页242。

子以至于庶人，壹是皆以修身为本"① 的先声。

所不同的是，荀子取"礼法"为修身的准则，但处千年之后的朱熹则向内回转。朱熹在注释"修身"时，特意点出"正心以上，皆所以修身也"②。换言之，"格物"、"致知"、"诚意"、"正心"为"修身"的本源，而"齐家"以下则为经世致用。也就是朱熹所说的："《大学》一书，皆以修身为本。正心、诚意、致知、格物，皆是修身内事。"③ 析言之，朱熹的注释道出了理学的真方向，理学家当然不是自了汉，他们仍然恪守"穷则独善其身，达则兼善天下"④ 的祖训。但理学的强项毋宁在"内圣"的修养功夫。因此在这方面的争执，成为日后理学内部兵家必争之地。

就文本而言，事端的导火线当然是《大学》一书。一方面，《大学》的"八条目"固然提供了修德的步骤；另一方面，却因居"八条目"之首的"格物"，在上古典籍只偶然出现一次，语意饶富而含混（fruitful ambiguity），遂引起诸多争议。清初的考据学家胡渭（1633—1714）即说：

> 按"格物"二字仅见于《大学》，而传中绝不道及，他书亦未之见。秦汉以来，训诂又缺，遂令千年聚讼，至今未定。⑤

由于"格物"词义的未确定性，理学家便大有发挥余地，

---

① 朱熹，《大学章句》，页4。

② 朱熹，《大学章句》，页4。

③ 朱熹，《朱子语类》卷一四，页252。

④ 朱熹，《孟子集注》卷一三，页351。

⑤ 胡渭，《大学翼真》（收入《景印文渊阁四库全书》第二〇八册），卷四，页30下。

纷纷各抒己见，亟成一家之言。刘宗周（1578—1645）言道："格物之说，古今聚讼有七十二家。"①观诸理学时代异说竞出，逞能斗胜，谅非虚词。而《古本大学》、《石经大学》的复起，即是最好的例证。

末了必须稍作补充的，朱熹除了注有《大学章句》，另辑有《小学》童蒙书一册，作为"涵养本源"，进阶《大学》之用。朱子以为《小学》与《大学》有前后之序。他言道：

> 小学涵养此性，大学则所以实其理也。忠信孝弟之类，须于小学中出。然正心、诚意之类，小学如何知得。须其有识后，以此实之。②

职是，《小学》全书编次有圣经贤传的嘉言懿行，"教人以洒扫、应对、进退之节，爱亲、敬长、隆师、亲友之道"，作为《大学》"修身、齐家、治国、平天下"受教之本。③该书不啻为传统伦理纲常的具现，自问世以来，风行海内，家传户诵，于品德教育影响极为深远。④清儒熊赐履（1635—1709）

---

① 戴琏璋、吴光主编，《刘宗周全集》（台北："中央研究院"中国文哲研究所，1996），第一册，《大学杂言》，页771。"七十二家"自是众多之意，非确切之数。

② 朱熹，《朱子语类》卷一四，页252。

③ 陈选，《御定小学集注》（收入《景印文渊阁四库全书》第六九九册），《小学原序》，页1上。

④ 例如，由于皇后进言："《小学》言易晓，事易行，做人的道理无所不备……何不提倡提倡?"清高宗遂下令"让亲王、驸马，太学生都讲读"。援引自刘之刚，《小学译注》（成都：四川文学出版社，1995），《自序》，页13。

便称道："《小学》是朱子画出圣贤模样以示人。"①张伯行（1651—1725）亦附和说：

> 孔子以前，《大学》未有书，自孔子作之，而入德之门在是矣。朱子以前，《小学》未有书，自朱子述之，而做人样子在是矣。②

总之，自朱子草创以后，《大学》与《小学》遂如车行双轨，一轮学其事，一轮穷以理，相互倚重，不可偏离。③

二、《近思录》："圣贤气象。"

《近思录》命名源自《论语·子张篇》"切问而近思"④，系周敦颐（1017—1073）、程颢、程颐、张载（1020—1077）四子之书的选集，计分十四卷，为南宋朱熹和吕祖谦所同纂。但讲学家囿于门户之见，欲黜众说而定于一尊，遂单举朱子而隐没吕氏之名。⑤

该书实为后世性理诸书之祖，支配中国士人思想达数百年之久。譬如：宋代的《朱子语类》，明代官修的《性理大全》，

---

① 张伯行纂辑，《小学集解》（台北：台湾商务印书馆，1981），《小学辑说》，页16。

② 张伯行纂辑，《小学集解》，《张伯行原序》，页1。

③ 朱熹，《朱子语类》卷七，页125。

④ 朱熹，《论语集注》卷一〇，页189。

⑤ 纪昀，《四库全书总目提要》（台北：台湾商务印书馆，1986），卷九二，页21上。

清代御制的《朱子全书》、《性理精义》均以《近思录》为法；①而不可胜数的《续近思录》、《广近思录》尚不在论列之中。②仅《近思录》的注疏，中国则有二十一种之众，除却儒佛、道、经书之外，无有逾于此；其中清代即占有十一种，下抵19世纪犹有继述者，显见其影响力历久不坠。若再放眼东亚文化圈，另有韩国十种，日本二十四种注疏本，其受重视不言而喻。③

朱子曾说："《近思录》好看。'四子'（'四书'），'六经'之阶梯。《近思录》，'四子'之阶梯。"④按"六经"阙《乐经》，实得其五，所谓"《近思录》好看"显然是和"四书"与"五经"做对比之下的断语。也就是说，《近思录》

---

① 陈荣捷，《朱学新探索》（台北：台湾学生书局，1988），页400。

② 陈荣捷即辑有《近思录》之后继者二十二种。参见氏著，《朱学论集》（台北：台湾学生书局，1982），页177—180。此外，遗佚者不在少数，若《宋史》载有何基《近思录发挥》，《元史》有黄溍《近思录广辑》，今皆无传。见茅星来，《近思录集注》（收入《景印文渊阁四库全书》第六九九册），《近思录集注附说》，页66上。张伯行除了《续近思录》以朱子言思为主的纂述，另有《广近思录》旁及张栻、吕祖谦等宋、明儒，见张伯行辑，《续近思录·广近思录》（台北：世界书局，1974）。清乾隆朝，尚有不当仿效《近思录》之作，罹犯文字罪名，可见文网之密。参见北京故宫博物院文献馆编，《清代文字狱档》（台北：华文书局，1969），第六辑，"尹嘉铨为父请谥并从祀文庙案"。

③ 陈荣捷，《近思录详注集评》（台北：学生书局，1998），"引言"，页1—2。又见陈荣捷，《朱学论集》，页123—180。除了中国的注疏，另有韩国十种，日本二十四种等，显现《近思录》之受重视，遍及东亚文化圈。

④ 朱熹，《朱子语类》卷一五〇，页2629。

“是近来人说话，便较（亲）切”①。要知朱熹实为完成“进‘四书’退‘五经’”的大功臣，令“四书”得以凌驾“五经”，②变成义理的准绳，而《近思录》若成为“四书”进德修业的阶梯，则《近思录》在理学大业的枢纽地位定非比寻常。③

首先，朱熹借《近思录》裁定北宋理学的道统系谱。周、张、二程同称四子，列为北宋理学大家，盖自《近思录》成编，方渐成定论。④

又朱熹在该书的序文中说道：

> （《近思录》）分十四卷。盖凡学者所以求端用力、处己治人之要，与所以夫辨异端、观圣贤之大略，皆粗见其梗概。⑤

朱熹在他处亦言道：“修身大法，《小学》备矣；义理精微，《近思录》详之。”⑥按，《小学》复被视为《近思录》之阶梯。而《小学》着重“事”，《近思录》着重“理”，⑦是故，

---

① 朱熹，《朱子语类》卷一五〇，页 2629。

② 钱穆，《朱子新学案》（台北：三民书局，1971），第一册，页 189—190；第四册，页 226。

③ 朱熹对读书先后秩序的排位影响久远。以扶桑彼邦为左证，昔日的武士和上流的百姓町人所接受的汉学教育，即“先习《小学》或《孝经》或《近思录》，进而再研修《论语》、《大学》、《孟子》等”。参阅涩泽荣一著，蔡哲茂、吴璧雍合译，《论语与算盘》（台北：允晨文化公司，1987），页 252。

④ 钱穆，《朱子新学案》第三册，页 151。

⑤ 陈荣捷，《近思录详注集评》，页 575。

⑥ 朱熹，《朱子语类》卷一五〇，页 2629。

⑦ 张伯行纂辑，《小学辑说》，《小学集解》，页 17。

《近思录》适可侦知理学的道德关怀。

它的逐篇纲目如下：（一）道体；（二）为学大要；（三）格物穷理；（四）存养；（五）改过迁善，克己复礼；（六）齐家之道；（七）出处、进退、辞受之义；（八）治国、平天下之道；（九）制度；（十）君子处事之方；（十一）教学之道；（十二）改过及人心疵病；（十三）异端之学；（十四）圣贤气象。①由此篇目立可查知《近思录》有刻意与《大学》一书呼应的地方。②除却"卷首"论"道体"之外，其他篇目不外"三纲领"、"八条目"之间。例如：卷二《为学大要》系"明明德"之事，卷三则与"格物致知"相应，卷四与卷五则是"正心"、"诚意"、"修身"的功夫，卷六"齐家"，卷七迄卷十三则攸关"治国平天下"，属"新民"之事，卷十四《圣贤气象》则是"止至善"，以筛选、品评历代圣贤，并树立新时代的人物典范，以标示道德价值的具象化。

按"卷首"选录周子《太极图说》、《通书》，程氏《易传》，张子《正蒙》等书，析论"性之本原"、"道之体统"，

---

① 朱熹，《朱子语类》卷一五〇，页2629。《朱子语类》所载的篇目与后来刊行的《近思录》略有出入，参较南宋叶采，《近思录》（收入《景印文渊阁四库全书》第六九九册）；即使以后的注疏本亦不尽相同，例如：清代茅星来的《近思录集注》或张伯行的《近思录集解》（台北：台湾商务印书馆，1986）。另一清代学者江永则遵循朱子所订的篇目，见江永，《近思录集注》（收入《景印文渊阁四库全书》第六九九册）。

② 参较茅星来，《近思录集注序》，《近思录集注》卷一，页1上。

"理之本然",①盖属形上学、本体论的层次,乃近《中庸》,而为《大学》所未见。原本"道体"一章置于卷首,朱熹便颇有疑虑;书成特邀吕祖谦略跋数语加以阐释。②吕氏职是说道:

> 或疑首卷阴阳变化性命之说,大抵非始学者之事。……后出晚进于义理之本原,虽未容骤语。苟茫然不识其梗概,则亦何所底止?列之篇端,特使之知其名义,有所向望而已。③

依吕氏之见,余卷所载日用躬行之实,具有科级,则可循序以进。

而朱熹本人复建议《近思录》的读者"若于第一卷未晓,且从第二、第三卷看起。久久后看头一卷,则渐晓得"④。朱、吕二贤如此煞费周章地导读,令人好奇。原书玄虚的"道体"正是有宋理学对传统儒学最大的发明,倚此方可与释、道异端在本体论一争长短、相互抗衡。⑤而朱、吕最终无法割舍卷首的底蕴盖存于此。

有宋理学(包括后起的明代理学)除了增益道德形上学,

---

① 叶采,《近思录》卷一,页1上。茅星来,《近思录集注》卷一,页1上。

② 朱熹,《朱子语类》卷一五〇,页2629。

③ 陈荣捷,《近思录详注集评》,页577。

④ 朱熹,《朱子语类》卷一五〇,页2629。

⑤ 理学在形上学、本体论、宇宙论的建树,可参考冯友兰,《中国哲学史》(香港:太平洋图书公司,1956),第二篇,第十至十四章。又劳思光,《中国哲学史》(香港:友联出版公司,1980),卷三上,第二章。

尚有一个动向值得注意，就是《近思录》尾卷所标榜的道德理想——“圣贤气象”。该篇之成立必与程颐所言“学圣人者，必观其气象”有所关联。古人议论圣贤的文字不在少数，但将“圣贤”与“气象”连缀一起则是理学家的新意。其间《论语·乡党》所载孔圣动容周旋的样态，备受推崇。① “气象”原指天相或景观，唐时已渐用来描绘人物氛围，若“气象自如”、“气象清古”。②如同汉代官吏之重“威仪”、魏晋名士之重“风度”、唐代禅林之重“神姿”，宋明儒者则首重“气象”。③程颐的弟子吕希哲（1036？—1114）便说：

> 后生初学，且须理会气象。气象好时，百事自当。气象者，辞令容止，轻重疾徐，足以见之矣。不惟君子小人于此焉分，亦贵贱寿夭之所由定也。④

观此，“气象”不啻为涵养的标的。朱熹的老师——李侗

---

① 程颢、程颐，《河南程氏粹言》卷二，《二程集》下册，页1234。又收入陈荣捷，《近思录详注集评》卷三，页179。《乡党篇》见朱熹，《论语集注》卷五，页116—122。

② 欧阳修、宋祁，《新唐书》（台北：鼎文书局，1979），卷一一四，页4203；卷一二九，页4481。惟《新唐书》为宋人所修，其用词“气象”不尽然为唐人惯用语。《新唐书》道王丘“气象清古”，《旧唐书》则说是“神气清古”。参校刘昫等，《旧唐书》（台北：鼎文书局，1979），卷一〇〇，页3133。

③ 汤一介等主编，《中国儒学文化大观》（北京：北京大学出版社，2001），页148。

④ 黄宗羲著，全祖望补修，《宋元学案》（台北：台湾中华书局，1984），第二册，卷二三，页904。

（1093—1163）始教朱氏，即取“默坐澄心……于静中看喜怒哀乐未发之气象”教之。①朱熹本人亦指拨门生“看公时一般气象如何？私时一般气象如何?”②

按“气象”，大约言人格状态或精神氛围；只可意会，难以言传。③程颐说“圣人之德行，固不可得而名状。若颜子底一个气象，吾曹亦心知之”④，即是谓也。原初有人询及“圣贤气象，何自而见之?”程颐则仅回答：“姑以其言观之亦可也。”⑤其兄亦言道：“仲尼，天地也。颜子，和风庆云也。孟子，泰山岩岩之气象也。观其言，皆可以见之矣。”⑥ 可是程颐又曾下一但书：“学者不学圣人则已，欲学之，须熟玩味。

① 李侗，《李延平集》（上海：商务印书馆，1935），卷三，页49。此为二程后进罗从彦、李侗一系相传的心法。又见朱熹著，陈俊民编校，《朱子文集》（台北：德富文教基金会，2000），卷四〇，页1699。

② 朱熹，《朱子语类》卷六，页110。朱熹又曾言：“如其窄狭，则当涵泳广大气象；颓惰，则当涵泳振作气象。”同上，卷八，页144。

③ 程颢谓：“气象有可以意会而莫能状者，此所谓难言也。”见《河南程氏文集》卷九，《二程集》上册，页618。

④ 程颢、程颐，《河南程氏遗书》卷二上，《二程集》上册，页34。

⑤ 程颢、程颐，《河南程氏粹言》卷一，《二程集》下册，页1203。

⑥ 程颢、程颐，《河南程氏遗书》卷五，《二程集》上册，页76。此为“二先生语”，亦可能为其弟程颐所言。

圣人之气象，不可只于名上理会。如此，只是讲论文字。”①虽说舍弃圣贤书，则无由知圣贤之志，但“气象”只能求之于字里行间：“读而玩之，想而存之，如见乎其人。”一如朱熹的建言：“看《乡党》篇，须以心体之。”②这与周敦颐所说的若合符节：“圣人之道，入乎耳，存乎心。蕴之为德行，行之为事业。彼以文辞而已者，陋矣。”③ 无独有偶地，程颐也说道：“后人虽有好言语，只被气象卑，终不类道。”④

要之，“圣人”乃儒者最高的道德典范，孟子即说：“圣人，人伦之至也。”⑤荀子亦说：“圣也者，尽伦者也。”⑥然而先秦儒家固以进德修业为己志，但言及成圣则尚有谦辞。孔子便言：“若圣与仁，则吾岂敢?”⑦又说：“圣人，吾不得而见之矣；得见君子者，斯可矣。”⑧不止孔子有此感叹，申不害亦同

---

① 程颢、程颐，《河南程氏遗书》卷一五，《二程集》上册，页158。

② 朱熹，《朱子语类》卷三八，页998。

③ 周敦颐，《周子全书》（台北：台湾商务印书馆，1978），上册，卷一〇，页191。

④ 程颢、程颐，《河南程氏遗书》卷一五，《二程集》上册，页145。

⑤ 朱熹，《孟子集注》卷七，页277。

⑥ 北京大学哲学系校释，《解蔽》，《荀子新注》，页432。

⑦ 朱熹，《论语集注》卷三，页79。

⑧ 朱熹，《论语集注》卷四，页99。

声附和:“百世有圣人犹随踵而至，千里有贤者是比肩而立。”①盖譬喻圣贤之难求。

再者，孔子的心目之中，“圣人”、“君子”、“士”显然在道德位阶有高下之分。其追随者荀子曾借孔子之口判别人有五个等级，即“庸人、士、君子、圣人与大圣”②，他自己亦分辨道：“好法而行，士也；笃志而体，君子也；齐明而不竭，圣人也。”③又说：“（学）其义则始乎为士，终乎为圣人。”④即使下抵宋世，这种等级观念依旧未变。周敦颐即说：“贤希圣，士希贤。”⑤朱熹也说：“贤人不及君子，君子不及圣人。”⑥其循序进阶的关系至为显然。

但在理学家的成德志业里，成圣的意愿则既直接且高昂。程颐固知晓“圣人，人伦之至”⑦，犹倡言：“有求为圣人之

---

① 申不害，《申子》，严可均编，《全上古三代文》（北京：中华书局，1987），卷四，页7下。又《战国策》载齐宣王亦曾听闻：“千里而一士，是比肩而立；百世而一贤，若随踵而至也。”刘向，《战国策》（台北：九思出版社，1978），卷一〇，页388。

② 北京大学哲学系校释，《哀公》，《荀子新注》，页594。

③ 北京大学哲学系校释，《修身》，《荀子新注》，页25。

④ 北京大学哲学系校释，《劝学》，《荀子新注》，页9。另《解蔽》篇，则有“学者，以圣王为师……向是而务，士也；类是而几，君子也；知之，圣人也”之语。（页432）

⑤ 周敦颐，《周子全书》上册，卷八，页146。亦见陈荣捷，《近思录详注集评》，页65。

⑥ 朱熹，《朱子语类》卷二四，页578。

⑦ 程颢、程颐，《河南程氏遗书》卷一八，《二程集》上册，页182。

志，然后可与共学。”①他著名的《颜子所好何学论》揭示了两项划时代的命题——“圣人可学而至”和“学以至圣人之道”。②其时名师宿儒胡瑗（993—1059）初观此文，“大惊异之，即请相见”，且以甫弱冠、游太学的程颐出任学职，其受看重盖如此。

该文所以被视为理学的石破天惊之论，从百年之后朱熹所拟的策问，犹可窥知此一讯息。朱熹借题发挥与程子遥相呼应，他刻意言道：

> “古之学者，始乎为士，终乎为圣人”，此言知所以为士，则知所以为圣人矣。今之为士者众，而求其至于圣人者或未闻焉。③

之所以致此，朱熹认为纯然系乎今之世人误执圣人非与吾辈同类。

究其实，圣人天纵乃秦汉以下知识界的通说，人无异辞。举其例：东汉初，桓谭（？—56）说：“圣人天然之姿，所以

---

① 程颢、程颐，《河南程氏遗书》卷二五，《二程集》上册，页322。又选入《近思录》，见陈荣捷，《近思录详注集评》卷二，页131。

② 程颢、程颐，《河南程氏文集》，《二程集》上册，页577。值得一提的，二程早年受学于周敦颐，每令寻颜子、仲尼乐处，所乐何处。见《河南程氏遗书》卷二上，《二程集》上册，页16。周子《通书》亦肯定“圣人可学”。见《周子全书》卷九，页165。惟朱子时人已曾注意到其中的异同，以及朱子本人的辩解。见《朱子语类》卷九四，页2405—2406。

③ 朱熹，《朱子文集》卷七四，页3712。朱熹明知程子鼓吹“为士必志于圣人”。

绝人远者矣。”①又《白虎通义》受谶纬之说的影响，不只夸言圣人天生异表，且执迷“圣人所以能独见前睹，与神通精者，盖皆天所生。”②王充（27—96?）亦证言：“儒者论圣人……不学自知，不问自晓，故称圣，则神矣。”③职是之故，程颐晓示“圣人可学而至”，适时破除了世人以圣人纯为“生而知之者”的迷信。“生而知之”则只能造就“天生圣人”，“学而知之”便意味经过后天的努力，同样可以达臻圣人的境界。颜回、孟轲即是最佳的范例。以他们为法，则可与圣人气象相仿佛。④

必须稍加提示的，依程颐之意，“生而知之”抑或“学而知之”，及其成圣并无两样；⑤但此与孔圣的垂训略有出入。孔子明言：“生而知之者，上也；学而知之者，次也。”⑥对比之下，程氏乃是顺着《中庸》的理路讲：“或生而知之，或学而知之……及其知之一也。”⑦然而一旦论及具体的事功，圣人之间却难免尚有差异。小程子（程颐）便说：“尧、舜、孔子，

---

① 桓谭，《新论》，严可均编，《全后汉文》（北京：中华书局，1987），卷一四，页5上。

② 陈立，《白虎通疏证》（北京：中华书局，1994），卷七，页337—341。

③ 黄晖，《论衡校释》（北京：中华书局，1990），卷二六，页1069。要之，王充是反对时儒之见解。

④ 程颢、程颐，《河南程氏文集》卷八，《二程集》上册，页578；《河南程氏粹言》卷二，《二程集》下册，页1232。

⑤ 程颢、程颐，《河南程氏遗书》卷一八，《二程集》上册，页213。

⑥ 朱熹，《论语集注》卷八，页172。

⑦ 朱熹，《中庸章句》，页29。

语其圣则不异，语其事功则有异。”① 所以“圣人无优劣论”只能专就德性而言。②

是故，理学家的道德理想绝难一五一十地做到颜回所自许：“舜，何人也？予，何人也？有为者亦若是。”③由于身处异世，情势自异，“舜”在理学时代的象征，毋宁是纯德逾于事功。所谓“学颜子之所学”只能是“不迁怒，不贰过，三月不违仁”。④简之，圣人的形象宛如钟摆般又一次地巡回，由秦汉以降的政治侧向，又摆回德性一边。⑤这或许就是“圣之时者”的真谛。

理学家大肆鼓吹士人做“第一等人”。所谓“第一等人”就是“言学便以道为志，言人便以圣为志”。⑥张载便见证“二

---

① 程颢、程颐，《河南程氏粹言》卷二，《二程集》下册，页1240。另“二先生语”载有“语圣则不异，事功则有异，‘夫子贤于尧舜’，语事功也”。见《河南程氏遗书》卷五，《二程集》上册，页76。

② 程颢、程颐，《河南程氏遗书》卷二四，《二程集》上册，页315。程颐有言：“圣人无优劣，有则非圣人也。”

③ 朱熹，《孟子集注》卷五，页251。

④ 周敦颐鼓励士子，“志伊尹之所志，学颜子之所学”；政治上，伊尹非创业垂统之君，因此只得退而求其次，“耻其君不为尧舜，一夫不得其所，若挞于市”，成为辅佐之臣致君泽民。见周敦颐，《周子全书》上册，卷八，页147。

⑤ 秦汉以下，“圣人”的政治倾斜，请参阅邢义田，《秦汉皇帝与“圣人”》，陶希圣九秩荣庆祝寿论文集编辑会，《国史释论》（台北：食货出版社，1988），下册，页389—406；萧璠，《皇帝的圣人化及其意义试论》，《“中央研究院”历史语言研究所集刊》62. 1（1993）：1—37。

⑥ 程颢、程颐，《河南程氏遗书》卷一八，《二程集》上册，页189。

程从十四岁时便锐然欲学圣人”①，这种心态随着理学的兴起，渐次成为一种风尚。证诸日后朱熹、陆九渊（1139—1192）诸贤的生平，均知此语非假。②朱熹曾现身说法道：“不要说高了圣人。高了，学者如何企及？越说得圣人低，越有意思。”③又说：“学所以求为圣人，不以是为标的，则无所望走而之焉耳。”④ 此一说法实寓深意，鼓舞士子不计其数。尤其数百年之后，年方十一岁的王守仁便知质疑其塾师，反谓：“登第恐未为第一等事，或读书学圣贤耳。”⑤即便下迄晚清，改革派的康有为（1858—1927）于其成童之时，犹以成圣自期。⑥此在在印证“论学则必期于圣人”已经积淀成士子的心理底层。⑦

附带一提，对于理学家“学本是修德”，“论学必期以圣

---

① 张载，《张载集》（台北：汉京文化公司，1983），页280。又见陈荣捷，《近思录详注集评》，页574。

② 王懋竑，《朱子年谱》（台北：台湾商务印书馆，1982），卷一上，页2。陆九渊，《陆九渊集》卷三六，“年谱”，页482。

③ 朱熹，《朱子语类》卷四四，页1140。朱熹又有补充：“凡人须以圣贤为己任。世人多以圣贤为高，而自视为卑，故不肯进。抑不知，使圣贤本自高，而己别是一样人，则早夜孜孜，别是分外事，不为亦可，为之亦可。然圣贤禀性与常人一同。既与常人一同，又安得不以圣贤为己任。”见同上，卷八，页133。

④ 朱熹，《朱子文集》卷七五，页3771。

⑤ 王守仁著，吴光等编校，《王阳明全集》（上海：上海古籍出版社，1992），卷三三，“年谱一”，页1221。

⑥ 梁启超，《南海康先生传》，《饮冰室文集》（台北：台湾中华书局，1960），第二册，“文集之六”，页60。

⑦ 汪伟，《横渠经学理窟序》，收入《张载集》，页247。即使下迄晚清，改革派的康有为于成童之时，便有志于圣贤之学，以成圣自期。梁启超，《饮冰室文集》第三册，页60。

人”则蕴涵着道德的完美主义（moral perfectionism）。而道德完美主义无非是“道德一，风俗同，至当归一，精义无二”①，这未必带来不虞之誉，倒是动辄招惹求全之毁。其故存于理学家对成圣固然皆有所期待，但对德性功夫却各执一词。历史上著名的“朱陆之争”便因此争执不休。

有趣的是，南宋叶采（理宗淳祐元年［1241］进士）注释《近思录》时，竟将尾卷“圣贤气象”更名为“观圣贤”；②想必释教流行“观佛”持修，③儒教亦不落人后以“观圣贤”自持吧！

要之，“成圣”的渴望并非始自理学的出现；先秦时期，孟子“五百年必有王者兴”④ 的豪杰式承担便已开先河，但理学家要求士人以成圣为己任，却是普遍的道德诉求。类似以“成圣”相激励，倘较诸孔老夫子谦逊的态度，似乎有些大言

---

① 陆九渊，《陆九渊集》卷三五，页442。

② 朱熹序《近思录》有“辨异端，观圣贤”之语。程颢亦曾说：“以众人观圣贤，弗识者多矣。”陈荣捷，《近思录详注集评》，页176，575。

③ “观佛”实为释徒平常的修行。《法华经》有谓：“一心观佛”。（鸠摩罗什译，《妙法莲华经》［收入《大正新修大藏经》（台北：新文丰出版公司，1983），第九册］，页30中。）《悲华经》载有：“定心观佛，如影随行”。（昙无谶译，《悲华经》［收入《大正新修大藏经》第三册］，页225中。）宋代施护所译佛经更有“复观圣贤，遍满虚空”之语。（施护译，《佛说金刚香菩萨大明成就仪轨经》［收入《大正新修大藏经》第二〇册］，页695上。）由是又有《观无量寿佛经》、《观佛三昧海经》，参见刘淑芬，《五至六世纪华北乡村的佛教信仰》，《“中央研究院”历史语言研究所集刊》63．3（1993）：503—506。

④ 朱熹，《孟子集注》卷四，页250。

不惭。汉代大儒桓谭尚谓："夫圣人乃千载一出，贤人君子所相思而不得见者!"① 桓氏若地下有知，面对这些动辄以成圣自许的理学家，只能讥之不自量力；至于明代王学末流高唱入云的口号"满街都是圣人"，他只能茫然不知所云了。②

三、《传习录》："致良知。"

《传习录》顾名思义，缘自《论语·学而篇》"传不习乎?"③ 内容系王守仁的弟子记录乃师之语，而后渐次增益，复收入阳明自己的论学书信及著述，分上、中、下共三卷，其演变与编就凡历五十五年，④为有明以来最重要的理学文本，堪与朱子的《近思录》双峰并峙。国学大师钱穆（1895—1990）推荐国人人生修养必读的书籍，在理学众多名著之中独挑选《近思录》与《传习录》，足见其代表性。⑤

在讨论《传习录》之前，有必要对阳明的学术处境先行交代数语。阳明生世后朱熹近三百年，完全笼罩在官学的朱学之

---

① 桓谭，《新论》，严可均编，《全后汉文》卷一三，页4上。

② 陈荣捷，《王阳明传习录详注集评》（台北：台湾学生书局，1983），页357。

③ 朱熹，《论语集注》卷一，页48。

④ 陈荣捷，《传习录略史》，《王阳明传习录详注集评》，页7—11。其流传可参阅张艺曦，《明中晚期古本〈大学〉与〈传习录〉的流传及影响》，《汉学研究》24. 1（2006. 6）：235—268。

⑤ 钱穆，《读书与做人》，《人生》298（1963）：3—4。钱穆计推荐七种思想类的书包括：《论语》、《孟子》、《老子》、《庄子》、《六祖坛经》、《近思录》与《传习录》。

下。按朱熹与北宋四子于淳祐元年（1241）奉诏入祀孔庙，正式纳入儒教的道统系谱。①该回从祀遍及北宋四子与朱熹，但中枢人物却是朱氏本人。以赐爵而言，朱熹早已封“公”，而北宋四子仅止于“伯”。②此次朝廷褒扬，一望即知全然以《近思录》为依归。

尤有进之，元皇庆二年（1313）以下，科举取士经义概以程朱之学为主，特别是《大学》、《论语》、《孟子》、《中庸》一律采用朱氏章句集注。③学校教育亦遵循不异。朱学遂能定于一尊，悬为功令。明朝承袭前朝规矩，无大变化，官、私学问惟朱学马首是瞻，王守仁便见证：“今晦庵（朱子）之学，天下之人童而习之，既已入人之深，有不容于论辩者。”④ 亦毋怪黄宗羲（1610—1695）于《姚江学案》的引言中感叹道：“有明学术，从前习熟先儒之成说，未尝反身理会，推见至隐，所谓‘此亦一述朱，彼亦一述朱’耳。”⑤ 阳明正是身临其境。

---

① 脱脱等，《宋史》（台北：鼎文书局，1978），卷一五〇，页2554。详请参阅拙著，《学术与信仰：论孔庙从祀与儒家道统意识》，《优入圣域》，页260—263。

② 朱熹于理宗宝庆三年（1227）已封“信国公”，又于绍定三年（1230）改封“徽国公”，用邹（孟子）、兖（颜子）之例。见李心传，《道命录》（收入《丛书集成初编》第三三四二至三三四三册），卷一〇，页116—117。淳祐元年，封周敦颐为“汝南伯”、张载为“郿伯”、程颢为“河南伯”、程颐为“伊阳伯”。

③ 宋濂等，《元史》卷八一，页2018—2020；张廷玉等，《明史》（台北：鼎文书局，1979），卷四六，页1694。

④ 王守仁，《王阳明全集》卷二一，《外集三》，页809。

⑤ 黄宗羲，《明儒学案》（台北：华世出版社，1987），上册，卷一〇，页179。

有了上述的背景知识，有助于检视《传习录》与《近思录》之间继承与变异的关系。作为阳明个人的言思纪录，《传习录》比起《近思录》更能呈现完整而融贯的道德思维。

首先，在成圣方面，阳明自幼沉浸于宋代理学的精神——“为士必志于圣人”①。前文述及他反诘塾师的故事即为例证。他成学之后，也屡屡要求门生“务要立个必为圣人之心”②。可是他成圣的过程却饱受挫折，几度中辍，甚至“自委圣贤有分”③，非可强求。

学术史上阳明虽被视为陆王学派的巨擘，但驱策他成圣的动力，并非源自象山（陆九渊），而是与朱学的搏斗。④他跟时人一样，自幼习染朱学，十八岁始遇程朱学者娄谅（1422—1491），相语宋儒格物之学，深契“圣人必可学而至”。二十一岁遍求考亭遗书读之，思先儒谓“众物必有表里精粗，一草一木，皆涵至理”⑤，与友朋取竹子格之，沉思其理不可得，久遂致病。按，阳明的作为，即是遂行朱子《大学》改本《格物补传》所谓“即物而穷理”，可是他却忽略朱子在《补传》另有段提示：“《大学》始教，必使学者即凡天下之物，莫不因其

---

① 朱熹，《朱子语类》卷九四，页2405。

② 陈荣捷，《王阳明传习录详注集评》，页323。

③ 王守仁，《王阳明全集》卷三三，“年谱一”，页1223—1224。

④ 详论请参阅拙著 Chin-shing Huang, *Philosophy*, *Philology*, *and Politics in Eighteenth-Century China* (Cambridge: Cambridge University Press, 1995; paperback edition, 2002), ch. 2。

⑤ 王守仁，《王阳明全集》卷三三，“年谱一”，页1223。又见陈荣捷，《王阳明传习录详注集评》，页37。

已知之理而益穷之，以求至乎其极。”① 此外，《近思录》刊有周敦颐不除窗前草的故事。②朱子却评说：“他也只是偶然见与自家意思相契。”③意谓关键在人，而非物。

准此，阳明格竹无有欛柄在手（已知之理），即欲“即物而穷理”，适为“义外”之说添一例证。可是阳明却以此讥朱子毋乃独断太过。惟学贵自得，④阳明纵使有误解朱子学理之处，与本文关系不大；重要的是，阳明不满“朱学”，激发他日后另辟蹊径，令理学登上另一个高峰，诚如黄宗羲所说的：“有明文章事功，皆不及前代，独于理学，前代之所不及。”⑤而《传习录》不啻此一言说的见证。

《传习录》最终的旨趣在阐扬良知之教，但其起始点，却是阳明与朱子的辩难。约言之，阳明与朱子的抵牾，总在《大学》一书。朱子之解《大学》，先格致而后诚意；而阳明之解《大学》，即格致为诚意。盖朱熹主张“为学次第”，“格物”、“致知”自有其优先性，“诚意”、“正心”绝不可躐等。他认

---

① 朱熹，《大学章句》，页7。

② 《近思录》刊有“明道先生曰：周茂叔窗前草不除去。问之，云：‘与自家意思一般。’”见陈荣捷，《近思录详注集评》卷一四，页562。

③ 朱熹，《朱子语类》卷九六，页2477—2478。朱熹甚至援此去评张载听驴鸣、程子“观天地生物气象”的举动，均不外偶然见得如此。阳明在成学之后，于周子不除窗前草，则亦云“此须汝心自体当”，与朱熹趋于一致。见陈荣捷，《王阳明传习录详注集评》，页124。

④ 一如阳明自道：“学贵得之心。”见陈荣捷，《王阳明传习录详注集评》，页248。

⑤ 黄宗羲，《明儒学案》，页17。

为“人入德处，全在致知、格物”①，而二者正是源头上的功夫。他曾界定“格物”、“致知”为“知之始”，“诚意”为“行之始”。②值得注意的，在朱熹的概念里，“知”是先于“行”的。③所以毫无疑义“格致”功夫必得在“诚意”功夫之前。朱熹相信唯有透过“格物”、“致知”的步骤，方能获得“真知”，亦方能辨识“天理”与“人欲”之别。总之，朱熹所改定的《今本大学》（即《大学章句》）实与其义理系统相互配合。

然而如前所述，王守仁历经许多困挫，逐渐开展出有别于朱熹的哲理，而其下手处，即恢复《古本大学》，立“格物”新解。王氏在《大学古本序》开宗明义即言：“大学之要，诚意而已矣。”④诚意之功，方是格物。他认为“诚意”之说自是圣门教人用功第一义，但近世学者乃作第二义看，故得稍与提掇。⑤他倡言《大学》当以诚意为主，虽与朱熹颇有出入，⑥却和唐孔颖达（574—648）为《大学》篇目所做的疏解“《大学》本明德所由，先从诚意为始”⑦若合符节。王氏所以如此

---

① 朱熹，《朱子语类》卷一五，页304。

② 朱熹，《朱子语类》卷一五，页305。

③ 朱熹，《朱子语类》卷九，页148。

④ 王守仁，《王阳明全集》卷七，“文录四”，页242。

⑤ 陈荣捷，《王阳明传习录详注集评》，页164。

⑥ 譬如朱熹即曾说：“此一书（《大学》），要紧只在‘格物’两字，认得这里看，则许多说自是闲了。”见朱熹，《朱子语类》卷一四，页255。

⑦ 郑玄注，孔颖达疏，《礼记注疏》（收入《景印文渊阁四库全书》第一一五至一一六册），页22上。

看重“诚意”，其故即在他认为“君子”与“小人”之分，只在于“诚意”与否，所以《大学》特倡“诚意”以示修身之要。不止于此，王氏援孟子“格君心之非”为例，解“格物”之“格”为“正”，意谓“去其心之不正，以全其本体之正”；又解“格物”之“物”为事，而此“事”却是从心上说。①阳明深信：若如此格物，圣人乃人人可期，古人所说“人皆可以为尧舜”的微言大义，不外于此。②

因是他方能下此一断语：“惟以诚意为主，而用格物之工，故不须添一敬字。”③原来程颐曾谓“入道莫如敬”，又言“涵养须用敬，进学则在致知”，向为朱熹所推崇。朱熹尤言：“‘敬’字工夫”，乃圣门第一义，彻头彻尾，不可顷刻间断。他又论道：孔圣虽曾言“修己以敬”，惟自秦汉以来，诸儒皆不识这“敬”字，直至程子方说得亲切，学者知所用力。④如前所述，朱子以《小学》涵养本源，行“敬”字功夫，以为进阶《大学》，遂谓“敬”之一字所以成始成终。但在阳明的义理系统，却成画蛇添足，多此一举。

其实，王氏与朱熹根本的差异，可从他们对《大学》最终的目标——“止至善”理解的分歧而略知梗概：于朱熹而言，“至善”意谓“事理当然之极”；⑤而王氏独谓之“心之本体”。

---

① 陈荣捷，《王阳明传习录详注集评》，页37—39。

② 陈荣捷，《王阳明传习录详注集评》，页369—370。

③ 王守仁，《大学古本傍释》（收入《续修四库全书》［上海：上海古籍出版社，1995］，第一五九册），页2上。

④ 朱熹，《朱子语类》卷一二，页210—215；卷一七，页370—371。

⑤ 朱熹，《大学章句》，页3。

王氏相信：惟知“至善”之在于吾心，而不假于外求，而志有定向，而无支离决裂、错杂纷纭之患。①

顺此理路而下，阳明晚年得悟“致良知”之教，乃有迹可寻。依阳明之见，朱熹错在析“心”与“理”为二。“致知”并非如朱熹所言充广其知识，而是“致吾心之良知于事事物物”，而“吾心之良知，即所谓天理”，因此“事事物物皆得其理”，则合“心”与“理”为一。阳明自许其所谓的“致知”乃“千古圣传之秘”，足以“百世以俟圣人而不惑”。②此不啻挑战程朱“性即理”的观点，而重振陆九渊“心即理”的说法。③析言之，阳明所揭示的“良知”之教，兼摄取孟子及陆子之义，④孟子曾谓“是非之心，人皆有之”⑤，复谓“良知”不待虑而知，不待学而能。⑥惟阳明进而将“良知”提升为“心之本体”，于其晚年道德之教，更形吃重。

要之，阳明拈出“良知”二字为圣学命脉，谓为“千古圣圣相传一点滴骨血”。⑦他在《咏良知》的诗中尚称道“个个人

---

① 王守仁，《大学古本傍释》，页1上。

② 陈荣捷，《王阳明传习录详注集评》，页294。

③ “性即理”见朱熹，《朱子语类》卷四，页63—68。“心即理”见陆九渊，《陆九渊集》卷一一，页149。陆氏之说甚为简略，毋怪阳明大有发挥之余地。

④ 陈荣捷，《王阳明传习录详注集评》，页171—172。

⑤ 朱熹，《孟子集注》卷一一，页328。

⑥ 朱熹，《孟子集注》卷一三，页353。又见王守仁，《王阳明全集》卷二六，“续编一”，页971。

⑦ 陈荣捷，《王阳明传习录详注集评》，页414。他在《别诸生》一诗中，亦言：“绵绵圣学已千年，两字良知是口传。”见王守仁，《王阳明全集》卷三四，“年谱二”，页1279。

心有仲尼（孔子）”，又说“人人自有定盘针，万化根源总在心”，此处的“仲尼”、“定盘针”指的均是“良知”。①盖阳明推尊“良知”为德性本源，连带必定牵动理学的圣人概念及道德知识的定位。《传习录》所载的“成色分两说”及“拔本塞源论”便是例证。

按，“成色分两说”旨在佐证“圣人可学而至”。阳明以“精金”喻圣，以“分两”喻才力，以“锻炼”喻功夫，晓示学者用力之方，只论成色精一，而非分量多寡。他有鉴于“后儒不明圣学。不知就自己心地良知良能上体认扩充。却去求知其所不知，求能其所不能。……终年碌碌，至于老死”②，他申言：“良知良能，愚夫愚妇与圣人同。但惟圣人能致其良知，而愚夫愚妇不能致。”③圣愚分辨只是这般。他又说：“圣人之知，如青天之日。贤人如浮云天日。愚人如阴霾天日。虽有昏明不同，其能辨黑白则一。”④ 可见，“自圣人以下，不能无蔽。故须格物以致其知”⑤。因此人之才力固有大小不同，惟只要去人欲，存天理，致其心纯乎天理，若金之足色，便可同谓之圣人。此实推演宋儒“圣人无优劣论”，谓圣人事功有异，惟德性则一的观点。但阳明更明白表示所以作圣之本是纯乎天理，而非求取知识才能上与圣人互较长短。⑥这在“拔本塞源论”有更周详的发挥。

---

① 王守仁，《王阳明全集》卷二〇，“外集二”，页970。

② 陈荣捷，《王阳明传习录详注集评》，页129。

③ 陈荣捷，《王阳明传习录详注集评》，页181。

④ 陈荣捷，《王阳明传习录详注集评》，页341—342。

⑤ 陈荣捷，《王阳明传习录详注集评》，页140。

⑥ 陈荣捷，《王阳明传习录详注集评》，页119—120，409—410。

阳明虽同意先贤“圣人之所以为圣，以其生而知之”，但却主张圣人“生知”，只能专就“义理”而言，至于礼乐名物之类亦必学而后知。①他打破传统“生知”与“学知”的藩篱，主张“圣人亦是学知，众人亦是生知”，其故则是“良知人人皆有，圣人只是保全无些障蔽”②。职是，他推衍“良知在人”成“人胸中各有个圣人”。③惟由此至左派王学“满街人都是圣人”④，只是咫尺之距了。

至于宋儒将识认“圣人气象”作为修德的准的，阳明亦曾践行，但比起“致良知”的功夫，则语带保留，⑤他说：

> 圣人气象自是圣人的。我从何处识认？若不就自己良知上真切体认……自己良知，原与圣人一般。若体认得自己良知明白，即圣人气象不在圣人，而在我矣。⑥

若是，阳明益加突显人的道德主体性。他会铸成亘古名句“千圣皆过影，良知乃吾师”⑦，盖持之有故。

阳明的“拔本塞源论”在理学发展史具有承先启后的双重意义。“承先”的是，阳明承继程颢《识仁篇》及张载《西

---

① 陈荣捷，《王阳明传习录详注集评》，页190。

② 陈荣捷，《王阳明传习录详注集评》，页299。

③ 陈荣捷，《王阳明传习录详注集评》，页292—293。

④ 陈荣捷，《王阳明传习录详注集评》，页357。此为王阳明之徒王艮（1483—1540）之语。

⑤ 王阳明曾举《论语》“曾点言志”一章，推许圣人（孔子）宽宏包容的气象。此外，又称许周公的气象。见陈荣捷，《王阳明传习录详注集评》，页321，337。

⑥ 陈荣捷，《王阳明传习录详注集评》，页205。

⑦ 王守仁，《王阳明全集》卷二〇，“外集二”，页796。

铭》的精神，阐发“仁者以天地万物为一体”① 的道德情怀。根据阳明，唯有心体（良知）蒙蔽，才会产生天人之隔、物我之分。是故，“致良知”成为极迫切的德性功夫。

另一方面，“启后”的是，阳明点出良知方为希圣源头，而世儒忘却本源，积非成是，徒恃“记诵之广”、“知识之多”、“闻见之博”、“辞章之富”，以“长其傲”、“行其恶”、“肆其辩”、“饰其伪”，功利之习遂愈趋愈下，终至世事人心本末不分，难以收拾。

阳明之所以得此结论，正是他坚持“德性之良知，非由于闻见”，问学而“专求闻见之末”则落在第二义。②明末王学殿军刘宗周说：“闻见、德性分言，自阳明子始。”③ 此话固然不错，但“闻见之知”与“德行之知”的区辨却非肇自阳明。

先秦儒学早出现“从其大体为大人”、“从其小体为小人”的说法。孟子为此便提供了道德认识论的基础，以“心”为大体，以“耳目之类”为小体。“心之官”掌管“思”，系内在德性的根源；“耳目之官”则“物交物，引之而已”，为外在

---

① “仁者以天地万物为一体”，见《河南程氏遗书》卷二上，《二程集》上册，页 15。又收入陈荣捷，《近思录详注集评》卷一，页 24—25。张载亦有“民胞物与”之相同思想，见《正蒙·乾称篇》，《张载集》，页 62—63。亦收入《近思录详注集评》卷二，页 151—153。

② 陈荣捷，《王阳明传习录详注集评》，页 187。

③ 戴琏璋、吴光主编，《刘宗周年谱》，《刘宗周全集》第五册，页 489。

知识所由来。①反观在理学的系络里，职司官能的“大体”与“小体”则直接转化成“德性”与“闻见”知识的对比，遂具有更鲜明的道德意涵。

首先，张载于判别“凡圣之分”时，曾说：“世人之心，止于闻见之狭。圣人尽性，不以见闻梏其心。其视天下无一物非我。”② 张载意在阐扬“仁者与万物为一体”之旨，极其明白。可是，他犹得理清“见闻”与“德性”的交涉，由是他说：“见闻之知，乃物交而知，非德性所知；德性所知，不萌于见闻。”③“不萌于见闻”则是“不发端于见闻”。至于“德性所知”与“见闻之知”的实际关系，犹存有想象的空间，惟程颐进而排除此一可能，他斩钉截铁地说：“闻见之知，非德性之知。物交物则知之，非内也，今之所谓博物多能者是也。德性之知，不假闻见。”④ 程颐“不假闻见”的断言，令“德性之知”与“闻见之知”一无所涉，二者的区隔变得绝对化了。

而阳明从中的介入，尤助长此一心态，他把“良知”等同

---

① 朱熹，《孟子集注》卷一，页335。孟子说：“从其大体为大人，从其小体为小人。”朱注：“‘大体’，心也。‘小体’，耳目之类也。”孟子又说：“耳目之官不思，而蔽于物，物交物，则引之而已矣。心之官则思，思则得之，不思则不得也。此天之所与我者，先立乎其大者，则其小者弗能夺也。此为大人而已矣。”

② 张载，《正蒙·大心篇》，《张载集》，页24。又见陈荣捷，《近思录详注集评》，页146。

③ 张载，《正蒙·大心篇》，《张载集》，页24。

④ 程颢、程颐，《河南程氏遗书》卷二五，《二程集》上册，页317。

于“德性之知”，谓：“良知不由见闻而有，而见闻莫非良知之用。”① 据阳明的新阐述，“良知”、“见闻”遂坠入层级之分，而有“第一义”与“第二义”的高下从属之别。简之，由于阳明的良知之教，促使“德性之知”与“见闻之知”的关系再次聚焦成理学的核心问题，②也因此将理学推向“尊德性”的巅峰。套句今之俗语，便是“道德挂帅”了。

姑且借用清末国学家刘师培（1884—1919）的评语以结束本节的讨论。检讨阳明“良知说”之后，刘氏道出：

> 中国人民每以圣人为天授，不可跻攀。自良知之说一倡，以为人人良知既同，则人之得于天者亦同，人之得于天者既同，所谓尧舜与人同也。故卑贱之民亦可反求而入道。③

因此，“人人可为圣人”。

四、结语

在理学的时代，士大夫非道德性命不谈，他们谈的是什么呢？综合以上对三部理学代表性文本的解析，我们大致可以获得若干初步的结论：

首先，《大学》作为理学家的开山经典依据，开宗明义即确定上自统治者，下抵老百姓均必须以修身为本。这种全称式

---

① 陈荣捷，《王阳明传习录详注集评》，页239。

② 此一论辩的后续发展，请参阅余英时，《中国思想传统的现代诠释》（台北：联经出版公司，1987），页431—441。

③ 刘师培，《伦理学教科书》（收入《刘申叔先生遗书》［台北：华世出版社，1975］，第四册），第一册，页24上—24下。

的表述，毫无例外地涵盖了全体社会成员，充分表现道德的普遍主义（universalism）。尤其在理学的时代，甚至延伸为“仁者与万物为一体”的思想，而染有浓郁的宇宙论色彩。相应的，在道德知识论则以“尽心知性以知天”的形式加以表述，①而展现出有机式的存在大联结。

易言之，理学的道德论述乃由其背后的本体论与宇宙论所衬托出来的。换句话说，理学家的道德承担，并非孤零零的存在抉择，而是与形上本体联结在一起。可是这种抽象的普遍主义落实在具体运作，甚受社会身份的制约，而折射为“父子有亲，君臣有义，夫妇有别，长幼有序，朋友有信”的“五伦”②，或者“君为臣纲，父为子纲，夫为妇纲”的“三纲”③。也就是说，《近思录》所载的“父子君臣，天下之定理，无所逃于天地之间”④，而原初立意甚高的普遍主义，经此社会差序格局的转换，便大打折扣，下坠成“男女有卑尊之

---

① 这原是孟子的表述，常为理学家所挪用。原见朱熹，《孟子集注》卷一三，页349。理学家的征引举其例若张载，《正蒙·大心篇》，《张载集》，页24。王阳明则说：“知心则知道知天。”陈荣捷，《王阳明传习录详注集评》，页96。

② “五伦”原见《孟子》一书，见朱熹，《孟子集注》卷五，页259。又为王阳明的“拔本塞源论”所征引，见陈荣捷，《王阳明传习录详注集评》，页195。孔子亦言：“君君、臣臣、父父、子子。”见朱熹，《论语集注》卷六，页136。

③ 陈荣捷，《近思录详注集评》，页402，409—410。又见周敦颐，《周子全书》上册，页161，“通书朱（熹）注”。

④ 陈荣捷，《近思录详注集评》，页100。原见程颢、程颐，《河南程氏遗书》卷五，《二程集》上册，页77。

序，夫妇有倡随之理”的“身份伦理”（status ethic），①更遑论“饿死事小，失节事大”②这种不近情理的道德诉求。因此理学的道德形上陈述与具体的伦理运作，不容讳言是有相当落差的。

其次，“修身”（personal cultivation）固为古代儒家所奉行的成德之方，但理学家骤然将“成圣”（sagehood）列为修养的目标，仿佛好高骛远，不切实际，但这一价值的提升却非空中楼阁、突发奇想，而是建基于北宋士大夫群体的自觉意识，前贤业多着墨，故不再赘述。

此外，容或稍加揣测，儒教“成圣”的提出，似与释、道二教的较劲有所关联，既然释教许诺“成佛”，道教得修“神仙”，儒教若不拉高层次，以“成圣”自许，似难有因应的对策。明人所辑的小说，依稀残留有线索：

> 从来混沌□（剖）判，便立下了三教：太上老君立了道教，释迦祖师立了佛教，孔夫子立了儒教。儒教中出圣贤，佛教中出佛菩萨，道教中出神仙。那三教中，儒教忒平常，佛教忒清苦，只有道教学成长生不死，变化无端，最为洒落。③

---

① “身份伦理”一词，借用自韦伯。cf. Max Weber, *The Religion of China: Confucianism and Taoism*, trans. and ed. Hans H. Gerth (New York: Free Press; London: Collier Macmillan Publishers, 1964), pp. 208–213. 陈荣捷，《近思录详注集评》，页 505。

② 程颢、程颐，《河南程氏遗书》卷二二下，《二程集》上册，页 301。又见陈荣捷，《近思录详注集评》，页 346。

③ 冯梦龙辑，《古今小说》（收入《古本小说丛刊》[北京：中华书局，1990]），卷一三，《张道陵七试赵升》，页 553。

上段引文一望即知，作者于道教别有偏爱，但无意中道出三教虽有不同，儒教的成德者——“圣贤”，却与释教的“佛菩萨”、道教的“神仙”均为信仰的典范（exemplars）。职是，朱熹训示门人，惟只志于“作个好人”，便日夕消磨，不进则退，所以学（修德）必须“求造圣贤之极”，“不到圣贤地位（绝）不（罢）休”。①而王阳明甚至仿效“菩萨发心”，说道：“圣人的心，忧不得人人都做圣人。”②

再者，作为理学家的成德典范，从圣人定位微妙的变化可以看出人的主体性的提升。本来理学的开山祖师——周敦颐在其《太极图说》只称道：

> 圣人定之以中正仁义，而主静，立人极焉。故圣人与天地合其德，日月合其明，四时合其序，鬼神合其吉凶。③

这原是套用《易传·文言》的说辞，④以呼应《中庸》的概念。按，《中庸》的作者曾谓完德者（天下至诚），因能尽其性，则可以“赞天地之化育，与天地参”；朱熹便借此下注“（圣人）与天地并立为三”⑤，且进言“所以圣人能赞天地之

---

① 朱熹，《朱子语类》卷一一八，页2844—2845。

② 陈荣捷，《王阳明传习录详注集评》，页318。

③ 周敦颐，《周子全书》上册，卷二，页23。又见陈荣捷，《近思录详注集评》，页1。

④ 《易·乾卦·文言》原谓：“夫‘大人’者，与天地合其德，与日月合其明，与四时合其序，与鬼神合其吉凶。”高亨，《周易大传今注》（山东：齐鲁书社，1983），《乾第一》，页72—73。

⑤ 朱熹，《中庸章句》，页32—33。

化育，天地之功，有待于圣人”①。可知在朱子心目中，天道犹须人道方能裁成。

前此，程氏兄弟业推尊“圣人即天地”②。后此，王阳明亦推许“圣人如天”③，又说：“天地圣人只是一个，如何二得?”④如是，圣人遂得取代或等同天地，径成成德的楷模。要知朱熹虽勉勖学者“观圣贤气象”，却对“观天地生物气象”有所保留。⑤ 这不只和“人法天地”的自然主义（naturalism）思想略有出入，⑥尤与《中庸》“思知人，不可以不知天”大异其趣。⑦加上后起的理学，更缩短修德者与圣人的间距，特别是王学的简易直捷，成圣非遥不可及，其末流“良知现成”、“满街圣人”吸引了底层的庶民，致使理学获致向下扎根的机会，无复囿于士人阶层。⑧

此外，原始儒家只强调“修身”的重要，但理学家进而以成圣自许，大有立志不妨高的态势。程颢便云：“宁学圣人而

---

① 朱熹，《朱子语类》卷六七，页1648。

② 程颢、程颐，《河南程氏遗书》卷二，《二程集》上册，页17。

③ 陈荣捷，《王阳明传习录详注集评》，页102。

④ 陈荣捷，《王阳明传习录详注集评》，页373。

⑤ 参照页113注①。又孔子在川上，曾言：“逝者如斯夫，不舍昼夜。”见朱熹，《论语集注》卷五，页113。

⑥《老子道德经》原谓：“人法地，地法天，天法道，道法自然。”王弼注，《老子》（收入《四部备要》［台北：台湾中华书局，1979］），上卷，页14下。

⑦ 朱熹，《中庸章句》，页28。

⑧ 王学泰州学派更深入社会底层，吸引了樵夫、陶匠、田夫。见黄宗羲，《泰州学案一》，《明儒学案》中册，卷三二，页718—721。

不至，不以一善而成名。”①甚至有人终日惶惶，以不能成圣为忧。试观晚清曾国藩（1811—1872）的自律箴言多么的斩决：“不为圣贤，便为禽兽。”②这在现代人的眼光里固然不可思议，但对于理学真诚的信从者，却是刻不容缓的人生目标。职是，理学家不能只要求“为士必志于圣人”，而且必须信誓旦旦曰“圣人可学而至”；为了确保目标的落实，则必得发展出一套有规可循的德性功夫，举凡读书变化气质、观圣贤气象、存养未发、察识已发、慎独、静坐等等，这些大多偏向心地上用功，而为理学家所专擅，例如理学家广为实行的静坐，③朱熹便不讳言：“伊川亦有时教人静坐。然孔、孟以上，却无此说。”④遑论“已发”、“未发”的心性功夫了。⑤各个理学家对此当然有轻重、先后、本末、内外的取舍，但对“成德”的向往则未尝有异。试举“读书”为例，朱熹视为修德的要领，陆九渊则不作如是想，陆子自信满满地说：“若某则不识一个字，亦须还我堂堂地做个人。”⑥又程朱推崇“主敬”功夫不遗余力，然

---

① 王守仁，《王阳明全集》卷三五，“年谱三”，页1303。《近思录》则作“宁学圣人而未至”，参见该书，页571。

② 曾国藩，《曾国藩全集》（长沙：岳麓书社，1995），“诗文”，页112。

③ “伊川每见人静坐，便叹其善学。”见程颢、程颐，《河南程氏外书》卷一二，《二程集》上册，页432。

④ 朱熹，《朱子文集》卷五五，页2608。惟原标点疑有误。

⑤ 戴琏璋、吴光主编，《刘宗周年谱》，《刘宗周全集》第五册，页489。刘宗周说：“‘已发’、‘未发’分言，亦自子思子始。”按子思传为《中庸》作者，始提“已发”、“未发”，理学家于此德性功夫各有所发挥，遂有异解。

⑥ 陆九渊，《陆九渊集》卷三五，页447。

而阳明另拈出“事上磨炼”，务求动静合一。①惟整体而言，理学家的德性功夫仍不出朱子所言“自古圣贤皆以心地为本”②，讲求的是“涵养气质，熏陶德性”③。归根结底，理学家的本源功夫，犹以心地修养为主。

总之，在理学家的道德思虑里，德性与善行（moral conduct）的关系，恰似二程所称：“存养熟后，泰然行将去，便有进。”④ 朱熹也说：“五者之德，充积于中，而以时发见于外也。”⑤意即善行乃是德性完养，水到渠成，自然地流露，并非机械式的心理驱动。张载即道：“有意为善，利之也，假之也。”⑥小程子便说：“人纔有意于为公，便是私心。”⑦清儒李光地（1624—1718）亦云：“有心为善，虽善亦私。”⑧套句理学自家语，德性与善行理应“体用一源，显微无闲”⑨，尤无须意识造作。

职是，可以看出，理学家的道德观系以培养完整的人格为主，由内而外而非锱铢计较于个别行为的得失。他们标举“圣人”为道德楷模（exemplars），不只肯定品德的可完美性，而

---

① 陈荣捷，《王阳明传习录详注集评》，页62，288，324。

② 朱熹，《朱子语类》卷一二，页199。

③ 陈荣捷，《近思录详注集评》，页414。

④ 陈荣捷，《近思录详注集评》，页271。

⑤ 朱熹，《中庸章句》，页38。

⑥ 张载，《正蒙·中正篇》，《张载集》，页28。

⑦ 陈荣捷，《近思录详注集评》，页468。

⑧ 李光地，《榕村集》（收入《景印文渊阁四库全书》第一三二四册），卷一七，页26上。

⑨ 程颐，《易传序》，收入《二程集》下册，页689。

且充分体现身处社会的价值理想。由“修德”（moral cultivation）和“成德”（moral perfection）的方面加以审视，在在显示出不折不扣的“德性伦理”（virtue ethic）的特色。① 因此，新儒家熊十力（1885—1968）谓：“见道者，证体之谓。证体必由德行修养而入。”又谓：“今伦理学家所云道德一词，殊欠妥。当正名曰德行。”②盖着眼于传统的儒学，确有见地。而此类思想与前此魏晋以降的名教、礼仪观，③与之后清末新起的道德思想，恰恰构成中国三个彼此区隔的伦理板块。

末了，套句张君劢（1887—1969）的话，作为尾语：

> 义理之学，大盛于宋明，中衰于清代，咸同之际，曾文正有意于起衰救弊，而卒未遑及此。……心性学之对象

---

① 当代西方“德性伦理”简介可参考 Alasdair MacIntyre, “Virtue Ethics”, in *Encyclopedia of Ethics*, ed. Lawrence C. Becker (New York & London: Garland Publishing Inc., 1992), vol. 2, pp. 1276 – 1282; Greg Pence, “Virtue Theory”, in *A Companion to Ethics*, ed. Peter Singer (Oxford: Blackwell Publishing, 1993), chap. 21。宋明理学，尤其它的“工夫论”，使得它比先秦儒学更贴切“德性伦理”的特色。这需要另篇专文处理。我同意麦金泰（Alasdair MacIntyre）对亚理士多德（Aristotle）与儒家伦理学“不可共量性”（incommensurability）的观点，但二者仍可置于“德性伦理”之下，而呈现“家族类似性”（family resemblance）的样态。cf. Alasdair MacIntyre, “Incommensurability, Truth, and the Conversation Between Confucians and Aristotelians about the Virtues”, in *Culture and Modernity: East-West Philosophic Perspectives*, ed. E. Deutsch (Honolulu: University of Hawaii Press, 1991), pp. 104 – 122.

② 熊十力，《读经示要》，收入《民国丛书》（上海：上海书店，1996），页 133。

③ 参阅余英时，《名教危机与魏晋士风的演变》，氏著，《中国知识阶层史论》（台北：联经出版公司，1980），页 330—372。

为修身，为正心诚意。诚身心意三者一日不亡，则心性学必不能一日消灭。①

收入陈弱水主编，《中国史新论·思想史分册》（台北：联经出版事业股份有限公司，2012）；又收入《从理学到伦理学：清末民初道德意识的转化》（台北：允晨文化实业股份有限公司，2013；北京：中华书局，2014）。

① 张君劢，《民族复兴之学术基础》，页31。

清末民初道德意识转化的几点观察

伦理的觉悟，为吾人最后觉悟之最后觉悟。

——陈独秀①（1916）

当今之世，宜有大气量人，从哲学、伦理学入手，改造哲学，改造伦理学，根本上变换全国之思想。

——毛泽东②（1917）

远在扶桑的彼邦人士——青木正儿（1887—1964），在民初对中土有了这样的观察：

次于中华民国底政治上底革命，有文化上底革命；最有意思的，就是道德思想底改革。那是想要破坏那几千年立了深远的根柢的儒教道德，和要从欧洲文化上输入可以

---

① 陈独秀，《吾人最后之觉悟》（1916 年 2 月 15 日），《独秀文存》（合肥：安徽人民出版社，据 1922 年上海亚东图书馆本重版，1987），卷一，页 41。

② 毛泽东，《致黎锦熙信》（1917 年 8 月 23 日），中共中央文献研究室、中共湖南省委毛泽东早期文稿编辑组编，《毛泽东早期文稿：1912・6—1920・11》（长沙：湖南出版社，1990），页 86。

代这个的新道德。①

简之，晚清以来，梁启超（1873—1929）所鼓吹的“道德革命”，具有两项划时代的意义：其一，受演化论的冲击，固有的道德不再是天经地义、亘古不变；其二，他以“公德”揭露传统伦理观的缺口，就仿佛掀开潘多拉的盒子（Pandora's box），一发不可收拾；其三，只剩下些许借助西方伦理学，重建现代伦理道德的希望。

隔一世代的梁漱溟（1893—1988）依旧可以感受到此番的冲击，他说：

> 公德，就是人类为营团体生活所必需底那些品德。这恰为中国人所缺乏，往昔不大觉得，自与西洋人遭遇，乃深切感觉到。距今四十五年前梁任公先生倡“新民说”，以为改造社会、挽救中国之本，他第一即揭“公德”为论题，已予指出。……还要不放松地说一说。②

总而言之，梁氏的“道德革命”代表了传统理学的式微与新时代伦理学的来临。当时的有识之士已觉察到“今日中国之待新

---

① 青木正儿著，王悦之译，《吴虞底儒教破坏论》，原刊于日本《支那学杂志》2. 3（1922），吴虞以此论代《吴虞文续录》之书序。吴虞，《吴虞文续录·别录》（收入《民国丛书》［上海：上海书店，影印成都美信印书局1933年版，1990］，第二编第九六册），页1。

② 梁漱溟，《中国人缺乏团体生活》，氏著，《中国文化要义》（台北：正中书局，1969），页65。《中国文化要义》初版于1949年，根据梁漱溟在书前的《自序》，此书各章系陆续自1941年春至1949年6月之间写成。按，梁启超系于光绪二十八年（1902）提出“新民说”，故梁漱溟表示“距今四十五年前梁任公先生倡新民说”云云。

伦理说，实与他种学科，其需用有同等之急”①，这在进入民国后，尤其显豁。

按，梁启超的《新民说》原先发表于晚清，属专栏系列，于《新民丛报》间续连载长达四年。他在1902年刊出《论公德》，来年（1903）复撰作《论私德》，谓“公德”需以“私德”为根基，而以王学辅之。② 无奈他的诤友并不苟同。黄遵宪（1848—1905）评阅道：“近日《私德篇》之胪陈阳明学说，遂能感人，亦不过二三上等士夫耳!”③显然，梁、黄二者的见解有所出入。

惟民国甫创立，梁启超便转以为：

> 宋明诸哲之训……恐未能造就圣贤，先已遗弃庸众。故穷理尽性之谭，正谊明道之旨，君子以之自律，而不以责人也。

正缘“正心诚意之谈，穷理尽性之旨，少数士君子所以自厉”，梁氏遂认定宋明理学“其力皆不能普及于凡民，故其效亦不能大裨于国家”。④可见梁氏的着眼点无疑已从少数精英分子，转移至全体国民。

---

① 蒋观云，《平等说与中国旧伦理之冲突》，《新民丛报》3. 22（1905. 12. 11）：21。

② 梁启超，《新民说》（收入《饮冰室合集·专集》[上海：中华书局，1936]，第三册，“专集之四”），第五节“论公德”，页12—16；第十八节“论私德”，页118—143。

③ 黄遵宪，《致梁启超函》（1904年8月14日），陈铮编，《黄遵宪全集》（北京：中华书局，2005），上册，页454。

④ 梁启超，《中国道德之大原》（1912），《饮冰室文集》（台北：台湾中华书局，1960），第五册，“文集之二十八”，页13—14，20。

梁氏的转变适透露出民国共和体制的建立，在伦理学上别具意义。晚清时势的恶化，固然令梁启超等人有提倡新道德的迫切需要，惟尚囿于少数人精神上的呼吁。但民国政治体制的改弦更张，令百姓由俯首的“臣民”骤升为“国民”,①此不啻赋予“道德革新”政治与社会具体的依据。

要之，清朝覆亡之后，帝制瓦解仅是冰山一角，更重要的是底层社会结构的重组。帝制的瓦解、民国的建立，绝非传统朝代更替可以比拟。中国历史上，政权的轮替屡见不鲜，但政治体制的改弦更张，乃史无前例；更重要的是，民国共和体制牵引至社会组织的调整，而社会组织的调整自然涉及伦理的重构。刘师培便说：“中国人民数载以前，不知社会伦理为何物？则以中国无完全社会之故也。”②

另依梁漱溟所言，中国是以伦理组织社会，那么五伦就是中国的社会组织，离了五伦别无组织。③但今日中国社会变了，五伦则无所依傍，而伦理则必须重新构作。钱玄同（1887—1939）便说：“孔经里所讲的什么三纲、五伦、礼乐、政刑，

---

① 沈松侨，《国权与民权：晚清的“国民”论述，1895—1911》，《“中央研究院”历史语言研究所集刊》73．4（2002．12）：685—734。

② 刘师培，《伦理教科书》（收入《刘申叔先生遗书》［台北：华世出版社，1975］，第四册），第二册，页49下。

③ 梁漱溟，《中国是伦理本位底社会》，氏著，《中国文化要义》，页91。于此，梁漱溟乃是发挥张东荪（1886—1973）的精义。参阅张东荪，《理性与民主》（台北：庐山出版社，据1946年排印本影印，1974），页57—58。

是共和国绝对不能并存的东西了。”①陈独秀（1879—1942）同样力主推翻孔学，改革伦理，他以为倘不从伦理问题根本上着手，那这块共和招牌一定挂不长久，②又扬言：“伦理的觉悟，为吾人最后觉悟之最后觉悟。”③观此，伦理的觉悟甚至凌驾于政治觉悟之上。

原来“儒家礼制，首重等差，以礼定分，以分为理”④，因此，有必要打破传统伦理所形塑的尊卑贵贱的“差序格局”⑤。有人观察到“从辛亥革命到民国十五年这一段时间里，穷乡僻壤，以各族的祠堂为中心的家族自治体，其解体之速，至足惊人”⑥，而社会的结构既然有所变动，伦理的重组更有其必要性与正当性。⑦反之，不同伦理概念的引进，势必导致人际空间的调整与安置，“公德”便是最初的例证。又，国民

---

① 钱玄同，《姚叔节之孔经谈》（1919年2月12日），《钱玄同文集》（北京：中国人民大学出版社，1999），卷一，页318。

② 陈独秀，《旧思想与国体问题》（1917年5月1日）、《复辟与尊孔》（1917年8月1日），《独秀文存》卷一，页102—105，111—116。

③ 陈独秀，《吾人最后之觉悟》，《独秀文存》卷一，页41。

④ 吴虞，《儒家大同之义本于老子说》，《吴虞文录》（收入《民国丛书》[上海：上海书店，影印亚东图书馆1927年版，1990]，第二编第九六册），卷下，页2。

⑤ 费孝通，《差序格局》，氏著，《乡土中国》（上海：观察社，1948），页22—30。

⑥ 徐复观，《中国孝道思想的形成、演变，及其在历史中的诸问题》（1959），氏著，《中国思想史论集》（台北：台湾学生书局，1975），页197。

⑦ 费孝通，《乡土中国》，“系维着私人的道德”，页31—33。

的“平等观”便直接冲撞传统貌似分工、实系阶级上下的“四民社会”,①而泯除男女有别的歧视亦刻不容缓。②简之，社会变动与新伦理之间相互激荡，便造成愈演愈烈的局势。

陈独秀抨击固有的“三纲”之外，并且具体挑出传统的德目——“忠”、“孝”、“节”系以己属人的“奴隶道德”，斫伤独立自主的人格。③孙中山（1866—1925）也觉察到中国传统道德突然有了缺角，适为见证。他说中国固有的道德，首是“忠孝”，但他观察到：

> 此刻中国正是新旧潮流相冲突的时候，一般国民都无所适从。前几天我到乡下进了一所祠堂，走到最后进的一间厅堂去休息，看到右边有一个孝字，左便一无所有，我想从前一定有个忠字。像这些景象，我看见了的不止一次，有许多祠堂或家庙，都是一样的。……由此便可见现在一般人民的思想以为到了民国，便可以不讲忠字。④

自命为孙中山信徒的蒋介石（1887—1975）的阅读经验，也可佐证。蒋氏十八岁的时候，接触了民主思想，读《大学》时，

---

① 例如：蒋观云，《平等说与中国旧伦理之冲突》，《新民丛报》3. 22（1905. 12. 11）：13—24。

② 先驱者若：震述（方震），《女子解放问题》，《天义报》（上海）7（1907）：5—14。震述，《妇人解放问题》，《天义报》8（1907）：1—6。按，何震原名何班，系刘师培之妻。

③ 陈独秀，《一九一六年》（1916 年 1 月 15 日），《独秀文存》卷一，页 34—35。

④ 孙文，《三民主义》（收入《国父全集》[台北：中国国民党中央委员会党史委员会，1973]，第一册），《民族主义第六讲》（1924 年 3 月 2 日），页 55。

“看到‘天子’两个字，就以为《大学》一书，不过是讲忠于皇帝，和如何统治天下那一套腐朽的空论，觉得很讨厌，便从此丢了，不愿再读了”①。

其实，这个变化已酝酿有时了。晚清新学初兴之时，因修身的需要而设立修身课，商务印书馆1904年编辑的《最新修身教科书》就是一个范例。张元济（1867—1959）所编初小的修身教科书共十册，每册二十课，二百课中没涉及一个“君”字，三百个故事没有涉及一个“忠”字。②

加上传统伦理习以君父并尊，《孝经》便谓：“孝始于事亲，中于事君，终于立身。”③故忠本为孝的延伸，而后世鼓吹“移孝作忠”尤为明显。④是故，攻讦固有伦理趋于激烈时，“忠”的道德价值受到质疑，“孝”自然也难以幸免。誉称“只手打孔家店”的四川老英雄——吴虞（1872—1949），便毫无顾忌地攻讦传统的家族制度，认定前者为专制主义的祸源。按“孝”本为支撑“家”的柱石，《论语》不是明白记载了

---

① 蒋中正，《大学之道（上）》（1934年9月11日在庐山军官团演讲），氏著，《科学的学庸》（台北：“中央文物供应社”，1956），页15—16。

② 傅国涌，《百年转型中的公民教育：以商务印书馆的公民教科书为例》，发表在新浪博客网 http://blog.sina.com.cn/fuguoyong，文末作者注记2010年11月6日于杭州。

③ 唐玄宗注，《孝经》（收入《四部丛刊初编》［上海：上海书店，据涵芬楼借景建德周氏藏宋刊本重印，1989］，第八册），页3下。

④ 例如：唐玄宗皇帝御制的《孝经序》便提到移孝作忠之道。见《孝经》，页1上。

“孝弟也者，其为仁之本”① 吗？吴氏遂把箭头直接指向“孝”的核心概念。他抨击道：“儒家以‘孝’、‘弟’二字为二千年来专制政治与家族制度联结之根干，而不可动摇。”② 吴虞举《大清律例》为例，“‘十恶’之中，于‘大不敬’之下，即列‘不孝’”，实系儒教君父并尊所致。但在民国成立之后，《新刑律》四百一十条，不见一个“孝”字，此即“立宪国文明法律与专制国野蛮法律”的绝异之点。③

若说吴虞着重的是体现“孝”的社会与政治制度，那么鲁迅（1881—1936）的文学表现则把此一抽象的叙述，拉到个人日常的层次。他传诵一时的《狂人日记》，把传统道德的荒谬，刻画成令人心惊胆战的“吃人礼教”，④今日读之，仍然令人久久难以释怀。⑤傅斯年（1896—1950）同样归罪“中国家庭”

---

① 有子曰：“其为人也孝弟，而好犯上者，鲜矣；不好犯上，而好作乱者，未之有也。君子务本，本立而道生。孝弟也者，其为仁之本与!”见朱熹，《论语集注》（收入《四书章句集注》[北京：中华书局，1983]），卷一，“学而第一”，页48。

② 吴虞，《家族制度为专制主义之根据论》，《吴虞文录》卷上，页5。

③ 吴虞，《家族制度为专制主义之根据论》、《说孝》，《吴虞文录》卷上，页6—7，23。

④ 鲁迅，《呐喊》（收入《鲁迅全集》[台北：唐山出版社，1989]，第二卷），《狂人日记》（1918），页13—27。

⑤ 当时的吴虞就说：“我读《新青年》里鲁迅君的《狂人日记》，不觉得发了许多感想。我们中国人，最妙是一面会吃人，一面又能够讲礼教。吃人与礼教，本来是极相矛盾的事，然而他们在当时历史上，却认为并行不悖的，这真正是奇怪了!”见《吃人与礼教》（1919年8月29日），《吴虞文录》卷上，页63。

为“万恶之源”。他自认非一时冲动，而是深思熟虑之辞，他说：

> 《大学》上说，“修身然后齐家”。在古时宗法社会，或者这样。若到现在，修身的人，必不能齐家。齐家的人，必不能修身。修身必要“率性”，齐家必要“枉己”，两件是根本不相容的。……更有那些该死的伦理家，偏讲那些治家格言，齐家要旨。请问整天齐家去，还能做什么事？况且家是齐得来的吗？又有人说，这是名教，不可侵犯。还有人说，什么“名教罪人”，“名教罪人”，不可不小心的。其实名教本是罪人，哪里有不名教的罪人，名教本是杀人的，哪里有不杀人的名教。①

傅氏躬逢西方个人主义的洗礼，②他的说辞遂透露了一个重要的讯息：时过境迁，个人意识高涨，传统的家庭制度业已不合时宜，而传统名教亦必须随之祛除。因此，《孝经》所谓“孝为天之经，地之义，德之本”③ 并非不证自明；约言之，反孝成为五四时期的流行口号。至于有人将“孝”渲染成“万恶孝

---

① 傅斯年，《万恶之源》（1918 年 11 月 4 日），傅孟真先生遗著编辑委员会编，《傅斯年全集》（台北：联经出版公司，1980），第五册，页 6—7。

② 当时以胡适为首，引进西方个人主义，例如《易卜生主义》（1918）、《美国的妇女：在北京女子师范学校演讲（1918 年 9 月）》诸文。收入胡适，《胡适文存》（台北：远东图书公司，1953），第一集，卷四，页 629—647，648—664。

③ 见《孝经》，页 3 上—3 下，页 6 下。

为首”,①或学者将“孝”与“生殖器崇拜”等而视之，则更不堪闻问了。②

不止于此，竟连力图恢复“固有道德”的杨永泰（1880—1936），都贬斥“五伦”纯是私德，乃过时的家族性道德，在今日的国族社会并不合时宜，必须另起炉灶。③

简之，中国亟须营造新道德，以应付新时代的挑战。居中有两项要点必须略加提示：清末民初的伦理革新并非自发性的举止，也非传统道德思维逻辑发展的结果，此其一；加之强权的入侵与中国的应付无方，终令知识分子作出无可奈何的抉择，这也是“伦理的觉悟，为吾人最后觉悟之最后觉悟”的底蕴。

要之，实践性的规范与生活变迁，呈现与时俱进的样态。西哲麦金泰（Alasdair MacIntyre，*b.* 1929）曾从西方伦理史的演变中指证历历，例如：希腊时代与中古世纪所遵行的伦理规

---

① 佚名，《什么话》，《新青年》8. 6（1921）：1—2。该文引1921年3月8日上海《中华新报》抨击“陈独秀之禽兽学说”，废德仇孝。

② 举其例，经学家周予同（1898—1981）足为代表。参见周予同，《“孝”与“生殖器崇拜”》（1927），朱维铮编，《周予同经学史论著选集》（上海：上海人民出版社，1983），页70—91。

③ 杨永泰，《新生活运动与礼义廉耻》，《新生活运动周报》14（1934. 8. 11）：5。在第4页他又说：“五伦只是私德，五伦以外，乃是公德。”

范，显然有所出入。①同理，中国近代的巨变不免也影响了具体德目的拣择与变化。这些都必须一一检视实际的道德生活，方得一窥究竟。

举其例：即使在保守阵营，标榜恢复“固有道德”的“新生活运动”（1934—1949），其所极力倡导的“四维”，②和传统儒学的“五伦”、“五常”（仁义礼智信）、“三达德”（智仁勇）业已貌合神离。按，“四维”乃指“礼义廉耻”，本诸《管子》一书，原非儒教经典；③然而“四维”却受“新生活运动”撷取为标杆德目，大加发挥。它的推动者杨永泰便抨击宋儒的理学，“整天总是想内心修养，要明心见性，直指本初，其实是离开生活来讲修养，弄到修养自修养，生活自生活，两者之间并不能发生关系”④；而他所主张由“外部训练”（衣食住行等行为）形塑“内心修养”（精神），更是与讲究心性功

---

① Alasdair C. MacIntyre, *After Virtue: A Study in Moral Theory* (Notre Dame, Indiana: University of Notre Dame Press, 1984), p. 69 and chapter 14; Alasdair C. MacIntyre, “The Augustinian Alternative”, in his *Whose Justice? Which Rationality?* (Notre Dame, Indiana: University of Notre Dame Press, 1988), pp. 146 - 163.

② 国民党的蒋介石于1934至1949年积极倡导“新生活运动”。蒋介石，《新生活运动纲要》，革命实践研究院编校，《总裁言论选辑》（台北：“中央文物供应社”，1954），第三册“政治”，页399—417。

③ 参见安井衡纂诂，《管子纂诂》（台北：新文丰出版公司，1978），卷一，页2。

④ 杨永泰，《新生活运动与礼义廉耻》，《新生活运动周报》14（1934. 8. 11）：12。

夫的理学南辕北辙。①杨永泰说：

> 我们不是圣贤，多数国民，更不能期望他都做圣贤。如果以悠久的岁月，来叫各个人去闭户潜修，恐怕修养还没有端绪，国家已经灭亡，故我们要转移人心，就要注重外形的训练，来陶冶他们的好品性；就要改良日常的生活，来养成他们的好习惯。②

总之，近代中国道德思虑的资源，毋庸讳言，主要来自西方伦理思想的冲击与撷取。这从梁启超的“新民说”可见梗概：梁氏虽宣称拟斟酌“古今中外”发明一种新道德，但他反对走回头路，又不屑老师宿儒无视于优胜劣败，“欲持宋元之余论”。③所以，梁氏的着眼点乃是引进西方伦理学的概念，若“公德”等。可是民初的道德革命变本加厉，从引进不足的德目，全面进入攻讦传统伦理的阶段。试以傅斯年事后的回忆为例，他说：

---

① 杨永泰，《新生活运动与礼义廉耻》，《新生活运动周报》14（1934. 8. 11）：12。

② 见杨永泰，《革命先革心，变政先变俗：这是“为甚么要做新生活运动的总说明”》（1934），《杨永泰先生言论集》（马来西亚沙巴洲：神山公司，1963），页18。另，雷祥麟对“新生活运动”所提倡的“礼义廉耻”和“食衣住行”的关系，有独特的见解。参阅雷祥麟，《习惯成四维：新生活运动与肺结核防治中的伦理、家庭与身体》，《“中央研究院”近代史研究所集刊》74（2011. 12）：133—177。历史上，类似注重卫生习惯，在清末民初的伦理教科书已见其端。举其例，若刘师培的《伦理教科书》的第三十五课“说卫身”、第三十六课“说言语容貌”等，刘氏并谓：“儒家道家详于养心，而略于养身。”见《伦理教科书》第一册，页39上—41下。

③ 梁启超，《新民说》，第五节“论公德”，页15。

记得十七八年以前，内因袁世凯暴压后之反动，外因法兰西一派革命思想和英吉利一派自由主义渐在中国智识界中深入，中国人的思想开始左倾，批评传统的文学，怀疑传统的伦理。①

下文，与其从近代中国道德文本，梳理出个别具体德目的变化，毋乃采取较似“后设伦理”（meta-ethics）的角度，拟过滤新道德的三项特质：一项为“形式”，两项归诸“实质”的概念，全都影响了“新伦理”的诞生。

一、道德系“有意识的向善”

原先在理学家的道德思虑里，德性与善行（moral conduct）的关系，恰似二程所称：“存养熟后，泰然行将去，便有进。”②朱熹（1130—1200）也说：“五者之德，充积于中，而以时发见于外也。”③意即善行乃是德性完养，水到渠成自然的流露，并非机械式的心理驱动。张载（1020—1077）即道：“有意为善，利之也，假之也；无意为善，性之也，由之也。”④小程子

---

① 傅斯年，《论学校读经》（1935 年 4 月 7 日），《傅斯年全集》第六册，页 51。

② 陈荣捷，《近思录详注集评》（台北：台湾学生书局，1998），卷四，页 271。

③ 这是朱熹针对《中庸》第三十一章“溥博渊泉，而时出之”两句所撰的注解。朱熹，《中庸章句》（收入《四书章句集注》），页 38。

④ 张载，《张载集》（台北：里仁书局，1981），《正蒙·中正篇第八》，页 28。

（程颐，1033—1107）便说："人纔有意于为公，便是私心。"①清儒李光地（1624—1718）亦云："有心为善，虽善亦私。"②套句理学自家语，德性与善行理应"体用一源，显微无闲"③，无须意识造作，尤与曾国藩（1811—1872）所谓"无欲而为善"④相通。这当然都衍生自儒教宗师——孔子的"意、必、固、我"绝四的教诲。⑤

晚清以降，传统的理学已不敷应付世变，人们另需寻觅新的道德视野，去了解周遭快速变动的世界，新的伦理观只是其中一项。由于"道德是人生上第一切要的事"，俞平伯（1900—1990）自称虽不能多读"外国书"，思想难得周致，但仍非得表达自己的道德观不可。⑥于其初试啼声之作，反映了

---

① 程颢、程颐，《河南程氏遗书》（收入《二程集》［台北：里仁书局，1982］，上册），卷一八，页192。

② 李光地，《榕村集》（收入《景印文渊阁四库全书》［台北：台湾商务印书馆，1983］，第一三二四册），卷一七，页26上。

③ 程颐，《易传序》，《二程集》下册，页689。

④ 曾国藩著，王澧华校点，《曾国藩诗文集》（上海：上海古籍出版社，2005），《纪氏嘉言序》，卷一，曾说："士之修德砥行，求安于心而已。无欲而为善，无畏而不为不善者，此圣贤之徒中有所得而不惑者也。"（页180）

⑤ 朱熹，《论语集注》卷五，"子罕第九"："子绝四：毋意，毋必，毋固，毋我。"（页109）

⑥ 俞平伯，《我的道德谈》（1919年5月1日），《俞平伯散文杂论编》（上海：上海古籍出版社，1990），页6，8，18。俞氏所谓的"道德革命"与前述梁启超的"道德革命"涵义略有差异。梁氏旨在富国强民，俞氏则侧重革除社会内部的弊病，尤其是传统的家庭制度。在其时，倡行个人主义，"孝"尤受攻讦。

如是的观点："宇宙间并没有常住的状态，所以道德本体也是不住的变化。"① 他把眼前种种社会家庭的弊病，归罪于"古代的伦理思想"，故主张冲破一切的网罗，实行"道德的革命"。②他且说：

> 人生以幸福为目的，所以道德的作用只是有意识的向善。所谓善者，必须以意识做引导。虽貌似善事，而实无意识可言的，总不在善的范围之内。③

俞氏的道德观透露了两个讯息：其一，"人生以幸福为目的"的效益论；其二，道德系"有意识的向善"。第一项显然与传统的成德目标有别，拟存而不论；第二项乃是新道德不容忽视的形式。

吴虞之妻——吴曾兰女士（1876—1917），同样自承"读欧美人所著新伦理学"的启发，而提倡"男女平权"，她说道：

> 原人时代，男人虽平权，无意识之平权也。立宪时代，女子当平权，有意识之平权也。是即法律所许国民平等自由之权。④

上述"有意识"、"无意识"的惯用语，皆可上溯自梁启超在《新民说》里的用法："有意识之破坏"对比"无意识之破坏"。⑤但这里的吃紧处乃是"有意识"的男女平权，与俞氏所强调的"有意识"的向善，如出一辙，均是与胡适（1891—

---

① 俞平伯，《我的道德谈》，《俞平伯散文杂论编》，页6。

② 俞平伯，《我的道德谈》，《俞平伯散文杂论编》，页18。

③ 俞平伯，《我的道德谈》，《俞平伯散文杂论编》，页8。

④ 吴曾兰，《女权平议》，收入《吴虞文录·附录》，页15。

⑤ 梁启超，《新民说》，第十一节"论进步"，页60。

1962）所宣扬的“新生活就是有意思（识）的生活”①相互呼应。

什么是“有意思”呢？胡适的说辞是最好的注脚。他说：凡是自己说不出“为什么要这样做”的事，都是没有意思的生活。反过来说，凡是自己说得出“为什么这样做”的事，都可以说是有意思的生活。②二者截然有异，依胡适之见：“凡事不问为什么要这样做，便是无意识的习惯行为。那是下等动物的行为，是可耻的行为。”③可见“有意思（识）”含有“自觉”与“反思”的意味。

五四之际的毛泽东（1893—1976）也以为：盲目的道德，毫无价值。他说：

> 现今之人所为善事，如修桥补路之类，无非盲目的道德也。道德之实行，固赖感情与意志，而其前必于此将实行之道德，有明判然之意识，而后此行为乃为自动的。④

要知“前马克思主义”（pre-Marxism）时期的毛泽东，犹深信

---

① 胡适，《新生活：为新生活杂志第一期做的》（1919年8月），《胡适文存》第一集，卷四，页724。王汎森对民初思想“有意识”和“无意识”的对比，有甚有见地的观察。参见王汎森，《从新民到新人：近代思想中的“自我”与“政治”》，王汎森等著，《中国近代思想史的转型时代——张灏院士七秩祝寿论文集》（台北：联经出版公司，2007），页186—193。

② 胡适，《新生活：为新生活杂志第一期做的》，《胡适文存》第一集，卷四，页725。

③ 胡适，《我对丧礼的改革》（1919），《胡适文存》第一集，卷四，页723。

④ 毛泽东，《〈伦理学原理〉批注》（1917至1918年），《毛泽东早期文稿》，第一章“善恶正鹄论与形式论之见解”，页155—156。

"个人有无上之价值"，故凡有压抑个人、违背个性者，若吾国之"三纲"，皆在唾弃之列。盖斯时为个人主义高昂的时代，连毛氏都主张"团体无意思，其有意思乃系集合个人之意思也"①。

与拙文相关的是，"有意识"与否，为何在其时受到如此的看重呢？颇值推敲。按，"意识"一词虽古已有之，但此处所谓的"意识"却是旧词新用，另有涵意。举凡"意识"、"无意识"诸词，在晚清已收录于专载外来译名的《新尔雅》②（1903）之内，而作为一个摩登的新名词，"意识"在民初业成为"时行烂调"③。在学理上，"意识"（consciousness）的概念随着近代西方心理学的输入，进入中国思想界。例如：王国维便移译了海甫定（Harald Hoffding，1843—1931）的《心理学概

① 毛泽东，《〈伦理学原理〉批注》，《毛泽东早期文稿》，页151—152。

② 汪荣宝、叶澜编纂，《新尔雅》（上海：明权社发行，1903）；影印文本收入沈国威编著，《新尔雅：附解题·索引》（上海：上海辞书出版社，2011），页54—58。

③ 李长之，《谈意识》，林憾庐、林语堂、陶亢德编辑，《宇宙风》（上海）16（1936. 5）：175。见林语堂在文末的按语："时行烂调，莫如'意识'。原烂调之来，因新名词用之则表示摩登，新进文人乃竞以此为文章点缀，因习成风，至用者亦不知其何所指。然此非名词本身之罪也。"

论》①，书中便有长篇巨幅讨论“意识”的特质。伦理学方面，主张“彼谓动作之不出于善意者不得为善，而此善意必与自然之性（即气质之性）异”②，与西哲康德（Immanuel Kant，1724—1804）的道德哲学有些相似。

康德最经典的例证便是标榜“童叟无欺”的小店老板，核其实并非真算是诚实；康德意谓“童叟无欺”有可能源自生意的算计，而非出自义务的意志。③按，自梁启超撰文推许康德为“近世第一大哲”（1903），阐发“道德思虑为‘意识’（the will）之所从出，善行则必须源自有意识心志”，④“意识”与“新伦理学”遂结了不解之缘。于《新民说》里，梁启超便挪“有意识”、“无意识”以分辨破坏的积极性：前者出自“人力”，随破坏随建设；后者纯任“自然”，有破坏无建设。⑤梁氏属意“有意识”的破坏，不言而喻。

---

① 海甫定著，王国维译，《心理学概论》，1907年由商务印书馆刊出，至1935年共印行十版；现收入谢维扬、房鑫亮主编，《王国维全集》（杭州：浙江教育出版社，2009），第一八卷，页283—640。又见王国维译，《教育心理学》，美国禄尔克著，1910年王氏由日文译出，同年由学部图书局印行；现收入《王国维全集》第一九卷。

② 西额惟克（Henry Sidgwick，1838—1900）著，王国维抄译，《西洋伦理学史要》（*Outlines of the History of Ethics*），1903年由教育世界社印行；收入《王国维全集》第一八卷，页129。

③ 详细的论证请参阅 Immanuel Kant，*Groundwork of the Metaphysic of Morals*，trans. and analyzed by H. J. Paton（New York：Harper & Row，1964），chapter 1，p. 65。

④ 梁启超，《近世第一大哲康德之学说》（1903），《饮冰室文集》第三册，“文集之十三”，页47—66。

⑤ 梁启超，《新民说》，第一一节“论进步”，页60。

然而这些只是助缘的作用，最直接的恐怕还是近代中国挫败的历史经验的累积所致。盖其时中国方号称由“无意识时代”进入“批评的时代”，而“批评的时代”则必有怀疑与比较的思想，“敢对于数千年神圣不可侵犯之道德习惯、社会制度而批评研究者”①，这一切复与民族精神的“觉醒”攸关。

尤其1915年以后的十年中，每一个能够执笔的青年，似乎都经历了一次觉醒。②处于其间的小说家巴金（1904—2005）就说：

> 五四运动像一声春雷把我从睡梦中惊醒了。我睁开了眼睛，开始看到了一个崭新的世界。……我大胆地凭个人的直觉否定了整个现社会制度的存在。③

必须略加提示的，自曾纪泽（1839—1890）振臂一呼，抒发“中国先睡后醒论”；后经梁启超的转手加工，“睡狮”骤成该时中国普遍的刻板印象，④“唤醒”国人的意志变成中国救亡图存的先决条件。⑤当时外国人心目中的中国百姓是“麻木不

---

① 黄远庸，《新旧思想之冲突》，原刊于《东方杂志》（1916年2月10日）；收入《远生遗著》（沈云龙主编，《袁世凯史料汇刊·续集》［台北：文海出版社，1968］，第一九册），卷一，页159。

② 费约翰（John Fitzgerald）著，李恭忠等译，《唤醒中国：国民革命中的政治、文化与阶级》（北京：三联书店，2005），页137。

③ 巴金，《觉醒与活动》，《谈自己》（收入《巴金选集》［成都：四川人民出版社，1996］，第一〇卷），页61，63。

④ 详细的分析见杨瑞松，《病夫、黄祸与睡狮：“西方”视野的中国形象与近代中国国族论述想象》（台北：政大出版社，2010），第四章。

⑤ 费约翰（John Fitzgerald）著，李恭忠等译，《唤醒中国》，《中文版序》，页1—8。

仁”、“因循守旧”、“随遇而安”。①一度心仪“破坏主义”的梁启超，极端不满中国社会的现状，致讥斥“举国醉生梦死之人民”②，他也嘲讽甲午之败“唤起我国四千年之大梦”③。革命派的孙中山也说：“四万万人睡觉，不但是道德睡了觉，连智识也睡了觉。”④ 众所周知，对中国百姓麻木不仁、醉生梦死的反讽，莫过于鲁迅笔下“阿Q”和“孔乙己”。⑤“唤醒”群众遂成为知识分子不可推卸的当务之急。前此，陈天华（1875—1905）的《猛回头》期许中国宛若“猛睡狮，梦中醒”⑥，蒋观云的《醒狮歌》⑦均有同样的旨趣。“有意识”的提出与受到瞩目，理当由此一脉络加以掌握。

简之，理学家所谓的“有心为善”、“有意为善”，诚然不

---

① 阿瑟·亨·史密勒（Arthur Henderson Smith, 1845—1932）著，陈新峰译，《中国人的德行》（北京：金城出版社，2011），页85—91，111—119，121—137。本书在清末民初大为流行，并影响了鲁迅一生。

② 梁启超，《十种德性相反相成义》（1900），《饮冰室文集》第一册，“文集之五”，页50。

③ 丁文江，《梁任公先生年谱长编初稿》（台北：世界书局，1972），上册，页24。

④ 孙文，《民族主义第六讲》（1924年3月2日），《三民主义》，页58。

⑤ 鲁迅的《孔乙己》（1919）、《阿Q正传》（1921）两篇小说，都在《呐喊》一书，本文用的版本收入《鲁迅全集》第二卷，页28—33，95—152。

⑥ 陈天华著，朱钟颐评注，《猛回头·警世钟》（北京：华夏出版社，2002），页50。原书约撰于1903年。

⑦ 蒋观云，《醒狮歌》，《新民丛报》25（1903. 1. 5），封面题跋。

得与“有意识向善”全然等同视之；但作为“道德判断”与“道德行为”的前置精神或心理状态，理学与伦理学却的确有所差异。“有意识的向善”、“有意识的平权”、“有意识的生活”，在此均有别于循规蹈矩的惯性行为，而含有“觉醒”、“自觉”、“反思”的意味，绝非浑然天成、无心的举措。

二、祛除形上学的伦理观

宋明理学于儒家最重要的贡献，莫过于替儒学思想建构一个形上学的基础，借之与释、道二家相抗衡。这应该是今日学界的共识了。①然而晚清以降所构作的“新伦理学”，形上的色彩却逐渐淡化，最终即使非无影无踪，业已不居要位了。

顾颉刚（1893—1980）于回忆求学时的思想氛围，追述道：

> 那时大学中，宋代理学的空气极重。我对于它向来不感兴味，这时略略得了一些心理伦理的常识之后再去看它，更觉得触处都是误谬。例如他们既说性善情恶，又说性未发情已发，那么，照着他们的话讲，善只在未发，等到发出来时就成了恶了，天下哪里有见诸行事的善呢！……他们要把必不可能之事归之于圣人，见得圣人的可望而不可即；更用迷离惝恍的字句来摇乱学者的眼光，使得

---

① 纵然立场有异，学者对宋明理学的特色均无异辞。姑举二例以示之：劳思光，《宋明儒学总说》，氏著，《中国哲学史》（台北：三民书局，1981），卷三上，第二章，页43—101。侯外庐等主编，《宋明理学史》（北京：人民出版社，1984），上卷，“绪论”，页5—24。

他们捉摸不着可走的道路，只以为高妙的境界必不是庸愚之质所可企及：这真是骗人的伎俩了！我对于这种昏乱的思想，可以不神秘而竟神秘的滑头话，因课业的必修而憎恨到了极点，一心想打破它。①

顾氏所谓“性善情恶”、“已发”、“未发”，正是宋明理学成圣希贤的专门形上概念；这只要稍加浏览《朱子语类》或宋儒所编的理学辞典《北溪字义》，便一目了然。②但在新道德的论述中，这些理学概念骤然蒸发掉了。

两相对照，以光绪二十八年（1902）京师大学堂所颁行的《暂定各学堂应用书目》为例，内分十六门，中含“修身伦理门”，称“修身”重私德，“伦理”兼及公德。该书目所列传统典籍列有《弟子职》、《曲礼》、《朱子小学》、《近思录》、《人谱类记》；理学著作囊括大部分，包括《小学》、《近思录》、《人谱》；参考书则全由《朱子语类》、《宋元学案》、《明儒学案》所包办。③可见该时在德育上，理学犹动见观瞻。毋怪当时撰述《京师大学堂伦理学讲义》仍必须言及恍兮惚兮的“性理”、“命理”。④

但进入民国，则骤然改观。蔡元培（1868—1940）的著作

① 顾颉刚，《自序》（1926），顾颉刚等编著，《古史辨》（台北：明伦出版社，影印北京朴社1926年版，1970），第一册，页34—35。

② 朱熹著，黎靖德编，《朱子语类》（北京：中华书局，1986），第一册，卷一至六。陈淳，《北溪字义》（北京：中华书局，1983）。

③ 不著撰人，京师大学堂颁布，《暂定各学堂应用书目》（光绪二十八年石印本），页3上—3下。

④ 张鹤龄，《京师大学堂伦理学讲义》（光绪二十八年排印本），“目次”，第一八章“性理”、第一九章“命理”。

《中学修身教科书》，可作为新旧交替的风向球。早先（1902），蔡为麦鼎华（1887—1959）所编译的《中等伦理学》作序，其结语即呼吁我国言教育者亟取资该书，而“无徒以‘四书’、‘五经’种种参考书，扰我学子之思想”①。民国甫成立，蔡元培刊行《中学修身教科书》（1912），作者虽犹称该书“悉本我国古圣贤道德之原理，旁及东西伦理学大家之说，斟酌取舍，以求适合于今日之社会”②，结果竟然一扫道学气，毫无片言只语道及宋明形上学，即是最佳的见证。

本来，《大学》作为理学家的开山经典依据，开宗明义即确定上自统治者，下抵老百姓均必须以修身为本。这种全称式的表述，毫无例外地涵盖了全体社会成员，充分表现道德的普遍主义（universalism）。尤其在理学的时代，甚至延伸为“仁者与万物为一体”的思想，而染有浓郁的本体论色彩。相应的，在道德知识论则以“尽心知性以知天”③ 的形式加以表述，而展现出有机式的存在大联结。

---

① 蔡元培，《〈中等伦理学〉序》（1902），高平叔主编，《蔡元培文集》（台北：锦绣文化公司，1995），第五卷“哲学”，页40。《中等伦理学》一书原根据日人元良勇次郎（1859—1912）的《伦理讲话：中等教育》（东京：右文馆，1900）编译。

② 蔡元培，《中学修身教科书》（1912年5月），《蔡元培文集》第二卷，“教育上·例言”，页100。

③ 这原是孟子的表述，常为理学家所挪用。参见朱熹，《孟子集注》（收入《四书章句集注》），卷一三，“尽心章句上”：“尽其心者，知其性也。知其性，则知天矣。”（页349）理学家的征引，举其例若张载，《正蒙·大心篇第七》，《张载集》，页24。王阳明则说：“知心则知道知天。”见陈荣捷，《王阳明传习录详注集评》（台北：台湾学生书局，1998），页96。

明儒王阳明（1472—1529）说“心即道，道即天，知心则知道知天”①，便是此一思维的表征。可是此一有机的联结，为西来的进化论所打散了。该时的主流论调已为“物竞天择，适者生存”所取代，②而“万物一体”混沌的本体观则成无稽之谈。

从“理学”到“伦理学”，代表了清末知识分子企图利用西方知识系统重新架构中国的传统道德。③与其同步的，却是中国的道德思维也起了极大的转化。在学理的论述上，伦理概念的研议也逾越传统的范畴，王国维（1877—1927）《论性》、《释理》、《原命》数篇力作，挟西方哲学（康德、叔本华）之助，一扫理学玄虚陈腐之气，质疑形上命题的有效性，令人耳目为之一新。④

更重要的是，清末民初中国的思想界显然由“科学主义”（scientism）独占鳌头。诚如胡适所说的：

> 这三十年来，有一个名词在国内几乎做到了无上尊严的地位；无论懂与不懂的人，无论守旧和维新的人，都不

---

① 陈荣捷，《王阳明传习录详注集评》，页96。

② “进化论”对中国思想界所造成的冲击，请参阅 James Reeve Pusey, *China and Charles Darwin* (Cambridge, MA: Harvard University Press, 1983)。

③ 整体论列以西方知识系统统摄传统四部之学，则可参阅左玉河，《从四部之学到七科之学：学术分科与近代中国知识系统之创建》（上海：上海书店出版社，2004）。承蒙作者致赠本书，谨此致谢。

④ 王国维，《论性》（1904）、《释理》（1904）、《原命》（1906），姚淦铭、王燕编，《王国维文集》（北京：中国文史出版社，1997），第三卷，页242—252，253—265，266—270。

敢公然对它表示轻视或戏侮的态度。那个名词就是“科学”。①

除却盛行的进化论，1923 年的攸关人生观的“科学玄学的论战”，更是进一步压制形上学的生存空间。挑起该论战者——张君劢（1887—1969），谓“人生观”自有其特点，非“科学”所能为力；他又认定“自孔孟以至宋元明之理学家，侧重内心生活之修养，其结果为精神文明”。②丁文江（1887—1936）立即起而反击，谓：张氏挟了西方玄学大家博格森（Henri-Louis Bergson，1859—1941）之助，得以大谈“玄之又玄”的人生观。丁反讽道：

西洋的玄学鬼到了中国，又联合了陆象山、王阳明、陈白沙高谈心性的一班朋友的魂灵，一齐钻进了张君劢的“我”里面。③

显见双方壁垒分明。

简之，于张氏而言，心性之学乃形上真理的启示，故当提倡“新宋学”。④可是丁文江与胡适一班人，则全不作如是想。

---

① 胡适，《科学与人生观序》（1923 年 11 月 29 日），丁文江、张君劢等著，《科学与人生观：“科学与玄学”论战集》（台北：问学出版社，影印 1923 年上海亚东图书馆排印本，1977），第一册，页 2。

② 张君劢，《人生观》（1923 年 2 月 14 日），丁文江、张君劢等著，《科学与人生观》第一册，页 9—10。

③ 丁文江，《玄学与科学：评张君劢的“人生观”》（1923 年 4 月 12 日），丁文江、张君劢等著，《科学与人生观》第一册，页 31。丁文江的思想，参考 Charlotte Furth，*Ting Wen-Chiang：Science and China's New Culture*（Cambridge，MA：Harvard University Press，1970）。

④ 张君劢，《再论人生观与科学并答丁在君》（1923 年 4 月），丁文江、张君劢等著，《科学与人生观》第一册，页 141。

丁文江引胡适助阵，宣称：我们这个时代的要求，不能不承认人类今日最大责任与需要，是把科学方法应用到人生问题上去。① 胡适本人更把张君劢喻作孙悟空，而把“赛先生”（science，科学）和“罗先生”（logic，逻辑）喻作如来佛，因此玄学纵有天大的本事，亦不能逃出科学的手心。②科学玄学论辩的是非曲直，并非拙文的关心所在，但从事后观之，科学派显然占了上风；③后人认定“所谓人性之善与恶，那种哲学的论争，不合于新科学的见解”④，注定未来的新儒家只能“从中心到边缘”。⑤

正因为“科学主义”弥漫其间，所以就不必太诧异，会出现如此突兀的讲词——署名蒋中正的《科学的学庸》。⑥按《大

---

① 丁文江，《玄学与科学：评张君劢的“人生观”》，丁文江、张君劢等著，《科学与人生观》第一册，页29。

② 胡适，《孙行者与张君劢》（1923年5月11日），丁文江、张君劢等著，《科学与人生观》，页147—151。

③ Danny Wynn Ye Kwok（郭颖颐），*Scientism in Chinese Thought*, 1900－1950（New Haven：Yale University Press，1965），pp. 160－161.

④ 黄沙，《评朱谦之先生〈战后人生观的改变〉》（1945），黄夏年编，《朱谦之文集》（福州：福建教育出版社，2002），第二卷，页186。

⑤ 连第三代的新儒家——刘述先也有同样的看法。刘述先，《从中心到边缘：当代新儒学的历史处境与文化理想》，氏著，《现代新儒学之省察论集》（台北：“中央研究院”中国文哲研究所，2004），页105。

⑥ 《科学的学庸》原是1934年蒋氏讲《大学》、1936年讲《中庸》，1950年合而刊之，定名为《科学的学庸》。在学术上，确认《大学》、《中庸》不仅是哲学，亦是科学。本文用的是台北“中央文物供应社”1956年的版本。

学》、《中庸》原为理学的基本经典，在此时却必须冠上“科学”的招牌，才具有现代的价值呢！

1923年另立了一个里程碑：从教育史视之，民国肇建，因延续旧制，仍由“修身”一科代表道德教育的主要课程；但1923年以后，为了配合新学制的颁行，全国省教育会联合会将中学课程标准纲要由“修身”科改为“公民”科，不啻为民国道德教育史的一大改变。虽说清末以来的新学制，“伦理”或“修身”的课程内容已有显著的扩充，但名副其实的更革则自此方才正式启动。按，“公民”一科所涵盖的课题，远非传统“修身”一门所能范围，已超越个人素养，延伸至国家社会的政治与法律层面。①

试以个人目前所能取阅的几部教科书，稍作例证。在部定课程标准公布之际，民国二十二至二十三年（1933—1934）所刊行的《徐氏高中公民》②全三册，已见其端：第一学年（第一册）为政治组织与法律概念，第二学年（第二册）为经济与社会问题，第三年（第三册）方及伦理方面，又特标名为“国民道德”。作者解释道：

> 国民道德不独为我国今日提倡恢复固有道德之时所应阐扬，并使青年有确实的理解，即其标题亦较为醒目，不若伦理二字之富于玄性。③

① 易正义，《民国初年中学“公民”课程的建立》，《亚东学报》29（2009．6）：1—15。

② 上海世界书局出版的《徐氏高中公民》，上标“世界中学教本”，第一、二册由徐逸樵编著，分别出版于1933、1934年，第三册由徐逸樵、王璧如两人编著，出版于1934年。

③ 徐逸樵、王璧如编著，《序》，《徐氏高中公民》第三册，页1。

该册将“儒家伦理”置于众多诸家伦理之中，中国伦理的基本概念“天”、“道”、“性（命）”则轻轻带过，①“新儒家”（受道、佛两家影响的儒家）的篇幅更微乎其微，竟不满一页。②而以民国二十五年（1936）依据“修正课程标准适用”所撰的《高中公民》四册为例，当然则涵括社会、政治、经济、法律诸议题了。③

观上，形上学从新伦理退位，乃时势所向。但缺乏道德本源（moral sources）支撑的新伦理，最终是否会加入西方现代伦理学的行列，而沦为“没有本体论的道德”（morality without ontology）呢？则亟须进一步地关注。

惟犹需一提，祛除形上学的道德思虑固然主导了一般的国民教育，但20世纪的新儒家仍然锲而不舍，勠力重建道德形上学。④尤其下半叶，唐君毅（1909—1978）探究道德自我之所以建立，道德行为之所以成立的形上学基础，⑤以及牟宗三（1909—1995）借道康德所形塑的“道德的形上学”（moral met-

① 徐逸樵、王璧如编著，《徐氏高中公民》第三册，第五章，页90—95。

② 徐逸樵、王璧如编著，《徐氏高中公民》第三册，第五章，页98—99。

③ 1936年依“修正课程标准适用”所出版的三册《高中公民》（上海：中华书局，1936），第一册由钱谷孙所编，主题是“社会问题、政治概要”；第二册由周阆琛所编，主题是“经济概要”；第三册由江海帆所编，主题是“法律大意”；第四册方涉“伦理大意”。

④ 刘述先，《现代新儒学》，氏著，《论儒家哲学的三个大时代》（香港：香港中文大学，2008），页191—247。

⑤ 举其例：唐君毅的《人生之体验》、《道德自我之建立》，唐君毅全集编委会编，《唐君毅全集》（台北：台湾学生书局，1991）。

aphysics），异军突起，①值得重视。简言之，新儒家目前犹囿于学界一隅，毋乃为空谷足音，其成效有待观察。

三、迈向以“权利”为基底的伦理思想

19 世纪 90 年代系中国“民权”的萌芽期，其代表人物则为严复与康、梁师徒。②但甫一开始，由于西力的入侵，“民权”与“国权”便联结在一起。梁启超的名言“民权兴则国权立，民权灭则国权亡”③，足为代表。孙中山后来也依此，解释太平天国的溃败。他认为太平天国只知有民族主义，尚不知有民权主义，方为其败亡的主因。④必须点出的，上述的“民权”，毋宁就“群众”而言，而非个人式的权利，因此它成了对国家兴亡有责的“国民”权利。⑤而原本作为政治与法

---

① 牟宗三，《心体与性体》（台北：正中书局，1968），第一册，“综论”，第三章“自律道德与道德的形上学”，页 115—189。

② 萧公权，《中国政治思想史》（台北：联经出版公司，1982），第二一至第二三章。进一步的探讨则请参阅刘广京，《晚清人权论初探：兼论基督教思想之影响》，《新史学》5．3（1994．9）：1—23。惟拙文的关注在于较成形的“权利”概念。

③ 梁启超，《爱国论》（1899），《饮冰室文集》第一册，“文集之三”，页 73。

④ 孙中山，《民权主义第一讲》（1924 年 3 月 9 日），《三民主义》，页 77—78。

⑤ 沟口雄三，《中国民权思想的特色》，《公法》（北京）1（1999．12）：9—14。

律词语的“权利”（rights），亦同时进入伦理思虑的领域。①

按，“民权”概念与传统三纲五常的冲突显而易见，张之洞（1837—1909）的《劝学篇》(1898）足资代表。张氏言道：

> （故）知君臣之纲，则民权之说不可行也；知父子之纲，则父子同罪免丧废祀之说不可行也；知夫妇之纲，则男女平权之说不可行也。②

因为纲纪不行，所以张氏归结：“民权之说，无一益而有百害。”③反对维新的苏舆（1874—1914）等人也危言耸听地说：“托改制，则乱成宪；倡平等，则堕纲常；伸民权，则无君上。”④

因此，传统中国的伦理（包括儒家）并未涵摄“权利”的概念，几乎是今日学界的共识。⑤引介“权利”概念进入中

---

① 严复甚至曾几度去函与梁启超切磋“rights”、“obligation”、“duty”的译法。参见严复，《与梁启超书·第三封》（1902 年 4 月)，王栻主编，《严复集》（北京：中华书局，1986)，第三册，页 518—519。严复于 1903 年后出版了穆勒（John Stuart Mill）的 *On Liberty*（1859）为《群己权界论》；事实上，草稿已于 1900 年之前完成。

② 张之洞，《内篇·明纲第三》，氏著，《劝学篇》（郑州：中州古籍出版社，1998)，页 70。

③ 张之洞，《内篇·正权第六》，氏著，《劝学篇》，页 85。

④ 苏舆编，杨菁点校，蒋秋华、蔡长林校订，《翼教丛编》（台北：“中央研究院”中国文哲研究所，2005)，《序》，页 58。

⑤ Craig K. Ihara, “Are Individual Rights Necessary: a Confucian Perspective”, in *Confucian Ethics: a Comparative Study of Self, Autonomy, and Community*, ed. Kwong-Loi Shun and David B. Wong (New York: Cambridge University Press, 2004), p. 15.

国的梁启超便坦承："吾中国人数千年不识权利之为何状?"①他又言道：

> 权利观念，可谓为欧美政治思想之唯一的原素。彼都所谓人权、所谓爱国、所谓阶级斗争……等种种活动，无一不导源于此，乃至社会组织中最简单最密切者如父子夫妇相互之关系，皆以此观念行之。此种观念，入到吾侪中国人脑中，直是无从理解。②

又，晚清的著名译家——严复，曾为"right"一字斟酌再三，"即苦此字无译"，可为旁证。③多年后的梁漱溟亦说：

> 权利一词，是近数十年之舶来品，译自英文 rights。论其字之本谊，为"正当合理"，与吾人之所尚初无不合，但有根本相异者，即它不出于对方之认许，或第三方面之一般公认，而是由自己说出。④

20 世纪 80 年代于新加坡负责推动"儒家伦理"（Confucian ethics）的吴德耀（Teh Yao Wu）便直率地断言：从古代的"四书"、"五经"，下迄 19 世纪和 20 世纪初期的儒家著作，毫无一语言及"权利"（rights）一词，更何况"人权"（hu-

---

① 梁启超，《新民说》，第八节"论权利思想"，页 38。

② 梁启超，《先秦政治思想史》（收入《饮冰室合集·专集》第一三册，"专集之五十"），第六章，"儒家思想其四：孟子"，页 87。发表于 1922 年。

③ 严复，《与梁启超书·第三封》（1902 年 4 月），《严复集》第三册，页 518—519。严复最后拟将"rights"译为"民直"，与"民义"（obligation）相配。但观诸日后，并不被接受。

④ 梁漱溟，《中国是伦理本位底社会》，《中国文化要义》，页 92。

man rights)。[1]于他而言，中国文化对“权利”的概念，十分隔阂。[2]

但即使如此，并不表示儒家伦理未能自成体系，在传统社会运行无碍。按近代西方伦理以“权利”（rights）为核心价值，而儒家伦理则是以“责任”（duties）、“义务”（obligation）为归属，二者显有区别，此乃不争之事实。虽说尚有学者试图强化“权利”与“义务”之间的对应性，但逻辑上二者并不必然相联系。[3]拙文不拟介入此一争论，以下则尝试勾勒出近代中国道德意识转化的一环，亦即“权利”一词开始在中国新伦理崭露头角。

究其实，“权利”的概念在西方亦非古已有之，而是在文艺复兴之后方渐次萌芽，而成形于17、18世纪，从此蔚为近

---

① Teh Yao Wu, "East Asian and Western Concepts of Rights: Their Origin and Development", in his *The Confucian Way* (Singapore: The Institute of East Asian Philosophies, 1987), pp. 35-45.

② Teh Yao Wu, "East Asian and Western Concepts of Rights: Their Origin and Development", p. 40.

③ Joel Fienberg, "The Nature and Values of Rights", in *Ethics: History, Theory, and Contemporary Issues*, ed. Steven M. Cahn and Peter Markie (New York and Oxford: Oxford University Press, 2002), pp. 623-633. 该作者即有力地质疑“权利”与“义务”逻辑上相联系的说法（doctrine of the logical correlativity of rights and duties）。

代西方伦理的主流思想。①而西方的强势文化以船坚炮利为后盾，君临中国，终究波及精神意识层面，令中国的伦理思维为之改观。原初流通于政治与法律的译词，终渗透至深层的道德意识。

析言之，就社会规范（social norms）而言，儒家伦理系“责任伦理”（duty ethics），概为学界一致的看法。②孔子所谓“君君、臣臣、父父、子子”③，强调的是做君、做臣、做父、做子的“责任”，而非“权利”。况且韦伯（Max Weber，1864—1920）认定儒家伦理本质上是“身份伦理”（status ethic），并非全然无据，因为不论儒者将“仁”或“义”谈到何等高超玄妙，落实到实际的世界还是孔子所谓的为政之道“君君、臣臣、父父、子子”，具有特殊的“身份”指涉。④以“父

---

① Carl Wellman, “Rights”, in *Encyclopedia of Philosophy*, ed. Donald M. Borchert (Detroit: Thomson Gale, second edition in 2006), vol. 8, pp. 468-476; Abraham Edel, “Right and Good”, in *Dictionary of the History of Ideas: Studies of Selected Pivotal Ideas*, ed. Philip P. Wiener (New York: Charles Scribner's Sons, 1973-1974), vol. Ⅳ, pp. 173-187.

② 极早，梁启超就断言：“比较的言之，中国人义务思想之发达，宜若视权利思想为远优焉。”见《新民说》，第一六节“论义务思想”，页108。

③ 朱熹，《论语集注》卷六，“颜渊第十二”：“齐景公问政于孔子。孔子对曰：‘君君，臣臣，父父，子子。’”（页136）

④ Max Weber, *The Religion of China: Confucianism and Taoism*, trans. and ed. Hans H. Gerth (New York: Free Press; London: Collier Macmillan Publishers, 1964), pp. 205-213. “身份伦理”反映在传统中国法律制定的内容上至为明显，参见瞿同祖，《中国法律与中国社会》（台北：里仁书局，1982），特别是第六章。

子有亲，君臣有义，夫妇有别，长幼有序，朋友有信”所构成的“五伦”，并非只指述彼此的关系，更重要的是规范上下尊卑的关系。①归根结底，乃“名分主义”。②

刊布《新民说》之前，梁启超便宣称：“凡人所以为人者，有二大要件：一曰生命，二曰权利，二者缺一，时乃非人。”③此一说法带有“天赋人权”的意义，这和梁启超接触法哲鲁索（Jean-Jacques Rousseau，1712—1778）的思想不无关系。④而在《新民说》的诸多新德目，则赫然见“权利”已入列其中。

梁氏以为：大抵中国善言“仁”，而泰西善言“义”，今日则务讲求“义”为宜。梁氏此处的“义”乃指“权利”而言，系“救时之至德要道”⑤。他主张：权利思想的强弱，攸关个人的品格。有权利思想者，遇侵压，则亟亟谋抵抗，以复其本来；无权利思想者，则情同麻木不仁。⑥他企图把“民权”

---

① “朋友有信”较似平等对待，但“朋友”一伦常以“兄弟”关系比拟，以致称兄道弟，仍然隐藏着尊卑的关系。“五伦”出自《孟子·滕文公上》。参见朱熹，《孟子集注》卷五，“滕文公章句上”，页259。

② 徐逸樵、王璧如编著，《徐氏高中公民》第三册，页100—101。晚近则有学者以“儒家的角色伦理”（Confucian Role Ethics）来勾勒儒家伦理在社会动态关系的特色。见 Roger T. Ames，*Confucian Role Ethics*：*A Vocabulary*（Hong Kong：The Chinese University Press，2011），chapter Ⅳ。

③ 梁启超，《十种德性相反相成义》（1900），页45。

④ 次年（1901），梁启超撰有《鲁索学案》（1901），《饮冰室文集》第二册，“文集之六”，页97—110。

⑤ 梁启超，《新民说》，第八节“论权利思想”，页35。

⑥ 梁启超，《新民说》，页32。

与“国权”作一联结，遂谓“一私人之权利思想，积之即为一国家之权利思想”①，所以他言道：“国家譬犹树也，权利思想譬犹根也。”② 又说：“国权者，一私人之权利所团成也。”③鉴于英人立国的大原，即在“权利思想之丰富、权利感情之敏锐”④，而欲养成权利思想，必始自个人，所以“权利”必得移至伦理思考的核心位置。他因此呼吁：

> 为政治家者，以勿摧压权利思想为第一义；为教育家者，以养成权利思想为第一义；为一私人者，无论士焉、农焉、工焉、商焉、男焉、女焉，各以自坚持权利思想为第一义。国民不能得权利于政府也，则争之。……必先使吾国民在我国所享之权利，与他国民在彼国所享之权利相平等。⑤

他又主张：“权利思想者，非徒我对于我应尽之义务而已，实亦一私人对于一公群应尽之义务也。”⑥循此，享有“权利”，变成“应尽的义务”，可见以权利为基底的伦理思想，使近代中国人的道德意识由消极转向积极。

是故，刘师培在《伦理教科书》（1905—1906）便声援：

---

① 梁启超，《新民说》，页36。
② 梁启超，《新民说》，页39。
③ 梁启超，《新民说》，页39。
④ 梁启超，《新民说》，页33。
⑤ 梁启超，《新民说》，页39—40。
⑥ 梁启超，《新民说》，页36。

"以权利与人，即可使人尽义务。"①更坚持"权利"为不可或缺，他认为："不知放弃权利与辱身同，故退让之人，即卑污之人也。"② 言下之意，欲人人具有"人格"，则必须斥退让之说，不得无有权利。③这显然呼应梁启超的主张："权利思想之强弱，实为其人品格之所关。"④此外，值得点出的，刘师培所谓"修身"之于"完全之人"的重要性，均是针对国家、社会而言。⑤换句话说，他们所标举的成德榜样业已从传统的"盛德君子"，变成健全的"国民人格"了。蔡元培在《中学修身教科书》则直言"消极道德"：

> 在往昔人权未昌之世，持之最严。而自今日言之，则仅此而已，尚未足以尽修德之量。……其为君子，固无可疑，然尚囿于独善之范围，而未可以为完人也。⑥

是故，德育另需辅以"积极的道德"，发展其人格。张君

---

① 刘师培，《伦理教科书》（收入《刘申叔先生遗书》第四册），第一册，第六课"论权利义务之界限"，页6b。

② 刘师培，《伦理教科书》（收入《刘申叔先生遗书》第四册），第一册，第三一课"说清和"，页35a。他在《中国民约精义》（1903）（收入《刘申叔先生遗书》第一册），卷三，页23b，便鼓吹"君主有君主之权，人民有人民之权，权利义务悉归平等"。

③ 刘师培，《伦理教科书》（收入《刘申叔先生遗书》第四册），第一册，第三一课"说清和"，页35a。

④ 梁启超，《新民说》，第八节"论权利思想"，页32。

⑤ 刘师培，《伦理教科书》（收入《刘申叔先生遗书》第四册），第一册，第七课"论人当修身之故"，页6b。

⑥ 蔡元培，《中学修身教科书》，"结论"，页192—193。

劢则遥相呼应梁启超以降的“人权”概念道：“人权就是一个人所以为人之必要权利……没有这种基本权利，便不能算是人。”①而刘师培所呼吁的：“岂有权利、义务之界不明，而克称为伦理者哉？”②遂为日后伦理思想定调。

正由于上述的缘故，“权利”的思想顺势进入了尔后的教科书，例如1933年编著的《徐氏高中公民》里，便有专章讲述“人民的权利与义务”。③“权利”的概念从此深深地植根在中国人的心灵中。

四、结语

从理学过渡到伦理学，正是近代中国道德意识转化的结果。借用孔恩（Thomas S. Kuhn，1922—1996）的用词，理学与伦理学恰恰代表两种不同典范（paradigm，或译“范式”）的转移。④

吴稚晖（1865—1953）在民初说道：中国虽然已名正言顺地迎受了“赛先生”（science，科学）和“台先生”（democra-

---

① 张君劢，《法治与独裁》，《再生》2. 10（1934）：2—3。

② 刘师培，《伦理教科书》第一册，第六课“论权利义务之界限”，页6b。

③ 详参徐逸樵，《徐氏高中公民》第一册，第一〇章“人民的权利与义务”。

④ “典范”（paradigm）取自孔恩攸关“科学革命”的名著：Thomas Kuhn，*The Structure of Scientific Revolutions*（Chicago：University of Chicago Press，1962）。

cy，民主），但还不够，另外尚需迎娶叫做“穆勒儿”（moral）的姑娘，才算功德圆满。① 吴稚晖虽言之以诙谐的语调，却是道出那个时代大多数知识分子的心声。

该时，五伦已非“不证自明”（self-evident）。圆融温雅如胡适竟致放言：要把传统伦理的核心价值——“孝”字驱逐出境。他说：“古人把一切做人的道理都包在‘孝’字里，故战阵无勇，莅官不敬，等等都是不孝。这种学说……流弊百出。”② 此一论调与理学家所声称的“父子君臣，天下之定理，无所逃于天地之间”③ 大相径庭。

民初，蔡元培所刊行的《中学修身教科书》风行一时，艺文界的闻人张道藩（1897—1968）便承认该书使他认识了中国固有的道德伦理观念（譬如忠孝等）的价值，也对他一生为人处世产生了很大的影响。④但细勘之，蔡氏该书所论述的“忠孝”，已纳入新伦理体系，和“国家”、“社会”镶嵌一处，由是所产生的人际规范，遂与传统的“忠臣孝子”大异其趣。可见新伦理纵使保有固有德目，但在新典范的涵摄之下，意义有变，必得重新定位。

传统道德如此，更遑论其他新引进的德目，举其要，梁启

---

① 吴稚晖，《一个新信仰的宇宙观及人生观》，丁文江、张君劢等著，《科学与人生观》第二册，页623。

② 胡适，《我的儿子》，《胡适文存》第一集，卷四，页691。

③ 陈荣捷，《近思录详注集评》卷二，页100。

④ 张道藩，《酸甜苦辣的回味》（台北：传记文学出版社，1981），页5。

超等人对“权利”概念的提出与重视，不啻直接挑战以“义理”为核心的理学。稍加比较二者的异同，即可一目了然。理学家坚信：“人只有一个天理，却不能存得，更做甚人也?”① 这里的“天理”乃“仁义礼智”之谓。相对地，梁氏等人却倡言“人之所以为人，因有权利之故”。两相对照，其基本预设纯然不同；盖“权利”概念的底蕴，乃系“自利”（self-interest）的意识，②与儒家利他的义务观并不契合。梁氏以降的“权利说”，无疑将新伦理导向以权利为基底的伦理观。至于未来是否会演变成现代西方伦理“以权利优于善”（the primacy of right over good）③，或“权利凌驾义务”（the priority of rights

---

① 陈荣捷，《近思录详注集评》卷四，页265。

② Allan Bloom, *The Closing of the American Mind: How Higher Education Has Failed Democracy and Impoverished the Souls of Today's Students* (New York: Simon and Schuster, 1987), pp. 165 – 166.

③ “right”或可译为“正确”、“正当”、“对的”。为了突显其在近代西方伦理学的涵义，并配合本文的论述，一律移译为“权利”。现代西方伦理学“权利优先于善”（the priority of the right over the good）的观点，代表性的论述见 John Rawls, “The Priority of Right and Ideas of the Good”, in *John Rawls: Collected Papers*, ed. Samuel Freeman (Cambridge, MA: Harvard University Press, 1999), pp. 449 – 472。纵使力挽狂澜，盼能再次引起重视“善”的思想家，也不得不同意此一趋势，请参阅以下三书：Iris Murdoch, *The Sovereignty of Good* (London: Routledge, 1971); Michael J. Sandel, *Liberalism and the Limits of Justice* (Cambridge: Cambridge University Press, 1982); Charles Taylor, *Sources of the Self: The Making of the Modern Identity* (Cambridge, MA: Harvard University Press, 1989), p. 3。

over duties)①的道德思维，吾人则可拭目以观。②

尤有进之，竟连传统的进德步骤都受到前所未有的质疑。举其例："修身、齐家、治国、平天下"原为《大学》所定下的修德进程，素为士人所奉行。不意清末谭嗣同（1865—1898）起而发难，大胆加以挑战。他评道：

> 自秦以来，封建久湮，宗法荡尽，国与家渺不相涉。家虽至齐，而国仍不治；家虽不齐，而国未尝不可治；而国之不治，则反能牵制其家，使不得齐。于是言治国者，转欲先平天下；言齐家者，亦必先治国矣。大抵经传所有，皆封建世之治，与今日事势，往往相反。③

谭嗣同不啻打散了《大学》"修身、齐家、治国、平天下"环环相扣的连环节。顾颉刚于民初同样指出先秦古籍（包括《大

---

① Alan Gewirth, "Why Rights are Indispensable", *Mind: A Quarterly Review of Philosophy* (New Series) 95. 379 (July 1986): 329 - 344.

② 原则上，伦理学由两个基本概念所架构，其一为"善"（the good），另一为"权利"（the right），"德性"（virtue）则可视为"善"的亚型。以"权利"为基底的道德思维乃近代西方伦理学的特色，参较 Abraham Edel, "Right and Good", in *Dictionary of the History of Ideas: Studies of Selected Pivotal Ideas*, vol. Ⅳ, pp. 173 - 187。以"权利"为中心的伦理（rights-centered moralities）与"社群"为中心的伦理（community-centered moralities）究竟有所不同，请参阅 David B. Wong, "Rights and Community in Confucianism", in *Confucian Ethics: a Comparative Study of Self, Autonomy, and Community*, pp. 31 - 48。

③ 谭嗣同，《仁学》，蔡尚思、方行编，《谭嗣同全集》（北京：中华书局，1981），下册，"第四十七节"，页 368。

学》）所谓的“家”，乃指“国中之贵族”，并非“人民之家”。①故作为政治理论或进德的指导，在后世不免有所落差。有意思的是，自古以来为读书人所奉行不贰的修德治世的套式，一旦遭逢“两千年未有之巨变”，却也频频遭受怀疑，其故乃时势使然：当下的传统社会，适处于崩解与重组之间。

是故，孙中山也宣称：

> 所谓修身、齐家、治国，中国人近几百年以来都做不到……但是从修身一方面来看，我们中国人对于这些功夫，是很缺乏的。②

要知“修身”原是理学的看家本领，奇怪的是，孙中山反而说“我们中国人对于这些功夫，是很缺乏的”，原来他所说的“修身”已经远离传统的涵意了。他着重的是日常行为的检点，而非内心的自省，甚至他鼓励“今天讲到修身，诸位新青年便应该学外国人的新文化”③。

尤其是新伦理所涉及道德判断的形式，复迥异于传统儒学的涵养功夫。胡适终日倡言批判的精神，定要孔家说出个“为什么”，便与当时矢志重振儒学、推崇直觉的梁漱溟格格不

---

① 顾颉刚，《耄学丛记（一）：修身、齐家、治国、平天下》，氏著，《顾颉刚读书笔记》（台北：联经出版公司，1990），第一〇卷，页7798。

② 孙文，《民族主义第六讲》（1924年3月2日），《三民主义》，页59。

③ 孙文，《民族主义第六讲》（1924年3月2日），《三民主义》，页60。

入。①揆诸传统儒学所推崇的“自然流露”、“毋造作”（effortless action）的道德判断，梁氏毋乃为同调。②

以上总总，皆预示新世代伦理的来临。这种精神不只继承了梁启超、谭嗣同的伦理革新，更往前迈出了一大步。居中的变化，王国维的观察甚为切要，他洞窥谭嗣同虽号称“冲决伦常的网罗”，但实质上才动摇了人们对君臣一纲的信念，并未冲击到整个儒家的价值系统。③因此，迄民初，缘世局的恶化，方出现“伦理的觉悟系最后觉悟”的呼喊，全面发起清算三纲五常的风潮。

末了，在结束拙作之前，有三点必须予以交代。首先，拙文尽可能取法“类现象学”的精神，多描述、少解释，以期较真实地呈现近代道德思维的递嬗。其次，在取材上，文化精英分子的言词，固然构成析论的主要材料，但是政治活动者若孙中山、蒋介石、毛泽东等的言思，可能较“无意识”地反映那一个时代的变化，故拙文稍偏离纯理性的论述，不避嫌讳，酌予取用，以掌握相关的讯息。

---

① 梁漱溟，《东西文化及其哲学》（香港：自由学人社，1960），第四章，页134。此书初版于1921年。

② 参阅拙著，《理学家的道德观：以〈大学〉、〈近思录〉与〈传习录〉为例证》，陈弱水主编，《中国史新论·思想史分册》（台北：联经出版公司，2012），页283—316。后收入拙作，《从理学到伦理学》，允晨版页29—73，中华版页21—61。另参阅 Edward Slingerland，*Effortless Action*：*Wu-wei as Conceptual Metaphor and Spiritual Ideal in Early China*（Oxford：Oxford University Press，2003）。

③ 王国维，《论近年之学术界》（1905），《王国维文集》第三卷，页37。详论则请参阅余英时，《中国现代价值观念的变迁》，氏著，《知识人与中国文化的价值》（台北：时报出版公司，2007），页110—115。

最后，尚须一提的，除开上述的言词，教科书的普及化所造成的影响，远超过那些议论高深的道德文章。包括“新修身”在内的教科书便刊行了上千万乃至数千万册，对时人道德思维的形塑定不容小觑。①惟个人为地域所囿，只能取阅尚存的教科书，稍作析论，容有不足之处。

简之，拙作仅止于探究清末民初道德意识的变化，在时限上必然有所约制；轮到次一阶段，中国则将遭遇伦理“个人本位”与“民族本位”的抉择，而必须面对集体主义的反扑。“五四”的新伦理，则移形易位，骤然变成亟待改造的旧伦理。②但这业已超出拙作的论域了。

再者，拙作仅及清末民初道德意识的变化，尚不及道德行为的层次；攸关后者，亟须大规模且系统性的经验检证，绝非拙作可以负担。容或以梁启超在《新民说》的一段话，来彰显言、行之间的区别。梁氏说道：

> 今欲以一新道德易国民，必非徒以区区泰西之学说所能为力也。即尽读梭格拉底、柏拉图、康德、黑智儿之书，谓其有“新道德学”也则可，谓其有“新道德”也则不可。何也？道德者，行也，而非言也。③

梁氏的感慨，寄寓深意，令人深省。

---

① 参见傅国涌，《百年转型中的公民教育：以商务印书馆的公民教科书为例》。

② 参较朱谦之，《新伦理》，《朱谦之文集》第二卷，页187—188。

③ 梁启超，《新民说》，第一八节“论私德”，页131。

收入《从理学到伦理学：清末民初道德意识的转化》（台北：允晨文化实业股份有限公司，2013；北京：中华书局，2014）；又收入《思想的芦苇》（上海：上海人民出版社，2017）。

“书中有书”

——《从理学到伦理学》后记

我习惯把某一时段的研究，不分议题结集成册一起刊行，例如之前的拙作《优入圣域》和《圣贤与圣徒》。我这种“坏”习惯，曾经有人善意告诫过，但一时难以戒掉，又成为老毛病的惯犯，盖积重难返矣。

《从理学到伦理学》一书，跨越了2006年至2013年的研究成果，而内容则大致可以分成上、下两部分：前一部分拟探讨“清末民初道德意识的转化”，乃是主题鲜明，首尾该贯的独立书稿；后一部分则侧重反思“儒教的现代命运”，原则上系延续之前探索孔庙文化的研究。是故，本书便呈现出“书中有书”的奇特现象。

个人想要探讨“清末民初道德意识的转化”，起心发愿约有二十年之久。之所以迟迟未能动笔，主要是那些年来内心仍然盘踞着“孔庙文化”的议题，一时无法一心两用，只有等到完成阶段性的孔庙研究，方才能启动新的课题。

二十多年前，我开始探讨孔庙的议题，从重建孔庙祭祀制度着手，爬梳基本资料，逐步重建历史上孔庙祭祀制度的轮廓，并聚焦孔家、士人和统治者之间的互动。之后，便开始思考“儒家或儒教究否为宗教”的问题，此一争论乃是清末以来知识分子激辩的焦点。百年来“公说公有理，婆说婆有理”，正、反双方各执一词，遂莫衷一是。为了解开百年来的谜团，我仔细剖析双方的论证，遂发觉两者皆援取“经义”研究的途径，盖中华经典浩瀚如海，各取所需，证成己说，故谁也说服不了谁。我则受到受西哲维根斯坦（Ludwig Wittgenstein，1889—1951）“家族性相似”（family resemblance）概念的启发，放弃执一不变“定义式”的取径（definitional approach），以孔庙作为儒教圣域，从实际历史发展的过程，揭发孔庙的原貌，确定儒教在传统社会乃是国家宗教，盖无疑义。所以“儒家或儒教为宗教”基本上乃是历史的问题，并非纯哲学或概念的析论所能解决。

倘若上述我的探究可取的话，犹有一疑团待解。迥异于帝制时代，为何今日绝大多数的华人并不觉得“儒家或儒教为一宗教”，推其原因大致有二：首先，儒教在帝制时代所扮演的官方公共宗教的角色，与近人私人宗教式的信仰形态格格不入。是故，民初以来，民众变得颇为隔阂。其次则涉及清末民初以降儒教的“除魅运动”（disenchantment）。简言之，儒教去宗教化，变成智识性的儒学，乃是近代思潮与教育携手合作的产物。已故的哲学史家陈荣捷（1901—1994）在1953年回顾近代中国的宗教趋势，见证道，“迄今日，中国人几乎毫无异辞地否定儒教（Confucianism）为宗教”①，实乃有鉴于此一流变。

在附录的两篇访问稿：《克里欧的学徒》和《把握儒教的历史真实不能仅仅从经典出发》则是借着访谈厘清上述的事

① Wing-tsit Chan, *Religious Trends in Modern China* (New York: Columbia University Press, 1953), p. 16.

实。尤其在稍后2014年所刊行的“皇帝、儒生与孔庙”的讲稿①，我又进一步阐述过去的研究因为缺乏比较与人类学的面相，致使儒教的宗教性格郁闷不发。这一连串的讲演所引起的回响，令我深深见证希腊哲人柏拉图（Plato）何以视“言说”（speech）优于“文字”（writing），确有见地；盖临场的演说、与听众即席的对答，在在透显当下生动的实在感，这是单凭书写文字难以捕捉到的。②

又，近年来，“现代化”（modernization）和“俗世化”（secularization）跃为宗教社会学的热门话题，西方的名家大儒不乏侧身此一论辩。根据旧有的理解，在近代西方文明，宗教与近代化乃是此消彼长的进程，而“现代化”和“宗教俗世化”则是携手并行、双头并进的。但晚近的研究则多所修正，其中的曲折和复杂的过程，远超过刻板的想象。社会学家诺利斯（Pippa Norris，*b*. 1953）和英格哈特（Ronald F. Inglehart，*b*. 1934）合著的《神圣和世俗》（*Sacred and Secular*：*Religion and Politics Worldwide*）③，以及哲学家泰勒（Charles Taylor，*b*.

---

① 黄进兴，《皇帝、儒生与孔庙》（北京：三联书店，2014）。这册讲演录是2012年9月参加复旦大学“光华人文杰出学者讲座”所发表的四篇演讲：第一讲“研究儒教的反思”，第二讲“皇帝、儒生与孔庙”，第三讲“‘圣贤’与‘圣徒’：孔庙的宗教性格”，第四讲“清末民初儒教的‘去宗教化’：兼论今日孔庙的困境”。

② 这两篇访问稿仅收入“台北允晨版”第431—455页，而为“北京中华版”所无。

③ Pippa Norris and Ronald Inglehart, *Sacred and Secular*: *Religion and Politics Worldwide* (Cambridge: Cambridge University Press; first edition, 2004; second enlarged edition, 2011).

1931）的《俗世的世纪》（*A Secular Age*, 2007），均是这方面的扛鼎之作，①但其析论究竟只限于西方的历史经验，若跳出欧洲的世界，异地异文化可能另有一番不同的景象。举其例：若文明古国的中国，儒教便有所歧出。拙文《论儒教的俗世性格》盖为此而发，因为自古迄今，儒教与生俱来的俗世性并不全然符合欧洲从神圣至世俗的近代化轨迹。这与西方社会学家揣测"俗世化理论"并不适用解释中国的儒教，恰不谋而合。②

最终，回到拙作的主轴："书中有书"——《从理学到伦理学》。

拙作旨在探索世纪之际中国道德意识的转化，而非一部近世伦理学史。其缘起，盖因年轻时负笈西方，有了置身他乡的机缘，而接触异文化不免令人别有感发。该时，心里常萦绕一个疑问，那就是作为一个当代的华人，其文化心理是距离三百年前的中国人较远，还是与现代的西方文化较隔阂。③虽然这个问题乃纯粹出于好奇心，但日久挥之不去，渐次发酵，竟有

---

① Charles Taylor, *A Secular Age* (Cambridge, Mass.: Belknap Press of Harvard University Press, 2007).

② cf. José Casanova, "Rethinking Secularization: A Global Comparative Perspective", *The Hedgehog Review* (Spring & Summer 2006): 7-22. 拙文《论儒教的俗世性格：从李绂的〈原教〉谈起》仅收入"北京中华版"第312—340页，而为"台北允晨版"所无。

③ 有趣的是，从另一端思考，竟也有西方学者认为：在文化心理上，比起当代西方人，西方的古人可能觉得与东方古人较接近。cf. Pierre Hadot, *What is Ancient Philosophy?* Trans. Michael Chase (Cambridge, Mass.: Harvard University Press, 2004), p. 279.

斯文之作。

中国面对“两千年来未有之变局”，传统文化定然起了极大的变化。在物质方面，衣食住行显而易见，不言而喻；但论到精神层面，则大费周章，难以说清楚、讲明白。拙作特意选择“道德意识”作为分析的焦点，盼能略窥一二。简言之，19世纪末叶至20世纪初叶恰是中国由传统迈向现代的分水岭，揆诸道德思维，即是“理学”到“伦理学”的递嬗。

众所周知，“理学”盛行于宋明，系成圣希贤的成德之学；即便下抵有清一朝，虽有起伏变异，尚称流风不辍。“伦理学”一词则系外来语，其意涵有二：其一代表崭新的探究道德的方式，另一则标榜受西学冲击之下所产生的新道德观。傅斯年（1896—1950）指称“（宋学）整天说德，却不能创个有系统的伦理学”①，便是反映新世代的学风；而梁启超（1873—1929）的《新民说》首开新道德的风气，预铸了往后中国伦理思维发展的轨迹，乃具有划时代的意涵。

方法上，拙文所铺陈思想的课题，均是为特殊脉络所设计的对比背景，美其名则是“理念形态”（ideal type）的手法；期能兼顾历史时段的变化与类型学的比较，所以对理学的形成与其近代之前的处境，必须有所交代；然后，再整理出理学家的道德观，作为尔后比较的基型。简之，理学之所以成为宋明的显学，绝非偶然；它经历了宋、明、清不同阶段的严厉考验，即使蒙受政治的压抑，依旧能与时俱进、历久弥新。此一发荣滋长的趋势，直迄清末中国遭遇两千年未有之变局，方才

---

① 傅斯年，《清代学术的门径书几种》，傅孟真先生遗著编辑委员会编，《傅斯年全集》（台北：联经出版公司，1980），第四册，页407。

顿挫。取而代之的则是新世代的伦理学。

新世代伦理观的特征是什么？拙作与其从近代中国道德文本梳理出个别具体德目的变化，毋乃采取较似“后设伦理”（meta-ethics）的角度，过滤出新道德的三项特质：一项为“形式”，两项归诸“实质”的概念，全都影响了“新伦理”的诞生。形式上，便是“道德系有意识的向善”；实质上，则是“祛除形上学的伦理观”和“迈向以‘权利’为基底的伦理思想”。

首先，新伦理主张“道德系有意识的向善”，并不难理解。按，传统儒学（尤其是宋明理学的道德修为）讲究的是无意识的造作，也就是宋儒张载（1020—1077）所推崇的“无意为善，性之也，由之也”①。清儒李光地（1624—1718）亦说：“有心为善，虽善亦私。”②但进入民国，新世代流行的新伦理与固有道德，显然有所区别。无论新伦理的内容为何，“意识”与“自觉”成为新伦理的先决形式。

其次，“祛除形上学的伦理观”乃清末民初中、西学风之共相。20 世纪初期，无论中、西方的形上学，均有土崩瓦解的趋势。欧美逻辑经验论（logical empiricism 或 logical positivism）的崛起，和民初的“科学”与“玄学”之争，便是此一论辩

① 张载，《张载集》（台北：里仁书局，1981），《正蒙·中正篇第八》，页 28。

② 李光地，《榕村集》（收入《景印文渊阁四库全书》［台北：台湾商务印书馆，1983］，第一三二四册），卷一七，页 26 上。

的表征。①重新构作的新伦理，难免顺应此一趋势。

末了，“‘权利’为导向的伦理思想”更是将固有道德偷梁换柱，图以崭新的面貌见世。按近代西方伦理以“权利”（rights）为核心价值，而儒家伦理则是以“责任”（duties）、“义务”（obligation）为归属，二者显有区别，此乃不争之事实。然而，以权利原则所构作的新伦理，其底蕴系以“自利”为基底，对传统中国文化自是相当的隔阂。

“权利”概念之深植人心，若容笔者就近取喻，则可以家母为例。十年前，年届耄耋之龄的家母，久为疾病所苦，医生嘱咐必须按时服药。但家母一向排拒药物，有番家人强迫她老人家吃药，她突然冒出：“我也有人权，不接受强迫！”此话一出，顿时让大家瞠目结舌。要知家母知识水平不高，平日温柔婉约、慈颜悦色，突然暴怒，脱言“人权”两字，令人不胜骇异，必得重估“权利”意识渗透至一般百姓的密度。我的分析恰与一位美国华裔人类学家阎云翔（*b.* 1954）的论点相契。他长期观察当今大陆的道德转型时，总结说：

> 我个人以为，从“集体主义责任伦理”向“个体主义

---

① 举其例：Rudolf Carnap，“The Elimination of Metaphysics through Logical Analysis of Language”，in A. J. Ayer，*Logical Positivism*，（New York：The Free Press，1959），pp. 60－81；A. J. Ayer，“Demonstration of the Impossibility of Metaphysics”，in *Mind：A Quarterly Review of Philosophy* 43. 171（July 1934）：335－345；A. J. Ayer，*Language*，*Truth and Logic*（Middlesex，England：Penguin Book，1971），chapter 6：“Critique of Ethics and Theology”。在中国则有丁文江、张君劢等著，汪孟邹编，《科学与人生观：科学与玄学论战集》（台北：问学出版社，影印上海亚东图书馆1923年版，1977）。

权利伦理”的转型这样一个学术视角，能够帮助我们有效地理解当代中国的道德世界。①

他的观察实得我心之同然。

最后必须提示的是，拙作仅及清末民初道德意识的变化，尚不及道德行为的层次；攸关后者，亟须大规模且系统性的经验检证，绝非拙作可以负担。容或以梁启超在《新民说》的一段话，来彰显言、行之间的区别。梁氏说道：

今欲以一新道德易国民，必非徒以区区泰西之学说所能为力也。即尽读梭格拉底、柏拉图、康德、黑智儿之书，谓其有“新道德学”也则可，谓其有“新道德”也则不可。何也？道德者，行也，而非言也。②

梁氏的感慨，恰似暮鼓晨钟，发人深省。尤值得未来思虑新伦理者，再三致意。

刊于《人文与社会科学简讯》第16卷第4期（台北：“科技部人文及社会科学研究发展司”，2015年9月）。

---

① 郑诗亮，《阎云翔谈当代中国的道德转型》（访问稿），《东方早报》（上海）2015年7月19日，“上海书评”第一篇。

② 梁启超，《新民说》（收入《饮冰室合集·专集》［上海：中华书局，1936］，第三册，“专集之四”），第一八节“论私德”，页131。

象征的扩张
——孔庙祀典与帝国礼制①

孔子之道，垂宪万世。有国家者，所当崇奉。

——元成宗②

孔子之道，垂范古今。朕愿学之志，时切于怀。

——清圣祖③

---

① 拙文写作过程中，曾受到刘增贵教授、石守谦教授和朱溢博士的赐教，谨此致谢。

② 元·佚名著，王颋点校，《庙学典礼》（杭州：浙江古籍出版社，1986），卷四，页85。

③ 清圣祖，《御制重修阙里孔子庙碑》，骆承烈汇编，《石头上的儒家文献：曲阜碑文录》（济南：齐鲁书社，2001），下册，页795。编者误系该碑为康熙二十二年（1683，癸亥）二月，实误。碑中已提到康熙三十年（1691，辛未）、三十一年（1692，壬申）修缮之事，断不可能为二十二年。复查康熙三十二年（1693，癸酉）十月丙子日之圣祖实录，载有庙碑全文，故此碑当立于康熙三十二年（1693）；参见马齐、张廷玉等奉敕修，《大清圣祖仁（康熙）皇帝实录》（台北：新文丰出版公司，1978），卷一六〇，页17下—19下。拙文《权力与信仰：孔庙祭祀制度的形成》前将此碑误系为清世宗，于此一并订正；收入拙著《优入圣域：权力、信仰与正当性》（台北：允晨文化公司，2004；北京：中华书局，2010），允晨版页167及页168注16，中华版页143及该页注3。

上述两段引言，特意取自异族之君；无论系个人的倾慕之辞，或着眼治理的方便，均可彰显孔子之教与治国密不可分。职是，亘古以来，孔庙祭典即镶嵌在中华帝国的礼制之中，并且变成帝国运作的要件，自可理解。拙文则旨在探讨孔庙祭典如何变成帝国礼制的元素及其所扮演的角色。

孔子庙，简称孔庙，顾名思义，为祭祀儒学宗师孔子所设。原先只是家庙或祠堂的性质，但在后世则蜕化成官庙而具有强烈的公共性格。惟有在后一阶段，孔庙祭典方与帝国礼制产生关联。

一、从家庙到官庙

为了方便与后世官庙化的孔庙比对，让我们先行简略考察孔庙原初家庙的状况。根据《左传》所述，鲁哀公十六年（前479），夏四月己丑，孔子卒，哀公为之诔，以“尼父”称之，却遭到子贡“生不能用，死又诔之”的“非礼”之议。①至于孔子立庙，《左传》记述简要，对孔子身后并无着墨。但千载之后，孔家后裔在南宋所编的《东家杂记》，或于金代所撰的《孔氏祖庭广记》却径言“鲁哀公十七年，立庙于旧宅，守陵

① 洪亮吉，《春秋左传诂》（北京：中华书局，1987），卷二〇，页882—883。

庙百户”，衡诸史实，该说颇可存疑。①

按，孔子殁世为弟子所葬，盖孔子生鲤（伯鱼），年五十（哀公十二年［前483］），先孔子而逝，其孙孔伋（子思）尚属年幼。②职是之故，清初孔继汾（1721—1786）虽为孔子六十九代孙，远较晚出，却能独排众议，其记述反为信实。他说：

> 先圣之没也，弟子葬于鲁城北泗上。既葬，后世子孙即所居之堂为庙，世世祀之。然茔不过百亩，封不过三版，祠宇不过三间。③

因此孔子为弟子所葬，而庙堂则为后世子孙所立，以祭祀孔子，不无道理。距离孔子逝世三百余年的司马迁（前145—前

---

① 孔传，《东家杂记》（收入《景印文渊阁四库全书》［台北：台湾商务印书馆，1983］，第四四六册），卷上，页6下。此说颇为流行，值得检讨。例如：南宋魏了翁（1178—1237）在《泸州重修学记》即接受此一说法；另外，金代孔元措（1048—1125）在《孔氏祖庭广记》亦沿袭上述之说。参见魏了翁，《鹤山集》（收入《景印文渊阁四库全书》第一一七二至一一七三册），卷四五，页8下；又孔元措，《孔氏祖庭广记》（收入《丛书集成初编》［上海：商务印书馆，1936］，第三三一六册，据琳琅秘室丛书本排印），卷三，“鲁哀公十七年”条，页21。详论则请参见拙文《权力与信仰》，《优入圣域》，允晨版页168—171，中华版页143—146。

② 司马迁，《史记》（北京：中华书局，1982），卷四七，页1946。胡仔，《孔子编年》（收入《景印文渊阁四库全书》第四四六册），卷三，页19下。

③ 孔继汾，《阙里文献考》（收入《儒藏》［成都：四川大学出版社，2005］，史部第二册·孔孟史志二，据清乾隆二十七年刻本影印），卷一一，页1上（474上）。

89?）曾经历鲁，亲眼目睹仲尼庙堂车服礼器，他对孔子身后事有番记载。他写道：

> 孔子葬鲁城北泗上。……弟子及鲁人往从冢而家者百有余室，因命曰“孔里”。鲁世世相传以岁时奉祠孔子冢，而诸儒亦讲礼乡饮大射于孔子冢。孔子冢大一顷。故所居堂弟子内，后世因庙藏孔子衣冠琴车书，至于汉二百余年不绝。①

据此，可以获悉瞻仰孔子之处有二：一为“孔子冢”，一为“孔子故宅”。但“冢”不可复制移植，真正影响后世的乃是立于孔子故宅的“庙”。值得注意的是，该时所谓的“庙”应是“家庙”，或后世所称“祠堂”之属，与今之“孔庙”性质迥异。

司马迁另有番陈述，涉及孔子祭礼，必得一提。他记述道：“（汉）高皇帝过鲁，以太牢祠焉。诸侯卿相至，常先谒然后从政。”②析言之，迄秦汉之际，孔门声势定然不容忽视，否则素以贱儒见称的高祖，③必不至于过鲁，以“太牢”重祀孔子。于此之前，生当战国末季的韩非就说：“世之显学，儒、墨也。儒之所至，孔丘也。”④《吕氏春秋》亦记载道：“（孔、墨）皆死久矣。从属弥众，弟子弥丰，充满天下。”又云：“王

---

① 司马迁，《史记》卷四七，页1945。

② 司马迁，《史记》卷四七，页1945—1946。

③ 《史记》卷九七中即记载：“沛公（刘邦）不好儒，诸客冠儒冠来者，沛公辄解其冠，溲溺其中。与人言，常大骂。未可以儒生说也。”（页2692）

④ 韩非著，陈奇猷校注，《韩非子集释》（台北：河洛图书出版社，1974），卷一九，页1080。

公大人从而显之，有爱子弟者随而学焉，无时乏绝。”①毋怪秦始皇坑杀诸生时，长子扶苏以“诸生皆诵法孔子，今上皆重法绳之，臣恐天下不安”谏之。②可见孔子后学不可胜数，高祖初定天下，必不致看轻此股力量。至于他过鲁之后，“诸侯卿相至，常先谒然后从政”，则只能说是上行下效之情，无足为奇。但之后却形成施政之初，地方祭孔的先行惯例。

驯至汉代，由于获得朝廷的支持，孔庙祭典进行一连串的改造，由家庙蜕化为官庙。首先，孔子奉祀后裔取得官方袭封的地位。在秦之前，鲁人岁时奉祀孔子，其主鬯之人、圭田之制弗可得考。迄汉高祖过鲁，封孔子九代孙孔腾为“奉嗣君”，立下孔家奉祀后裔领有官方身份的先例。元帝时，复有封户；平帝时，又有国邑。自是孔子后裔世世封爵，尊贵与日俱增。③

---

① 吕不韦著，陈奇猷校注，《吕氏春秋校释》（台北：华正书局，1985），卷二，页96。

② 司马迁，《史记》卷六，页258。

③ 孔传，《东家杂记》卷上，页33下。孔贞丛，《阙里志》（明万历年间刊本，台北：“中央研究院”历史语言研究所藏，首有明弘治十八年李东阳序，明万历三十七年黄克缵序，孔贞丛撰新志纪因），卷二：九代孙孔腾，“汉高帝过鲁，封为奉嗣君，以奉孔子祀后。……按，封孔子后裔奉祀始此”（页19上）；十三代孙孔霸，元帝“赐爵关内侯，食邑八百户，号褒成君”（页19下）；十六代孙孔均，“平帝元始元年改封褒成侯，食邑二千户。……按，自汉高以来，虽以圣裔宠异之，犹未袭封也。至十三代孔霸封关内侯，传十四代福、十五代房俱嗣侯，虽袭封矣，犹称关内侯，是为尊帝师而封也。至平帝始改封，均为褒成侯，则专为奉先圣而封矣。自是封爵，世世不绝云”（页19下—20上）。

要之，孔子之所以获得汉代人君的祭祀，除了先前所述孔门在战国末期已形成颇大的声势，汉代的儒生尤推波助澜，将孔子化身为有汉一代的预言者与守护之神。西汉今文大儒董仲舒（前179—前104），力持“独尊儒术，罢黜百家”，以“有德无位”的“素王”尊称孔子；①这是先秦以降前所未有的称誉。董氏说：

> （孔子）西狩获麟，受命之符是也。然后托乎《春秋》正不正之间，而明改制之义。一统乎天子，而加忧于天下之忧也，务除天下所患，而欲以上通五帝、下极三王，以通百王之道。②

既然是“通百王之道”，就非为一家一姓所设。这种普遍意涵，为其门生司马迁所承继，司马氏于《太史公自序》说道：

> 仲尼悼礼废乐崩，追修经术，以达王道，匡乱世反之于正，见其文辞，为天下制仪法，垂“六蓺”之统纪于后世。③

但上述对孔子之道普遍的阐释与推衍，却为后起的谶纬所现实化、在地化，孔子遂变成专为汉廷制法张目了。④东汉王充（27—97？）的立论，即是一个绝佳的证言。他道：

> 夫五经亦汉家之所立，儒生善政大义皆出其中。董仲

---

① 班固，《汉书》（台北：鼎文书局，1987），卷五六，页2508—2522。

② 董仲舒，《春秋繁露》（台北：世界书局，1975），卷六，“符瑞第十六”，页126—127。

③ 司马迁，《史记》卷一三〇，页3310。

④ 请参见拙文《权力与信仰》，《优入圣域》，允晨版页184—195，中华版页157—165。

舒表《春秋》之义，稽合于律，无乖异者。然则《春秋》，汉之经；孔子制作，垂遗于汉。①

三幢立于东汉末年的孔庙碑文，在在透露了此些讯息。立于东汉桓帝永兴元年（153）的《孔庙置守庙百石孔龢碑》，为今存最古攸关孔庙的碑文，它即称颂：

孔子大圣，则象乾坤，为汉制作。②

稍后所立的《鲁相韩敕造孔庙礼器碑》（建于桓帝永寿二年［156］）另言道：

孔子近圣，为汉定道。自天王以下，至于初学，莫不思，叹仰师镜。③

孔子距汉数百年之遥，竟得未卜先知，为汉预定制法，未免神乎其神。又，该碑碑阴及两边碑侧所登录的捐资名单，从山东至河南、浙江地区，其地理分布之广，恰又反映各地官僚及士大夫对阙里孔庙预置礼器的支持热况，④足证孔子于其时备受拥戴。

立碑更迟的《鲁相史晨祠孔庙奏铭》（灵帝建宁二年

---

① 王充著，刘盼遂集解，《论衡集解》（台北：世界书局，1990），卷一二，页249。

② 洪适，《隶释》（北京：中华书局，据洪氏晦木斋刻本影印，1985），卷一，页15上—15下。

③ 洪适，《隶释》卷一，页18上。

④ 韩敕，《鲁相韩敕造孔庙礼器碑》，骆承烈，《石头上的儒家文献》上册，页19—26。

[169])①，除开重复上述之主题，谓“孔子乾坤所挺，西狩获麟，为汉制作”②；该碑且透露了一则孔子之祭的转折：原来，在此之前，京城的“辟雍礼”并未行祀“先圣师”；而孔庙的侍祠者仅孔子子孙，四时来祠，事已即去。故，前鲁相乙瑛特请置守庙“百石卒史”，因而在永兴元年（153）立下《孔庙置守庙百石孔龢碑》。③乙瑛所况完全符合历史实情，按东汉明帝于永平二年（59），虽令祀圣师周公、孔子，然仅行于郡、县、道的地方学校，“牲以犬”，祭祀等级尚低，并不及辟雍。④

之后十数年，孔子的后裔虽世享褒成之封，但仍是四时来

---

① 按，立于东汉灵帝建宁二年（169）的《鲁相史晨祠孔庙奏铭》，又名《鲁相史晨祀孔子奏疏》、《鲁相史晨祀孔子庙碑》、《史晨孔子庙碑》，此块碑石的阴、阳两面均有刻字，《奏铭》位于碑石的阳面。

② 洪适，《隶释》卷一，《鲁相史晨祠孔庙奏铭》，页25下。

③ 按，立于东汉桓帝永兴元年（153）的《孔庙置守庙百石孔龢碑》，又名《汉鲁相乙瑛请置孔庙百石卒史碑》、《孔庙置守庙百石卒史碑》、《孔庙置百石孔龢碑》、《孔庙百石卒史碑》、《乙瑛碑》等。

④ 范晔，《后汉书》（台北：鼎文书局，1983），卷一四，页3108。又，孔继汾（1721—1786）的《阙里文献考》据此条，谓东汉明帝永平二年（59）冬十月，令郡县道行乡饮酒礼于学校，皆祀周公、孔子，牲以犬，“此国学郡县祀孔子之始”云云，盖不确，既不符该时东汉碑文，亦为杜佑《通典》所不取。唐代的许敬宗更直言：“秦、汉释奠，无文可检。”秦蕙田的《五礼通考》亦表示仅及地方学校。参校孔继汾，《阙里文献考》卷一四，页484下；杜佑著，王文锦等点校，《通典》（北京：中华书局，1988），卷五三，页1472；刘昫等，《旧唐书》（台北：鼎文书局，1981），卷二四，页917，贞观二十一年（647）许敬宗等上奏条；秦蕙田著，卢文弨、姚鼐等校，《五礼通考》（桃园：圣环图书公司，据味经窝初刻试本影印，1994），卷一一七，页9上。

祭，毕即归国。而京师的辟雍，却缘“尊先师，重教化”之故，已开始择日祀孔子以太牢，长吏备爵，诚为孔子祭典的一大跃进。然而，孔子本国旧居，复礼之日却仍“阙而不祀”。鲁相史晨兹是奏请“依社稷，出王家谷，春秋行礼，以共烟祀，余（胙）赐先生、执事”①。依社稷之礼，意谓祭孔名目有可比附，盖系提升之举。另外，值得点出的是，史晨无意间觉察至该时辟雍祀孔礼重、阙里祀孔礼轻的窘境，令朝廷祭祀孔子的政治目的，呼之欲出。

此外，与《鲁相史晨祠孔庙奏铭》同块碑石的阴面，则刻有《史晨飨孔庙后碑》（灵帝建宁二年［169］）②，保存了鲁相史晨所举行的春飨礼，从中可以获悉该时祀孔的盛况：史晨以建宁元年（168）四月十一日到官，乃以令日，拜谒孔子。复因春飨，依社稷品制，述修辟雍礼，与会者包括各级地方官吏与孔家代表；其中守庙百石孔赞显为永兴元年（153）议立典守孔庙之职，秩禄虽仅止“百石”，但参与盛典者涵盖地方长官、国县员冗，吏无大小，并畔官文学先生、执事诸弟子，合九百七人，雅歌吹笙，奉爵称寿，相乐终日。而作为地方长官的鲁相“乃以令日，拜谒孔子”，无非遵循汉高祖所立的先例，显见孔庙已彻底地官庙化了。③

---

① 洪适，《隶释》卷一，《鲁相史晨祠孔庙奏铭》，页 25 下—26 上。

② 按，《史晨飨孔庙后碑》，又名《鲁相史晨飨孔庙碑》、《鲁相史晨祀孔庙碑》。

③ 洪适，《隶释》卷一，《史晨飨孔庙后碑》，页 27 下—28 上。

二、释奠礼的确立

虽说如此，至东汉末年，孔子之祭仍无法入列国家常祀祭典的范畴。《礼记》虽规范“凡始立学，必先释奠于先圣、先师，及行事，必以币”①；惟史书载：“汉世虽立学，斯礼无闻。”②析言之，后世国家常祀祭典所明定的“大祀”、“中祀”及“小祀”的等级礼制，③原是本诸先秦礼书《周礼》所谓“立大祀，用玉、帛、牲牷；立次祀，用牲、币；立小祀，用牲”。东汉的经师郑众（？—83）即注云：“大祀，天地。次祀，日月星辰。小祀，司命以下。”东汉末年的经解大儒郑玄（127—200）复指称：“大祀又有宗庙，次祀又有社稷、五祀、五岳，小祀又有司中、风师、雨师、山川、百物。”④要知二郑均举祭祀对象以代解，无异反映了汉代官方祭祀的情况，但无论“大祀”、“次祀”、“小祀”的名目等级，孔子之祭仍无缘

---

① 孙希旦著，沈啸寰、王星贤点校，《礼记集解》（北京：中华书局，1989），卷二〇，页560。

② 房玄龄等，《晋书》（台北：鼎文书局，1987），卷一九，页599。

③ 萧嵩等奉敕撰，《大唐开元礼》（收入《景印文渊阁四库全书》第六四六册），卷一：“凡国有大祀、中祀、小祀。”（页1上）

④ 出自《周礼》的《春官宗伯第三·肆师》。孙诒让著，王文锦、陈玉霞点校，《周礼正义》（北京：中华书局，1987），卷三七，页1465。

列入。①

惟见东汉光武帝幸鲁，使大司空祀孔子。②尤具意义的是，其继承者明帝曾幸孔子宅（阙里孔庙），祀仲尼及七十二弟子，亲御讲堂，命皇太子、诸王说经。③其子章帝东巡狩，过鲁，亦幸阙里，以太牢祀孔子及七十二弟子，作六代之乐，大会孔氏男子，命儒者讲《论语》。④此渐次形成成规，或开后世人君讲经毕，祀孔子的先例。下迄魏晋南北朝则频频出现舍远求近的情况，于宫廷讲经毕，皇帝或其代表（皇太子、太常）行“释奠礼”。举其例，《三国志》载有：

> （魏齐王正始）二年（241）春二月，帝初通《论语》，使太常以太牢祭孔子于辟雍，以颜渊配。……（正始五年［244］）五月癸巳，讲《尚书经》通，使太常以太牢祀孔子于辟雍，以颜渊配。……（正始七年［246］）冬十二月，讲《礼记》通，使太常以太牢祀孔子于辟雍，

---

① 虽说“大祀”、“次祀”、“小祀”的名目等级，在隋代礼制方告确立。参见高明士，《隋代的制礼作乐——隋代立国政策研究之二》，黄约瑟、刘健明编，《隋唐史论集》（香港：香港大学亚洲研究中心，1993），页19—20。

② 范晔，《后汉书》卷一上，页40。

③ 范晔，《后汉书》卷二，页118。明帝于永平十五年（72）三月临幸阙里孔庙。

④ 范晔，《后汉书》卷七九上，页2562。章帝于元和二年（85）春临幸阙里孔庙。其后，安帝于延光三年（124）亦曾祀孔子及七十二弟子于阙里，且规模有扩大的趋势，见同书卷五：“自鲁相、令、丞、尉，及孔氏亲属、妇女、诸生悉会，赐褒成侯以下帛各有差。”（页238）

以颜渊配。①

但《三国志》此段引言，转至唐人所修的《晋书》，则明白将行祀辟雍与“释奠礼”联结在一起。《晋书》如此说道：

魏齐王正始二年（241）二月，帝讲《论语》通；五年（244）五月，讲《尚书》通；七年（246）十二月，讲《礼记》通，并使太常释奠，以太牢祠孔子于辟雍，以颜回配。②

又说：

（西晋）武帝泰始七年（271），皇太子讲《孝经》通；咸宁三年（277），讲《诗》通；太康三年（282），讲《礼记》通。惠帝元康三年（293），皇太子讲《论语》通。（东晋）元帝太兴二年（319），皇太子讲《论语》通，太子并亲释奠，以太牢祠孔子，以颜回配。成帝咸康元年（335），帝讲《诗》通。穆帝升平元年（357）三月，帝讲《孝经》通。孝武宁康三年（375）七月，帝讲《孝经》通。并释奠如故事。③

---

① 陈寿，《三国志》（台北：鼎文书局，1983），卷四，页119—121。

② 房玄龄等，《晋书》卷一九，页599。

③ 房玄龄等，《晋书》卷一九，页599。更多的事例则见杜佑，《通典》卷五三，页1472—1474。另，余嘉锡曾以“晋辟雍碑”指证泰始年间非关释奠礼。请参校余嘉锡，《晋辟雍碑考证》，《余嘉锡论学杂著》（北京：中华书局，2007），页133—173。惟据东汉灵帝建宁二年（169）《鲁相史晨祠孔庙奏铭》，行辟雍礼时，已“祠孔子以太牢”，见洪适，《隶释》卷一，页26上。况且《三国志·魏书》载有齐王芳屡缘讲经通，使太常祀孔子于辟雍，见页220注②。故时人有言“汉旧立孔子庙，褒成侯岁时奉祠，辟雍行礼，必祭先师”之辞，见陈寿，《三国志》卷二四，页681。想该时行辟雍礼与释奠礼，应可融通。

“释奠如故事”不啻意谓祭孔已为成规。但上述的释奠礼均举行于京城的辟雍或太学，而非遥处阙里专祀孔子的“庙”。

然而，此段时期，祭孔有三件要事，值得大笔特书：其一，孔庙与学校密切的结合；其二，访求圣裔；末了，孔庙的外地化。

首先，探讨孔庙衍生的教育功能。黄初二年（221），魏文帝履位之初，“访求”孔氏后裔，得孔氏二十一代孙孔羡，拜议郎。魏文帝除了诏封孔羡为“宗圣侯”，复令鲁郡修起旧庙，置“百石吏卒”以资守卫，于其外又广为室屋以居学者；形成庙、学相倚的格局，这已初具后世“庙学制”的雏形。①继而，北齐文宣帝天保元年（550），下诏“郡学于坊内立孔颜庙”；②唐贞观四年（630），太宗进而下诏州、县学皆立孔庙，③使得“庙学制”由阙里孔庙“依庙立学”的先例，跃入地方普遍“依学立庙”的荣景。从此，孔庙与学校（不论中央或地方）环环相扣。

另外，必须一提的，在汉平帝王莽秉政时，祭孔大有进

---

① 陈寿，《三国志》卷二，页78。《三国志》记“置百户吏卒”，据《魏修孔子庙碑》改正为“置百石吏卒”，见洪适，《隶释》卷一九，页12下。洪适据碑文谓“黄初元年”，非“黄初二年”，不确。参较施蛰存，《水经注碑录》（天津：天津古籍出版社，1987），卷六，页260—261。又，清代朱彝尊（1629—1709）精于金石考证，则作“百石卒史”。见氏著，《曝书亭集》（台北：世界书局，1964），卷四七，页564。

② 潘相纂修，《曲阜县志》（台北：台湾学生书局，据清乾隆三十九年刊本影印，1968），卷二一，页11下。

③ 欧阳修、宋祁，《新唐书》（台北：鼎文书局，1981），卷一五，页373。

展。朝廷封孔子后裔孔均为“褒成侯”，专奉其祀；复追谥孔子为“褒成宣尼公”，甫开后世崇封孔子的先例。①及王莽败亡，孔裔失国。建武十三年（37），光武帝复封孔子后“褒成侯”，世世相传，直迄献帝初，缘汉代政权溃亡，遂国绝失传。②

然而，刘氏王朝在历史上固然一去不返，孔氏圣裔却必须仿佛千年火凤凰，得应时重现。承战乱之余，三国甫一统，魏文帝及后代人君所以必得汲汲于“访求圣裔”，其着眼点无非为了祭孔的正当性。因为，原先的孔庙系家庙的性质，由孔子后裔主祭乃理所当然之事；尔后，虽渐次蜕化为官方的公庙，但犹不脱血缘性格，因此阙里祖庙固需仰仗孔子圣裔主祭，日后人主于京师互相竞立孔庙，尤需孔子圣裔助祭；是故，维持万世一系的孔子嫡裔，实有其必要。③

其次，先是永嘉之乱，曲阜所属的豫州阖境没入胡人石勒手中。④阙里孔庙一时化为烟尘。太元十一年（386），东晋孝武帝诏封孔靖之为“奉圣亭侯”，奉宣尼祀，⑤并于南方京畿首

---

① 班固，《汉书》卷一二，页351。

② 范晔，《后汉书》卷七九上，页2563。另载建武十四年（38）光武帝复封孔子后为褒成侯，见同书，卷一上，页63。

③ 参见拙文《权力与信仰》，《优入圣域》，允晨版页195—198，中华版页165—168。

④ 房玄龄等，《晋书》卷一四，页442。其时，曲阜属鲁县，为豫州辖下。

⑤ 房玄龄等，《晋书》卷九，页235。

立宣尼庙，为专供祀孔之所，①自此开启南北王朝于都城竞立孔庙的风气，②譬如：南齐武帝于永明七年（489）兴学，立孔庙于京畿（建康）；同年（太和十三年［489］），北魏孝文帝亦于京师（平城）立孔庙，此可能为对应之举，却不意打破孔庙不出阙里的陈规，并且促成孔庙向外拓殖的契机。

但祭孔的礼仪，立成亟待解决的问题。譬如，孝武帝时，即为了祭孔的礼制举行过论辩，当时的礼学名臣“陆纳、车胤谓宣尼庙宜依亭侯之爵；范宁欲依周公之庙，用王者仪；范宣谓当其为师则不臣之，释奠日，备帝王礼乐”；等等。③惟从时人研议宣尼庙宜“依亭侯之爵”或“依古周公之庙，备王者仪”莫衷一是的情状度之，其时孔庙祀典仍混沌未明，尚待定位。④

事过境迁，逢南齐武帝永明三年（485）正月因诏下立学，复面临如何释奠先圣先师的情境。当时的尚书令王俭（452—489）回溯晋朝时的议礼，便以为“车（胤）、陆（纳）（论礼）失于过轻，二范（范宁、范宣）伤于太重”，又说：“中朝以来，释菜礼废，今之所行，释奠而已。金石俎豆，皆无明文。方之七庙则轻，比之五礼则重。”⑤这种摸索过程直至南齐永明三年（485）秋，因朝廷论定“皇朝屈尊弘教，待以师资，

---

① 许嵩，《建康实录》（北京：中华书局，1986），卷九，页283。《晋书》不载立宣尼庙。

② 萧子显，《南齐书》（台北：鼎文书局，1980），卷三，页56；魏收，《魏书》（台北：鼎文书局，1980），卷七下，页165。

③ 萧子显，《南齐书》卷九，页144。

④ 萧子显，《南齐书》卷九，页143—144。

⑤ 萧子显，《南齐书》卷九，页144。

引同上公，即事惟允”，依此，孔庙释奠礼“设轩县之乐，六佾之舞，牲牢器用，悉依上公”，方暂告段落。①

但孔庙祭典犹俟有唐一朝，方克底定规模。初起，孔子之祭尚需与周公之祭缠斗不休，致迭有胜负；而后，复需与后起的太公之祀相互较劲。

原先《礼记》云：“凡始立学者，必先释奠于先圣、先师。”东汉的经师郑玄谓：“先圣，周公若孔子。”②不意此却埋下后世释奠礼竞逐祀主的伏笔。唐初，释奠礼起伏不定，领享正位的对象屡有更动，导致周公、孔子互有更替，恰是反映此一错综情结。

武德二年（619），高祖令国子学立周公、孔子庙各一所，四时致祭。③细绎诏书所持祭祀周公的理据如下：

> 爰始姬旦，匡翊周邦，创设礼经，尤明典宪。启生人之耳目，穷法度之本源，化起“二南”，业隆八百，丰功茂德，冠于终古。④

高祖为开国君主，其祭周公似取后者创业之功，并溯治道之源。惟周公与孔子时称“二圣”，并无轩轾之意。⑤武德七年（624），高祖幸国子学，亲临释奠，以周公为先圣，孔子配。

---

① 萧子显，《南齐书》卷九，页144。南齐武帝永明三年（485），“其冬，皇太子讲《孝经》，亲临释奠，车驾幸听”。

② 孙希旦，《礼记集解》卷二〇，页560。唐时人解为“若周公、孔子也”，见王溥，《唐会要》（北京：中华书局，据上海商务印书馆1935年国学基本丛书本影印，1955），卷三五，页636。

③ 潘相，《曲阜县志》卷四，页7上。

④ 刘昫等，《旧唐书》卷一八九上，页4940。

⑤ 刘昫等，《旧唐书》卷一八九上，页4940。

复引道士、沙门有学业者，与博士杂相驳难，久之乃罢。①可见儒学于唐初仍未稳居朝廷主导意识地位，孔子一时屈居下风。

贞观二年（628），太宗反其道罢祀周公，升孔子为先圣，以颜回配。②盖取左仆射房玄龄（579—648）、博士朱子奢（？—641）之建言。他们二者道出：

> 武德中，诏释奠于太学，以周公为先圣，孔子配享。臣以周公、尼父俱称圣人，庠序置奠，本缘夫子。故晋、宋、梁、陈，及隋大业故事，皆以孔子为先圣，颜回为先师，历代所行，古人通允。③

此中的要点是：其一，释奠于学，本为孔子之故；其二，大业之前，皆孔子为先圣，颜回为先师。按诸史实，房、朱二氏所言不差。周公历史上固称“上圣”、“至圣”，实政治意涵居多，④故魏晋以降，释奠于学，皆以孔子为尊。故太宗诏从之，遂有以上之更动。贞观四年（630），太宗进而下诏州、县学皆

---

① 刘昫等，《旧唐书》卷二四，页916。

② 欧阳修、宋祁，《新唐书》卷一五，页373。

③ 王溥，《唐会要》卷三五，页635—636。

④ 周公称“圣”，意指居摄事迹居多。例如：班固，《汉书》卷七七称周公为“上圣”（页3262）。范晔，《后汉书》卷四〇上称“先圣”（页1330—1331）；卷二九称“至圣”（页1012）。房玄龄等，《晋书》卷四七称“圣人”（页1325）；卷九九称“大圣”（页2586）。沈约，《宋书》（台北：鼎文书局，1980），卷六八称“上圣”（页1796）。

作孔子庙。①这是官方由上至下推行孔庙祭祀最彻底的举动。

然而，高宗永徽中（650—655），又陡生波折，周公扳回一城复为“先圣”，孔子则降为“先师”。②按，孔庙祭祀，礼有等差，“配享”犹停正殿，“从祀”则退居两庑。汉魏以来，“圣”则非周（公）即孔（子），“师”则偏善一经；高下之分，昭然若判。依此，“永徽令”意在贬抑孔子，至为显然。后代的经师动辄将此一变动，归罪汉代的古文学家刘歆（前50？—23）。例如：清代的今文家廖平（1852—1932）说：

> （刘歆）牵引周公以敌孔子，古文家说以经皆出周公是也。后人习闻其说，遂以周公、孔子同祀学宫，一为先圣，一为先师，此其误也。③

皮锡瑞（1850—1908）亦云：

> 太史公谓：“言六蓺者折衷于孔子，可谓至圣。”……后汉以降，始有异议，不尽以经为孔子作。《易》则以为文王作《卦辞》，周公作《爻辞》；《春秋》则以《凡例》为出周公；《周礼》、《仪礼》皆以为周公手定。……唐时，乃尊周公为先圣，降孔子为先师。配享、从祀与汉韩

---

① 欧阳修、宋祁，《新唐书》卷一五：“武德二年，始诏国子学立周公、孔子庙……贞观二年，左仆射房玄龄、博士朱子奢建言：‘周公、尼父俱圣人，然释奠于学，以夫子也。大业以前，皆孔丘为先圣，颜回为先师。’乃罢周公，升孔子为先圣，以颜回配。四年，诏州、县学皆作孔子庙。”（页373）

② 欧阳修、宋祁，《新唐书》卷一五，页374。

③ 廖平，《古学考》（台北：台湾开明书店，1969），页30。

敉、史晨诸碑所言大异。①

所幸，显庆二年（657），太尉长孙无忌（594—659）、礼部尚书许敬宗（592—672）等挺而进言，指出永徽与贞观之制有所违异。②

长孙无忌、许敬宗所力争的，即是“改令（永徽）从诏（贞观）”。他们以“进”孔子，“出”周公的策略，达成厘清文庙祭统性质的目标。他们辩称：“成王幼年，周公践极，制礼作乐，功比帝王，所以禹、汤、文、武、成王、周公为六君子。”③是故，论其鸿业，周公合同王者祀。长孙氏对周公绩业的陈述，清楚地反映了儒者对“治”、“道”之分疏。

盖汉明帝时，虽有周公、孔子并为“圣师”之祀，而三国以下，唐之前，则文庙祀统独不见“先圣”周公踪影。④显庆二年（657），长孙氏的建言终获得人君的首肯。于是孔子复升

---

① 皮锡瑞，《经学通论》（收入《续修四库全书》［上海：上海古籍出版社，1995］，第一八〇册，据清光绪三十三年思贤书局刻本影印），“自序”，页1上—1下。

② 《旧唐书》、《通典》以礼部尚书许敬宗领名，《新唐书》、《唐会要》则以太尉长孙无忌领名。参见刘昫等，《旧唐书》卷二四，页918；杜佑，《通典》卷五三，页1481；欧阳修、宋祁，《新唐书》卷一五，页374；王溥，《唐会要》卷三五，页636。

③ 王溥，《唐会要》卷三五，页636。

④ 魏晋南北朝中的北周太祖素以“黜魏晋之制度，复姬旦之茂典”为标榜，其后代子孙亦以提升孔庙为己任，遑论他人。参见令狐德棻等，《周书》（台北：鼎文书局，1980），卷七，页123；卷四五，页806。

"先圣"，周公乃依别礼，归王者之统，配享武王。①治统、道统泾渭分明，周公不纳入道统祭祀，成为共识。至此，孔子稳居文庙享主之首的地位，明列国家祀典之中，未曾动摇。

魏晋南北朝之际，朝廷时有措意释奠礼，但执行上时断时续。直迄北齐，则"新立学，必释奠礼先圣先师；每岁春秋二仲，常行其礼"②；郡学则于坊内立孔、颜庙。此制为隋朝所承继，惟增为四时行祀。③孔庙间亦溢出释奠仪的名目，例如：北齐时，国家每逢水旱疠疫有事，必祈祷者有九处，孔、颜庙亦在中。④但在后代则罕有是举，或是祭祀功能分化所致。无论如何，祭孔迄隋代仍未进入"三祀"的常秩范围。⑤直俟唐初，孔子之祭方有改观，堂堂纳入国家"三祀"的等级制度。⑥

---

① 王溥，《唐会要》卷三五："今请改令从诏，于义为允。其周公仍依别礼配享武王。从之。"（页637）

② 魏征等，《隋书》（台北：鼎文书局，1980），卷九，页180—181。

③ 魏征等，《隋书》卷九，页181—182。

④ 魏征等，《隋书》卷七："后齐……祈祷者有九焉：一曰雩，二曰南郊，三曰尧庙，四曰孔、颜庙，五曰社稷，六曰五岳，七曰四渎，八曰滏口，九曰豹祠。水旱疠疫，皆有事焉。"（页127）又参阅雷闻，《郊庙之外：隋唐国家祭祀与宗教》（北京：三联书店，2009），页68—74。

⑤ 参较魏征等，《隋书》卷六，页117。

⑥ 参阅金子修一，《唐代の大祀・中祀・小祀について》，《高知大学学术研究报告（人文社会学编）》25．2（1976）：13—19。朱溢，《唐至北宋时期的大祀、中祀和小祀》，《清华学报》（新竹）新39．2（2009）：287—324。高明士对金子氏论文之若干内容，有不同的意见。参阅高明士，《中国传统政治与教育》（台北：文津出版社，2003），页248—251。

唐玄宗时，官修的《唐六典》明列国家祀典有四：一曰祀天神，二曰祭地祇，三曰享人鬼，四曰释奠于先圣、先师。①末项的“释奠”礼，细分则包括孔宣父与齐太公之祀；此在《唐六典》、《大唐开元礼》的礼仪阶序上皆并列“中祀”，州县释奠则列“小祀”；形式上虽无差异，实质上颇有先后、轻重之别。②

考诸史籍，古并无恒祭太公之文，贞观中，始于磻溪置祠。③玄宗开元十九年（731），令两京与天下诸州各置“太公尚父庙”，以汉留侯张良配飨。④从此释奠礼兼及齐太公。初时，象征武人之神的“太公庙”，以仿效代表文庙的孔庙为主。例如：开元二十七年（739），孔子追谥为“文宣王”；肃宗上元元年（760），随追赠太公望为“武成王”，飨祭之典，一同

① 李林甫等，《唐六典》（北京：中华书局，1992），卷四，页120。王泾的《大唐郊祀录》撰于孔宣父、齐太公追谥为“王”之后，因此其称呼略有微异。王氏曰：“凡祭祀之礼，天神曰祀，地祇曰祭，人鬼曰享，文宣王、武成王曰释奠。”见王泾，《大唐郊祀录》（收入《百部丛书集成·指海丛书第七函》[台北：艺文印书馆，1966]，据清道光钱熙祚校刊、子培让培杰续刊本影印），卷一，页2上—2下。

② 李林甫等，《唐六典》卷四，页120。其曰：“凡祭祀之名有四……其差有三：若昊天上帝、五方帝、皇地祇、神州、宗庙为大祀，日、月、星、辰、社稷、先代帝王、岳、镇、海、渎、帝社、先蚕、孔宣父、齐太公、诸太子庙为中祀，司中、司命、风师、雨师、众星、山林、川泽、五龙祠等及州县社稷、释奠为小祀。”另见萧嵩等，《大唐开元礼》卷一，页1上—1下。

③ 王泾，《大唐郊祀录》卷一〇，页14上。

④ 刘昫等，《旧唐书》卷八，页196—197。

“文宣王”。① “太公庙” 又仿照孔庙从祀制，以张良为 “亚圣”，复选历代良将为 “十哲”。一时文、武两庙亦步亦趋，无分轩轾。

然唐初以下，士人文化兴起，包括科举制度的落实，终使得孔子庙凌驾太公庙。②其间太公庙虽偶因兵革之兴，受到重视，但难挽大势所趋。③其实，肃宗时代此一差别已见端倪：肃宗一度因岁旱罢中、小祀，太公庙遂不祭，而文宣之祭，至仲秋犹祀之于太学。④其轻重之分，判然有别。在祭祀范围，诚如韩愈（768—824）所云“自天子至郡邑守长通得祀而遍天下者，唯社稷与孔子为然”⑤，反之，“太公庙”非天下通祀，主祭者至高仅为上将军；然而祭孔者可上抵天子至尊，其祭祀范围域内无远弗届，绝非太公祭祀可比。唐德宗贞元四年（788）兵部侍郎李纾以“武成王庙”（即前“太公庙”）崇敬过礼，上疏朝廷祈求改正，其中有段奏辞最能代表士人意识。李氏言道：

> 文宣垂训，百代宗师，五常三纲，非其训不明，有国有家，非其制不立，故孟轲称，有生人以来，一人而已。由是正素王之法，加先圣之名，乐用宫悬，献差太尉，尊

---

① 杜佑，《通典》卷五三，页1484。

② 可略参较金诤，《科举制度与中国文化》（上海：上海人民出版社，1990）。

③ 欧阳修、宋祁，《新唐书》卷一五，页380。

④ 欧阳修、宋祁，《新唐书》卷一五，页376—377。

⑤ 韩愈著，马其昶校注，《韩昌黎文集校注》（台北：华正书局，1975），卷七，页283。

师崇道，雅合正经。且太公述作，止于《六韬》，勋业形于一代，岂可拟其盛德，均其殊礼哉！①

当时朝臣泰半附和李氏之见，激进者甚而主张去“武成”追封及王位。时因兵兴，仅依李纾之请。②但李氏之议事实上预示了“武成王庙”难以挽回的命运；洪武二十年（1387）明太祖终究以吕尚人臣“称王不当”，废“武成王庙”祭祀。③至此，“释奠”礼复回归为一。

三、人君与孔庙祭典

总之，有唐一代底定了祀孔的格局，无论配享、从祀均臻完备，在国家祭典里备位“中祀”，复为统治集团所独厚，得通祀天下。此后，祭孔均在此一轨道运作无碍，且有步步高升的态势。在南宋一度曾晋升“大祀”（1140），④西夏且尊孔子

---

① 杜佑，《通典》卷五三，页1484。

② 此一论争各方文字，收入王泾，《大唐郊祀录》卷一〇，页17上—23下。

③ 董伦、李景隆、姚广孝等修纂，《明太祖实录》（收入黄彰健校勘，《明实录》[台北：“中央研究院”历史语言研究所，1966]），卷一八三，页3上。详细讨论见拙文《武庙的崛起与衰微（七迄十四世纪）：一个政治文化的考察》，拙著，《圣贤与圣徒：历史与宗教论文集》（台北：允晨文化公司，2001），页181—227。

④ 脱脱等，《宋史》（台北：鼎文书局，1978），卷二九，页546。南宋高宗绍兴十年（1140），以释奠文宣王为大祀。宁宗庆元元年（1195），又降为中祀。另见孔继汾，《阙里文献考》卷一四，页491上。

为“文宣帝”（1146）。①由于世代迫近，或有朝代竞逐之势。前此，北宋神宗熙宁七年（1074），判国子监常秩等请追尊孔子以帝号，下两制礼官详定，以为非是而止。②徽宗崇宁三年（1104），诏辟雍文宣王殿以“大成”为名，并增文宣王冕十有二旒，③此为宣圣用天子冕旒之始。④大致而言，迄元代为止，孔庙间逢战乱，容有停祀或破坏，祭祀礼仪却是日增月益，尊崇有加。即使在异族王朝亦少有例外，譬如大定十四年（1174），金世宗加宣圣像冠十二旒、服十二章。⑤元武宗即位（1307），加封“至圣文宣王”为“大成至圣文宣王”。

可是，孔庙祭典也非全然一帆风顺，每逢烽火连天，孔庙即遭大厄。首先是庙学制的变化。宋承五代兵燹之乱，唐以来“庙、学相倚”的格局，学校遭到极大的破坏，但“庙”由于释奠之礼，着以令，故常得保存。如欧阳修（1007—1072）

---

① 惟止行于西夏。西夏仁宗人庆三年（1146，南宋高宗绍兴十六年），尊孔子为文宣帝。脱脱等，《宋史》卷四八六，页14024—14025。

② 脱脱等，《宋史》卷一〇五，页2548。

③ 脱脱等，《宋史》卷一〇五，页2549—2550。惟宋末孔传所记孔子始服王者之冕为大观元年（1107），见孔传，《东家杂记》卷上，页28下。又，金朝孔元措的《孔氏祖庭广记》则作崇宁四年（1105），且误记始服王者之“服”。盖孔子之服仅九章，盖“公服”，非“王服”也。因此金大定年间方有加“十二章”之举。孔元措之见，见《孔氏祖庭广记》卷三，“崇宁四年八月”条，页28。

④ 孔传，《东家杂记》卷上，页28下。

⑤ 不著撰人，《大金集礼》（收入《景印文渊阁四库全书》第六四八册），卷三六，页2上—2下。

所云：

> 隋唐之际，天下州县皆立学，置学官生员。而释奠之礼遂以着令，其后州县学废，而释奠之礼，吏以其着令，故得不废。学废矣，无所从祭，则皆庙而祭之。①

是故，王安石（1021—1086）在其《繁昌县学记》遂也有以下的观察："事先师先圣于学而无庙，古也。近世之法，庙事孔子而无学。"② 王氏所谓的"古"，便是指汉迄南北朝；"近世"则指战乱频仍的五代迄宋初，该时致有废学为庙，以祀孔子的窘境。③直如马端临（1254—1323）所述：

> 自唐以来，州县莫不有学，则凡学莫不有先圣之庙矣。……盖衰乱之后，荒陋之邦，往往庠序颓圮，教养废弛，而文庙独存。④

---

① 欧阳修，《襄州谷城县夫子庙记》，《居士集》（收入《欧阳修全集》[台北：华正书局，1975]，上册），页108。

② 王安石，《繁昌县学记》，《临川先生文集》（台北：华正书局，1975），卷八二，页863。

③ 王安石，《慈溪县学记》，《临川先生文集》卷八三，页870。又袁征，《从孔庙制度看宋代儒学的变化》，邓广铭、王云海等主编，《宋史研究论文集》（开封：河南大学出版社，1993），页490—509。庆历前后，"庙记"与"学记"文类的交替，是个有趣的观察。

④ 马端临，《文献通考》（北京：中华书局，据上海商务印书馆1936年万有文库十通本影印，1986），卷四三，考四一一。对重"学"远逾于"庙"的马氏，委实痛心。

故北宋朝廷便曾于庆历四年（1044）下诏“立学州县”,①此不啻与唐贞观四年（630）的诏下“州县学立庙”，形成强烈的对比。

复如前述，孔庙祭祀在异族王朝时有进展，反倒在汉人主其事的大明王朝，首挫于太祖，再挫于明世宗。兹分述如下。

洪武元年（1368）二月，明太祖朱元璋循开国之君惯例，以太牢祀先师孔子于国学，并遣使诣曲阜致祭。为此，他说道：

> 仲尼之道，广大悠久与天地相并，故后世有天下者，莫不致敬尽礼，修其祀事。朕今为天下主，期在明教化，以行先圣之道。②

太祖的措词充分显示：他深悉，对创业之君而言，“祭孔”作为强化“继统”的象征意义实不可或缺。之前，初入江淮府时，明太祖首谒孔子庙，即是明证。③

然而元明更迭之际，因朱氏与曲阜孔家圣裔交涉不顺，心

---

① 脱脱等，《宋史》卷一五七：“庆历四年……建学兴善，以尊子大夫之行；更制革敝，以尽学者之才。……其令州若县皆立学，本道使者选部属官为教授……由是州郡奉诏兴学。”（页 3658—3659）徐松辑，《宋会要辑稿》（北平：国立北平图书馆，1936），第五四册，卷二一九五五，“崇儒二”云：“（庆历）四年三月诏，诸路州府军监，除旧有学外，余并各令立学。如学者二百人以上，许更置县；若州县未能顿备，即且就文宣王庙或系官屋宇。”（页“崇儒二之四”至“崇儒二之五”）

② 董伦等纂，《明太祖实录》卷三〇，页 5 下—6 上。

③ 张廷玉等，《明史》（台北：鼎文书局，1979），卷五〇，页 1296。

生嫌隙;①洪武二年（1369），太祖的态度急转直下，骤然下令孔庙春秋释奠止行于曲阜，天下不必通祀。②此一举措委实耐人寻味，时值开国之际，百废待举，太祖屡诏儒臣大修礼事，③同年即诏天下普祀城隍，而孔子反不得通祀。太祖所持的理由是：

自汉之下，以神（孔子）通祀海内，朕代前王统率庶民，目书检点，忽睹神之训言："非其鬼而祭之，谄也；敬鬼神而远之，祭之以礼。"此非圣贤明言，他何能道。故不敢通祀，暴殄天物，以累神之圣德。④

观上，太祖明白历代统治者皆通祀孔子于天下，却反其道而

---

① 详论请参阅拙作《道统与治统之间：从明嘉靖九年（1530）孔庙改制论皇权与祭祀礼仪》，拙著，《优入圣域》，允晨版页148—155，中华版页107—131。亦可参阅宋濂，《洪武三十年衍圣公孔克坚神道碑》，骆承烈，《石头上的儒家文献》上册，页365—368。

② 《明史》之《太祖本纪》或《礼志》皆不载洪武二年（1369），孔庙停天下通祀。《明实录》亦然。盖后世史臣为太祖隐讳。此一资料惟见于张廷玉等，《明史》卷一三九，《钱唐传》，页3981。秦蕙田更误引王圻的《续文献通考》，误置洪武二年（1369）夏四月丙戌为诏天下通祀之日，其实应为洪武十五年（1382）夏四月丙戌。见董伦等纂，《明太祖实录》卷一四四，页2上。请参较秦蕙田，《五礼通考》卷一二〇，页1上；王圻，《续文献通考》（明万历三十一年刊本，台北："中央研究院"历史语言研究所藏），卷五七，页7下—8上。

③ 董伦等纂，《明太祖实录》卷三〇，页1上—4下；卷三八，页1上—10上。

④ 徐一夔，《大明集礼》（收入《景印文渊阁四库全书》第六四九至六五〇册），卷一六，页20上。《大明集礼》成于洪武三年（1370）九月，故载有洪武二年《致祭曲阜孔子御制祝文》。

行，适见其专横独断，旨在伸张专制王权。又，洪武五年（1372），太祖因览《孟子》，至“君之视臣如土芥，则臣视君如寇雠”，谓非臣子所宜言，乃罢孟子配享，且诏有谏者劾大不敬。钱唐（1314—1394）抗疏入谏曰：“臣为孟轲死，死有余荣。”史书载“帝鉴其诚恳，不之罪”①。其实钱唐所体现的殉道行为，代表了政治权威与文化信仰正面的冲突，而其代价正是一个专制统治者所难以承担的。洪武六年（1373），太祖旋复孟子配享。②惟迟至洪武十五年（1382），方诏天下通祀孔子。上谕中但曰：“孔子明帝王之道，以教后世，使君君、臣臣、父父、子子，纲常以正，彝伦攸序，其功参于天地。”③他复刻意援引后周太祖（郭威，904—954）谓“孔子百世帝王之师，敢不拜乎”的故事以自惕、自重，④其着眼于统治意理，昭然若揭。

之后，又有世宗缘大礼议，对儒生集团心生怨怼，竟致牵怒祭孔一事，遂于嘉靖九年（1530）对儒学宗师的祭典大加砍杀。概括而言，计有下列四项：

---

① 张廷玉等，《明史》卷一三九，页3982。

② 王圻，《续文献通考》卷五七，页11下。又孙承泽，《春明梦余录》（香港：龙门书局，1965），卷二一，页36下。

③ 董伦等纂，《明太祖实录》卷一四四，页2上。明太祖，《祭孔希学文》，姚士观等编校，《明太祖文集》（收入《景印文渊阁四库全书》第一二二三册），卷一八，页14上。

④ 周太祖郭威的故事，参见薛居正等，《旧五代史》（台北：鼎文书局，1980），《周书》卷一一二，页1482。明太祖的援引，参见庞钟璐，《文庙祀典考》（台北：中国礼乐学会，据清光绪四年刊本影印，1977），卷四，页4下。

其一，谥号："孔子不称王"。

其二，毁塑像，用木主；去章服，祭器减杀。

其三，更定从祀制：削爵称、进退诸儒。

其四，"大成殿"改称"孔子庙"，内增设"启圣祠"。①

约言之，嘉靖帝的举措一反唐宋以降孔庙祭典日趋峥嵘之势。

首先，唐开元二十七年（739），孔子受册赠为"文宣王"，以表尊崇；从祀诸儒则赠"公"（若颜子赠兖国公）、赠"侯"（若卜子夏赠魏侯）、赠"伯"（若曾参赠郕伯），封爵不一。②此一制度为历代王朝所承袭，北宋一代致议封"帝"，未得施行，竟行之于蛮夷之邦的西夏。

又，唐朝显庆之前，国家祭典虽有大祀、中祀、小祀的等级，但其祭祀礼器品项却相当凌乱：先农、先蚕，俱为中祀；笾、豆之数，或六或四，理不可通。遂更定大祀同为十二，中祀同为十，小祀同为八，而释奠既准中祀，则为十。③但历代实际行礼，溢出中祀名目之均，却不在少数。④例如：唐开元

---

① 详见拙作《道统与治统之间》，《优入圣域》，允晨版页138—139，中华版页117—118。

② 杜佑，《通典》卷五三，页1481—1483。此为孔子封王，弟子封公侯之始。丘浚，《大学衍义补》（收入《景印文渊阁四库全书》第七一二至七一三册），卷六五，页14下。

③ 刘昫等，《旧唐书》卷二一，页825；卷二四，页911。

④ 按，"三祀"的祭品虽有一定的规格，但衡诸孔庙祭祀的历史，却常常溢出其祭祀的等级。综观，相应的祭祀仪式与祭品，唯有"斋戒"最能体现三级制的等级。参阅朱溢，《唐至北宋时期的大祀、中祀和小祀》，页292。

二十七年（739），业允孔子塑像坐于南面，着“王者衮冕之服”，乐用“宫悬”天子之乐。①而永泰二年（766）兵兴之际，连宰相、常参官、六军军将皆毕集就国子学听讲。其时虽郊庙大祭，只有登歌乐，而庙庭犹具“宫悬”之乐于讲堂前。②朝代之间虽有变化起伏，但明宪宗成化十二年（1476），虽未能如祭酒周洪谟（1421—1492）所奏请加孔子“帝号”，但复增乐舞为八佾，笾、豆各十二；孝宗弘治九年（1496）更增乐舞为七十二人，如天子之制。③到明嘉靖九年（1530）之前，祭孔已全用“祀天仪”、“天子之礼”，职是不能见容于心系专制皇权的世宗。④

原本皇明开国之初（1370），太祖诏革诸神封号，谓此举“庶几神人之际，名正言顺，于礼为当”，⑤唯独对孔庙诸贤网开一面。⑥可是孔庙爵封终究难逃其子孙——世宗之手。明初，

---

① 刘昫等，《旧唐书》卷二四，页921。

② 刘昫等，《旧唐书》卷二四，页923。

③ 张廷玉等，《明史》卷五〇，页1298。

④ 张廷玉等，《明史》卷五〇，页1298。

⑤ 董伦等纂，《明太祖实录》卷五三，页1下—2上。

⑥ 董伦等纂，《明太祖实录》卷五三，页1下，洪武三年（1370）六月癸亥，“惟孔子善明先王之要道，为天下师，以济后世，非有功于一方一时者可比，所有封爵，宜仍其旧”。另，因太祖定都的应天府（今江苏南京）并无武成王之祀，以致洪武三年“武成王”当亦保有爵封，然稍后即废。洪武二十年（1387）秋七月，明太祖否决礼部奏请立武学、用武举、祀太公、建武成王庙，并下令“太公之祀，止宜从祀帝王庙，遂命去王号，罢其旧庙”，故武成王因而失去爵封。《明太祖实录》卷一八三，页3上。

太祖只允“乐舞用六佾，笾豆为十”，比起前代若干君主，未免略显寒酸，但世宗却谓：“可谓尊崇孔子，极其至矣，无以加矣！”①他甚至大言不惭道“我太祖高皇帝，虽道用孔子之道，而圣仁神智武功文德，宜与尧舜并矣，恐有非孔子所可拟也”②，遂以孔子“人臣封王”为僭礼，横行削免孔子以下诸贤的爵称。然而日后却为异族之君——清世宗所讥斥，清世宗道出“三代以上之王号，即后世之帝称，非诸侯王之谓”③，刻意突显嘉靖议礼君臣的不学无文。④按雍正深切知晓其父皇——康熙奖掖孔庙祭典“汉唐莫及”，继志述事，故对孔子祭典优礼有加。⑤雍正元年（1723），遂追封孔子五代王爵，⑥径与

① 明世宗，《御制孔子祀典说》，李之藻，《頖宫礼乐疏》（收入《景印文渊阁四库全书》第六五一册），卷一，页55上。

② 明世宗，《御制孔子祀典说》，页55下—56上。

③ 清世宗著，鄂尔泰等奉敕编，《雍正朱批谕旨》（台北：文海出版社，1965），页4120。

④ 清世宗，《雍正八年重建先师孔子庙碑》，骆承烈，《石头上的儒家文献》下册：“至明嘉靖时，议礼诸臣进退从祀，贬损礼仪，盖感于匹夫不敢干天子礼乐之说，是以逞其鄙私臆断，夫吾夫子以万世为上，春秋笔削已撰二百四十二年，南面之权安在，无土不王，曲学陋儒，何从涯量高深。……我皇上……以天子尊天子之师，用天子之制，然后典礼崇重，万世无以复加。”（页863—864）

⑤ 清世宗，《雍正八年御制重修阙里圣庙碑》，骆承烈，《石头上的儒家文献》下册：“康熙甲子东巡狩，临幸阙里。谒奠庙林，殷礼隆仪，汉唐莫及。”（页861—862）

⑥ 雍正元年（1723）六月十二日，册封孔子五代为肇圣王、裕圣王、诒圣王、昌圣王、启圣王。见清世宗，《雍正元年册封至圣先师五代王碑》，骆承烈，《石头上的儒家文献》下册，页850—853。

嘉靖九年（1530）削夺孔子王封，形成强烈的对比。有趣的是，雍正持论与嘉靖全然相反，所以他虽未直接复孔子王封，却行之乃祖，未尝不寓深意。

又乾隆莅临阙里，次数之多为历代人君之冠。清光绪三十二年（1906），孔庙升格为“大祀”，与天地、宗庙同，至此无以复加。①究其实，异族人君崇奉孔教，正由于他们明白“帝王之政，非孔子之教，不能善俗”，而“政不能善俗，必危其国”。上述引语见诸元代曹元用（1268—1330）所撰《遣官祭阙里庙碑》之内，②适透露了人君尊崇孔庙的真意。

外族入侵，一时难以领略孔庙祭典的意义，例如金人侵凌中土，焚掠殆尽，曲阜遂亦堕为烟尘。③但一旦需治理中土，即能理解祭孔为治国不可或缺，若金熙宗者，不只立孔子庙于上京，且亲祭孔子，北面再拜；④金章宗明昌二年（1191），孔

① 赵尔巽等著，启功等点校，《清史稿》（北京：中华书局，1994），卷八四，页2537—2538；卷二四：光绪三十二年十一月“戊申，诏升孔子为大祀，所司议典礼以闻”。（页957）

② 孔贞丛，《阙里志》卷一〇，页40下。

③ 毁庙之举，见庄绰著，萧鲁阳点校，《鸡肋编》（北京：中华书局，1983），卷中，页76。

④ 庞钟璐，《文庙祀典考》卷三，页14下。金熙宗天会十五年（1137）立孔子庙于上京。脱脱等，《金史》（台北：鼎文书局，1980），卷四，页76—77，熙宗遂言：“朕幼年游佚，不知志学，岁月逾迈，深以为悔。孔子虽无位，其道可尊，使万世景仰。大凡为善，不可不勉。”

子庙门则置“下马碑”。①元朝，武宗则下诏（1307），加号先圣曰“大成至圣文宣王”。②晚明文人张岱（1597—1679）晋谒曲阜孔庙，便发觉庙里所藏历代帝王碑记，“独元碑高大”，而“庙中凡明朝封号，俱置不用，总以见其大”的趣闻。③

又，辽太祖甫建国，以受命之君，理当敬天事神；群臣均举以佛为先以对。按，辽人本笃信佛教，诸臣以佛对，原属意料中事，然辽太祖曰“佛非中国教”，并接受太子建言，以“孔子大圣，万世所遵，宜先”，遂建孔子庙，诏皇太子春秋拜奠。④其实，辽太祖该时不止建了孔庙，另同时兴建佛寺、道观。⑤但值得注意的是竣工之后，太祖自身晋谒孔庙，却命皇后、皇太子分谒寺、观，轻重之分，不言而喻。⑥

---

① 吕元善，《圣门志》（收入《丛书集成初编》[上海：商务印书馆，1936]，第三三一八至三三二一册，据盐邑志林本排印），卷四，页273。“下马碑”亦称“下马牌”。

② 宋濂等，《元史》（台北：鼎文书局，1980），卷二，页484；卷七六，页1892。《祭祀志》系在至大元年（1308），本纪系在大德十一年（1307）七月，方为正确。宋绶、宋敏求编，司义祖点校，《宋大诏令集》（北京：中华书局，1962），卷一五六，《追谥元圣文宣王诏》，页583，北宋真宗大中祥符元年（1008），先追谥孔子为“元圣文宣王”。

③ 张岱，《陶庵梦忆》（收入朱剑芒选编，《美化文学名著丛刊》[上海：世界书局，1947]），《孔庙桧》，页10。

④ 脱脱等，《辽史》（台北：鼎文书局，1980），卷七二，页1209。

⑤ 脱脱等，《辽史》卷一，页12—13。

⑥ 脱脱等，《辽史》卷二，页15。

四、孔庙祭典象征意义的扩张

（一）地方官与孔庙祭典

贞观二十一年（647），许敬宗等有次奏言，影响祭孔甚巨，特别是制定了祭孔者主祭的身份。他们上奏道：

> 秦、汉释奠，无文可检。至于魏武，则使太常行事。自晋、宋已降，时有亲行，而学官主祭，全无典实。且名称国学，乐用轩悬，樽俎威仪，盖皆官备，在于臣下，理不合专。况凡在小神，犹皆遣使行礼，释奠既准中祀，据理必须禀命。今请国学释奠，令国子祭酒为初献，祝辞称“皇帝谨遣”，仍令司业为亚献，国子博士为终献。其州学，刺史为初献，上佐为亚献，博士为终献。县学，令为初献，丞为亚献，博士既无品秩，请主簿及尉通为终献。①

从此，在京城国学由学官代理皇上负责主祭，但地方孔庙则下放给地方首长（刺史、县令等）行三献礼，成为尔后的定式。

况且，孔庙祭典在国家礼制所据的位置，令地方孔庙亦于官方祀典脱颖而出，而享有祭祀的优先性。如前述，汉初以来，地方官初任职，即晋谒孔庙，虽已成不成文的规矩，但只行于曲阜一隅。可是在后代地方孔庙林立，遂推衍成普遍的惯例。例如：唐代以来，地方官到任谒庙的惯例逐渐形成；②但

① 刘昫等，《旧唐书》卷二四，页917—918。

② 雷闻，《郊庙之外》，页246—250。

迄宋代，地方官甫上任之始，则首需晋谒地方孔庙，方及其他诸神。北宋的文彦博（1006—1097）便说道：

> 五年（按：宋仁宗天圣五年［1027］），某以进士举中甲科，得大理评事，宰是邑。秋八月二十九日，始莅事。故事：守令始至，则郡县之祠庙悉诣之，恭于神，训于民，政之本也。由是询于邑吏，质之县图，载祀典、享庙食者，惟宣圣之祠焉。翌日，伸祠谒之礼。①

“质之县图”则意谓核按地方官修的“图经”，仅明载“孔庙”方为必行的祀典。②这项祭祀举动若属“故事”，可见已成惯例，行之久远。至晚，在南宋绍兴十四年（1144），宋高宗（1107—1187）用左奉议郎罗长源之请，明白下诏：“州县文臣初至官，诣学祗谒先圣，乃许视事。”盖罗氏言：“士大夫皆学夫子之道以从政，而不知所自，望令先诣学宫，以彰风化之本。”后遂着为令。③

职是之故，南宋的张孝祥（1132—1169）到任时，于《先圣庙文》里遂撰有“服事之始，敬拜庙下，尚惟圣师相其微

---

① 文彦博，《潞公文集》（收入《四库全书珍本·六集》［台北：台湾商务印书馆，1976］，第二四五至二四六册），卷一二，《绛州翼城县新修至圣文宣王庙碑记》，页1上—1下。

② 攸关州、县“图经”的发展，请参见仓修良、陈仰光，《从敦煌图经残卷看隋唐五代图经发展》，《文史》（北京）2001．2：117—139。

③ 李心传，《建炎以来系年要录》（北京：中华书局，据商务印书馆国学基本丛书本重印，1988），卷一五二，“绍兴十有四年（1144）冬十月庚子条”，页2454。

衷”①之辞。朱熹（1130—1200）也见证到“建安熊君可量为衢之江山尉，始至，以故事见于先圣先师之庙”②；而其所自撰的《乡饮舍菜二先师祝文》③、《南康谒先圣文》④、《漳州谒先圣文》⑤，亦皆反映此一规制。后继的王朝遂萧规曹随，例如金朝、元朝亦着令：“凡职官到任谒庙，先诣宣圣庙，奠拜讫，方许诣以次神庙。”⑥此处的“宣圣庙”乃泛指地方上的孔庙而言，显见孔庙的政治象征凌越他庙之上。而官员倘怠忽祀典者，立遭激烈谴责，例如明儒周双溪（生卒年不详）争之上

---

① 张孝祥著，徐鹏点校，《于湖居士文集》（上海：上海古籍出版社，1980），卷二七，《先圣庙文》，页272。

② 朱熹著，陈俊民校编，《朱子文集》（台北：德富文教基金会，2000），卷七八，《衢州江山学记》，页3894—3895。熊可量系建安崇泰里（今属福建南平）人，生卒年不详，南宋孝宗乾道五年（1169）进士，曾任江山尉，历官两浙运干。

③ 朱熹，《朱子文集·别集》卷七，《乡饮舍菜二先师祝文》：“某为县长吏，敢不以时奉行，即事之初，以礼舍菜于先圣至圣文宣王，以公等配。”（页5259）

④ 朱熹，《朱子文集》卷八六，《南康谒先圣文》：“祗事之初，敢以诚告，惟先圣先师之灵，实诱其衷。”（页4250）

⑤ 朱熹，《朱子文集》卷八六，《漳州谒先圣文》：“兹荷误恩，复叨郡寄。莅事之始，载见祠廷。”（页4261）又，朱熹辞吏告归，复有《辞先圣文》，不知为常规或特例？参同书，卷八六，页4249。

⑥ 金朝于天德初，修礼仪所制。参见孔元措，《孔氏祖庭广记》卷三，“天德初”条，页30。又，“元成宗大德初，敕到任先诣先圣庙拜谒，方许以次诣神庙，着为令”。参见吕元善，《圣门志》卷四，页273。秦蕙田以为元朝大德初的敕令为“此后世到任谒庙之始”，盖误。参较秦蕙田，《五礼通考》卷一一九，页6下。

官："丁祀先师，国之大祭也，而有司失之略，况使民乎?"①这种理直气壮的心态，实为长久政治文化塑模所致。但"职官到任先诣宣圣庙"的规定，自明代起则未见于诏令;②个人揣测，当与明太祖洪武二年（1369）废止地方通祀孔子攸关。而后，虽于洪武十五年（1382）恢复天下通祀孔子，但前朝行之有年的"职官到任先诣宣圣庙"之惯例，并未见恢复。

（二）儒生与孔庙从祀制

另外必须一提的，唐贞观二十一年（647）除了订定祭孔的各地主祭者身份之外，同时还确立了孔庙的从祀制。略言之，自从东汉明帝永平十五年（72）祀孔子并及七十二弟子起，孔庙从祀制已启其端。③明帝以降，孔庙附祭制度陆续发展，间有从祀七十二弟子，或颜子配享，层次不一。整体而言，均朝向从祀制的完备迈进。贞观二十一年（647），唐太宗诏左丘明等二十二人与颜回并为先师，俱配尼父于太学，从此

---

① 杨起元，《太史杨复所先生证学编》（收入《四库全书存目丛书》［台南：庄严文化公司，1995］，子部第九〇册，据北京图书馆藏明万历四十五年余永宁刻本影印），卷三，页9下。

② 承蒙我的同事邱仲麟博士和陈熙远博士告知，明代以下未见著录此一诏令。

③ 范晔，《后汉书》卷二，永平十五年（72）三月，明帝"幸孔子宅，祠仲尼及七十二弟子。亲御讲堂，命皇太子、诸王说经"（页118）。

奠立孔庙从祀制的规模。①依此，从祀诸儒自然是儒生至高的典范和科考的准则，而期盼身后得以进入孔庙从祀，则成为儒生内心向往的价值。但从祀制度的运作，则经常颉颃于儒生集团与统治者的势力之间。②

此外，孔庙复为儒生改变身份的场所。自唐代举行科考以来，贡举人有进谒先师之礼，后遂成常规。这是根据开元五年（717）朝廷敕令所办理的，③尔后，国子监或太学的孔庙复成为进士释褐之所。举明朝为例，“洪武四年，令进士释褐，诣国学行释菜礼”④。“释褐礼”若此：“廷试后，颁状元及诸进士冠服于国子监，传胪日服之。上表谢恩后，谒先师行释菜礼毕，始易常服，其巾袍仍送国子监藏之。”明清以降，“举人”

---

① 王溥，《唐会要》卷三五：“贞观二十一年，以孔子为先圣，更以左邱明等二十二人，与颜回俱配尼父于太学，并为先师。”（页636）按，二十二人为左丘明、卜子夏、公羊高、穀梁赤、伏胜、高堂生、戴圣、毛苌、孔安国、刘向、郑众、杜子春、马融、卢植、郑康成、服子慎、何休、王肃、王辅嗣、杜元凯、范宁、贾逵。

② 详论孔庙从祀制，请参阅拙著，《学术与信仰：论孔庙从祀制与儒家道统意识》，《新史学》5．2（1994．6）：1—82；另收入拙作，《优入圣域》，允晨版页217—311，中华版页185—260。

③ 刘昫等，《旧唐书》卷二四，页919。脱脱等，《宋史》卷一〇五，页2553—2554。《旧唐书》及《宋史》皆言：开元二十六年（738）敕，诸州乡贡见讫，令引就国子监谒先师，学官为之开讲，质问疑义，有司设食。《新唐书》却系在开元五年（717），参阅该书卷四四，页1164。查《五代会要》亦是系在开元五年。王溥，《五代会要》（台北：九思出版社，1978），卷八，页127。

④ 李东阳等奉敕修，申时行等重修，《明会典》（北京：中华书局，1989），卷九一，页520。

列作功名，地方孔庙亦顺势成为举人释褐之处。按“释褐”乃由布衣晋身仕宦之礼，孔庙则为其行礼之处。①而明清时期，文士辄借“哭庙”以抗议官府的举动，更突显出孔庙乃儒生集体的精神堡垒。②

（三）孔庙与祭告之礼

孔庙并且为举行“祭告”之礼的场域，按《通典》载有：“古者天子将巡狩，必先告于祖，命史告群庙及社稷、圻内名山大川。”③之前祭告之礼，常局限于天地、宗庙及社稷；但随着孔庙的祭典在帝国礼制日趋核心的地位，北宋太宗淳化三年（992）将郊，所谓祭告“群庙”，已涵盖“文宣”、“武成”等庙，④显见“告礼”于后代不断地演化而有所扩充。⑤

《明史·礼志》便载明：“凡即位之初，并祭告阙里孔庙及历代帝王陵寝。”⑥此系根据太祖洪武二年（1369）“遣使诣曲阜致祭，定列圣登极，永着为令”的规定。⑦职是之故，明代新立之君，便须遣官祭告孔庙。究其故，太祖乃循行前朝异族

---

① 张廷玉等，《明史》卷六七，页1641。又，庞钟璐，《文庙祀典考》卷五，页25下。“传胪”系科举制度里，廷试结束后，由皇帝亲自宣布登第进士名次的典礼。传胪日指举行典礼的当天。

② 陈国栋，《哭庙与焚儒服：明末清初生员层的社会性动作》，《新史学》3. 1（1992. 3）：69—94。

③ 攸关古代告礼，参阅杜佑，《通典》卷五五，页1536。

④ 脱脱等，《宋史》卷一〇二：“淳化三年十二月将郊，常奏告外，又告太社、太稷及文宣、武成等庙。”（页2498）

⑤ 马端临，《文献通考》卷八九，页考809—考817。

⑥ 张廷玉等，《明史》卷四九，页1276—1277。

⑦ 庞钟璐，《文庙祀典考》卷四，页1下。

之君的故事：元代仁宗至大四年（1311）登基，遣官诣曲阜致祭孔子；尔后元代统治者便遵行此典，①明太祖遂亦有是举。而有清一朝萧规曹随，凡登极授受大典、凯旋奏功，释奠先师，告祭先师、阙里，均为必行之典。②

《礼记·王制》复载有天子“出征，执有罪；反，释奠于学，以讯馘告”③，意谓：天子出师征伐，执有罪之人；返而归释奠于学，以克敌之事，告祭先圣先师。而明初太祖业废武成庙，因此，以有清一代为例，便有诸多克捷告祭孔庙之文留下；若圣祖的《剿灭噶尔丹告祭先师孔子文》④，世宗的《平定青海告成太学碑文》⑤，高宗的“平定金川”、“平定准噶尔”、“平定回部”等等的告成太学碑文。⑥以乾隆帝之言，无

---

① 宋濂等，《元史》卷七六，页1899。

② 赵尔巽等，《清史稿》卷八二，页2500—2501。

③ 孙希旦，《礼记集解》卷一二，页333。“讯”，所生获当讯问者；“馘”，杀之而割取左耳者。

④ 清圣祖制，张玉书、允禄等奉敕编，《剿灭噶尔丹告祭先师孔子文》，《圣祖仁皇帝御制文第二集》（收入《景印文渊阁四库全书》第一二九八册），卷四一，页8上—9上。

⑤ 清世宗，《平定青海告成太学碑文》，《世宗宪皇帝御制文集》（收入《景印文渊阁四库全书》第一三〇〇册），卷一四，页5上—8下。

⑥ 清高宗制，于敏中等奉敕编，《御制文集·初集》（收入《景印文渊阁四库全书》第一三〇一册），卷一七，《平定金川告成太学碑文》，页12下—16上；卷一九，《平定准噶尔告成太学碑文》，页1上—6下；卷二〇，《平定回部告成太学碑文》，页5下—11下。

非是“武成而勒碑文庙”的例行之举。①所以孔庙的象征意义便日渐扩大，原是“明教化大原，使民敬学知向”，遂演变成“虽行师伐罪，亦受成于学”，以示崇敬了。②职是之故，魏源（1794—1857）在《圣武记》才会说道：“古帝王武功，或命将，或亲征，惟以告于庙社，未有告先师者，在泮献馘复古制，自我圣祖始。”③

以上所述，本诸动态形构（structuration）的观点，④大致勾勒了孔庙祀典融入帝国礼制的过程。至于遭逢政治、社会失序，造成孔庙祀典出现非属祭典礼制的常态，则非本文着眼所在。例如，北魏孝文帝延兴二年（472）致祭孔子的诏书言道：“顷者淮徐未宾，庙隔非所，致令祠典寝顿，礼章殄灭。”诏书中更透露孔庙有遭亵渎、鸠占鹊巢的景象：“遂使女巫妖觋，

---

① 清高宗，《御制文集·初集》卷一九，《平定准噶尔告成太学碑文》，页4下。

② 马浮（1883—1967），《绍兴县重修文庙记》，《华国》1．4（1923）：1。

③ 魏源，《圣武记》（收入魏源全集编委会编校，《魏源全集》[长沙：岳麓书社，2004]，第三册），卷三，《康熙亲征准噶尔记》，页118。本文付梓之际，有幸得读朱玉麒先生的访谈，其中提到清季文庙此类的纪功碑甚至普及地方孔庙的现象，值得留意。见黄晓峰、钱冠宇，《朱玉麒谈清代边塞纪功碑与国家认同》，《东方早报》（上海）2015年7月12日“上海书评”第一篇。

④ “structuration”译为“动态形构”或“结构化”的概念，乃是英国社会学家安东尼·季登斯（Anthony Giddens，*b*. 1938）所阐发的核心社会理论。参见 Anthony Giddens，*The Constitution of Society*：*Outline of the Theory of Structuration*（Cambridge：Polity Press，1986）。拙文只不过便宜行事，用来指称历史上“制度”和“行为者”彼此形塑的动态过程。

淫进非礼，杀生鼓舞，倡优媟狎，岂所以尊明神、敬圣道者也?”因此孝文帝下令：“自今已后，有祭孔子庙，制用酒脯而已，不听妇女合杂，以祈非望之福。犯者以违制论”①。按，“犯者以违制论”，则表示此一现象非为官方礼制所允许。此外，《大金国志》也载有类同北魏时期的状况。②由于上述这些情状不符祠典的常礼，因此必然受到朝廷的纠举。此不啻呼应了“公家有事，自如常礼”③ 的规范。

五、余论：孔庙祭典的宗教性格

供奉儒教诸贤的孔庙，乃国家宗教的神圣之域，除了统治者与儒生集团得以参拜，外人并不得随意进入；此一独特的情况，竟连明太祖都觉得不可思议。他注意到：

> 如三教，惟儒者凡有国家不可无。夫子生于周，立纲常而治礼乐，助国宏休，文庙祀焉。祀而有期，除儒官叩仰，愚民未知所从。夫子之奇，至于如此。④

“除儒官叩仰，愚民未知所从”，其实太祖的诧异有其渊源。宋代有位儒臣，因辟雍始成，请开学殿，使都人士女纵观，然而

---

① 魏收，《魏书》卷七上，页136。

② 宋·宇文懋昭著，清·纪昀等奉敕重订，《钦定重订大金国志》(收入《景印文渊阁四库全书》第三八三册)，卷一八，金大定二十六年（宋淳熙十三年，1186）二月，诏曰：“曩者边场多事，南方未宾，致令孔庙颓落，礼典陵迟，女巫杂觋，淫进非礼。自今有祭孔庙制，用酒脯而已，犯者以违制论。”（页6a）

③ 魏收，《魏书》卷七上，页136。

④ 《明太祖文集》卷一〇，《释道论》，页15上—15下。

却大为士论所贬，①可见孔庙的封闭性，其来有自。又元朝有道诏令适足以说明孔庙独特的境况，这道诏令攸关曲阜庙学的复立，并特别指示有司“益加明絜、屏游观、严泛扫，以称创立之美，敬而毋亵神明之道”②。明末朱国祯（1558—1632）恭谒孔庙，亦云：“入庙，清肃庄严，远非佛宫可拟。”③朱氏的观感透露了孔庙的特质与普通庙宇颇有违异之处。这不禁提醒我们一桩趣事：明末散文家张岱，其进阙里孔庙，原来竟是“贿门者，引以入”。④不但如此，地方孔庙除特定时节，亦门禁森严。即使下迄清代末叶，孔庙照旧是“非寻常祠宇可比，可以任人入内游观”⑤。毋怪清末保教甚力的康有为（1858—1927）亦非得坦承：“吾教自有司朔望行香，而士庶遍礼百神，

---

① 脱脱等，《宋史》卷三五一，页11101。

② 袁桷，《清容居士集》（收入《四部丛刊初编·缩本》［台北：台湾商务印书馆，1965］，第二九五至二九七册），卷三五，页516。此一诏令应是元世祖中统二年（1261）所颁《先圣庙岁时祭祀禁约搔扰安下》，之后亦屡下类似的诏令。参见佚名，《庙学典礼》卷一，页12；卷二，页41—42。

③ 朱国祯，《涌幢小品》（收入《笔记小说大观》［台北：新兴书局，1984］，第二二编第七册），卷一九，页3上。

④ 张岱，《陶庵梦忆》，《孔庙桧》：“己巳，至曲阜，谒孔庙。贿门者，引以入。”（页9）己巳是明崇祯二年（1629）。这种状况在民初无大改变，蒋维乔于民国二年（1913）谒曲阜孔庙，仍需“有人引导，持钥启各殿宇”。蒋维乔，《曲阜纪游》（收入王文濡序，姚祝萱校，《新游记汇刊续编》［上海：中华书局，1925］，第一册），卷之七，页20。

⑤ 《闻报纪毁圣讹言一则率书其后》，《申报》光绪二十四年四月初十日（1895年5月29日）。

乃无拜孔子者。”①这充分显示作为儒教圣域的孔庙，具有排他、垄断的性质。

另一方面，金朝朝廷有段君臣对话，甚能反映儒教的俗世特质。②明昌五年（1194），金章宗对于佛徒、道士常能维持寺观，反而儒者“于孔子庙最为灭裂”殊感不解；他的大臣完颜守贞（？—1200）则解说道：“儒者不能长居学校，非若僧道久处寺观。”③守贞的答话透露了僧人、道士得专司职守，固守庙观，而孔庙虽有国家的支持，但儒生与百姓同样处身俗世，显现了儒教“扩散型宗教”的特征。④

析言之，始自汉代，孔庙领有官庙地位之后，其政治性格便一步步地深化。这从分析参与祭祀的成员，立可清楚地反映

① 康有为，《两粤广仁善堂圣学会缘起》，姜义华等编，《康有为全集》（上海：上海古籍出版社，1990），第二集，页621。

② 由义理层次析论儒教的俗世性格，则请参阅拙作《论儒教的俗世性格：从李绂的〈原教〉谈起》，《思想史》创刊号（2013年9月）：59—84；后收入拙著《从理学到伦理学：清末民初道德意识的转化》（北京：中华书局，2014），页312—340。（允晨版未收录此文）

③ 脱脱等，《金史》卷一〇，页234。

④ C. K. Yang, *Religion in Chinese Society* (Berkeley and Los Angeles: University of California Press, London: Cambridge University Press, 1961), chaps. 10, 12. 依杨庆堃的观点：所谓“扩散型宗教”（diffused religion）乃与“制度性的宗教”（institutional religion）相对而言。前者的宗教的思想与制度渗透或拓展至世俗的社会组织，而无独立的存在；而后者的宗教组织却与俗世的社会组织泾渭分明，例如佛教、基督教等。职是，儒者犹具世俗的身份，而释、道则别具出世的身份，从宗教组织的类别截然不同，明显映照出儒教具有“扩散型宗教”的特质。杨氏的见解启发自西方宗教社会学家瓦赫（Joachim Wach，1898—1955），确有见地。唯独无法涵盖作为儒教圣域的孔庙。

出来：唐宋之后，孔庙祭祀者，上自天子、孔家圣裔，下及朝廷命官、地方首长，一律享有官员身份，至于官学的儒生，只是参与典礼的陪祭者而已。普通老百姓，甚至闲杂人士，更不得随意参拜。所以一般老百姓对孔庙便显得隔膜了。

从官方的观点看，供奉孔子乃系垄断性的仪式。不止明太祖于“首定天下之时，命天下崇祀孔子于学，不许祀于释、老宫”①，后继的朝廷亦三申五令禁绝天下祀孔子于释、老宫庙。②有趣的是，即使1949年以后，台湾民间建立奉祀孔子之庙宇，概不得用“孔庙”或“孔子庙”为名称。③从另一角度视之，孔庙犹残存官方独擅的特质。

简言之，孔子与释、老不得同庙，显示了官方的孔子之祭与民间的三教，存有不可言喻的紧张关系。一则，孔子系帝王师，乃为统治阶层所专擅的祭祀。其次，孔子在三教庙经常屈处于陪神的位子，对统治者造成碍眼之忌。宋僧志磐（生卒年不详，1258—1269前后）《佛祖统纪》即透露：“旧来僧居多

---

① 明世宗，《御制孔子祀典说》，李之藻，《頖宫礼乐疏》卷一，页55上。

② 张廷玉等，《明史》卷五〇，页1297。赵尔巽等，《清史稿》卷八四，页2536。又庞钟璐，《文庙祀典考》卷一，页16上，29下；卷四，页6上。

③ 此事为台湾地区民政事务主管机构1966年11月21日民甲字第25086号电告各县市政府：“查本省各地民间建立奉祀孔子之庙宇甚多……甚至庙宇内将孔子塑像与其他神像并列，若不予分别，势必与政府所建孔庙混淆不清，顷电奉内政部核示，该等庙宇不得用孔庙或孔子庙为名称。”见《台湾省政府公报》（南投：台湾省政府）1966年冬字第四十四期（1966年11月24日），“政令”，页2。

设三教像，遂为院额殿名。释迦居中，老君居左，孔圣居右。”① 又宋理宗时，画院待诏马远（1160—1225）的“三教图”即画有“黄面老子”（佛陀）跏趺坐，“犹龙翁”（老子）俨立于旁，孔夫子乃作礼于前，显有轻蔑儒教之意。②后世朝廷虽屡加禁止，但宋代以降，民间三教流行，其成效则有待保留。举其例，乾隆初，河南一地所立三教堂，合释迦、老子、孔子偶像于一殿，即达五百九十余处。③

末了，光绪三十二年（1906），孔庙虽然晋升为大祀，但不出数年，便成为帝国落日的余晖。④随着帝制崩解，民国成立，孔子之祀遂“际亘古未有之变，俎豆废祀，弦诵绝声”⑤。古人云：“皮之不存，毛将焉附?”孔庙祭典顿时坠入风雨飘摇之中，游离于共和体制，无所挂搭。居间虽曾有康有为力图复振，四处呼吁将孔子祭典“入宪”共和，但终告功败垂成。⑥

---

① 志盘，《佛祖统纪》（收入《大正新修大藏经》[台北：新文丰出版公司，1983]，第四九册），卷四六，页419a。

② 周密（1232—1298），《齐东野语》（收入《景印文渊阁四库全书》第八六五册），卷一二，“三教图赞”条，页15b。

③ 徐珂编撰，《清稗类钞》（台北：台湾商务印书馆，1966），第一五册，“宗教类（稗37）”，页3。

④ 嘲讽的是，此次祭孔升大祀，却是光绪帝奉慈禧太后所颁的懿旨办理的。陈宝琛等纂，《大清德宗景（光绪）皇帝实录》（台北：新文丰出版公司，1978），卷五六六，页12。

⑤ 康有为，《致北京孔教会电》，汤志钧编，《康有为政论集》（北京：中华书局，1981），下册，页921。

⑥ 请参阅拙作《清末民初儒教的“去宗教化”》，拙著，《从理学到伦理学：清末民初道德意识的转化》（台北：允晨文化公司，2013；北京：中华书局，2014），允晨版页280—283，中华版页251—253。

自此，孔庙便沦为当今华人社会的文化游魂，妾身未明，亟待重新定位。

简言之，孔庙祭典在中华帝国史由于政教合一，遂与帝国礼制形成有机的结合，并获得长足的发展。但一旦帝制崩溃，则未免陷入土崩瓦解的窘境，此正应验了“水能载舟，亦能覆舟”的谚语。在今日社会，孔庙也唯有去政治化，重新寻觅立基点，方能浴火重生。

刊于《“中央研究院”历史语言研究所集刊》第86本第3分（2015年9月）；收入《儒教的圣域》（香港：三联书店，2015）。

孔庙的解构与重组

——转化传统文化所衍生的困境①

一、寂寥的两岸孔庙

已故的名汉学家李文逊（Joseph R. Levenson，1920—1969）曾经提出一个耸动一时的看法，他认为近代中国知识分子其实在理智上已经跟“传统文化”疏离了，但感情上却仍旧依附着“中国的过去”。对这些人而言，“传统文化”顶多像博物馆的木乃伊，仅有美感价值，而毫无实际用途。②

这样的观点，对文化保守主义者自然显得荒谬至极。但若以孔庙祭祀制度作为传统文化的例子，其际遇之悲惨，有逾于李氏之论点。不止知识分子，连社会大众，在理性与感情上咸加排斥，即使自命维护儒家思想不遗余力的当代新儒家，亦只敢高谈危微精一的“仁”，而不敢奢言文质彬彬的“礼”；岂

---

① 拙文感谢沈松桥学兄之赐教。

② Joseph R. Levenson, *Confucian China and Its Modern Fate* (Berkeley: University of California Press, 1965).

非忘记孔子所谓“仁”，需“克己”、“复礼”互济，方能一日天下归仁?①古代儒家原本极具历史意识的，但今之儒家似乎甘愿划地自限，成为历史的一部分，以致难对现实世界起些微作用，更遑论经国济民了。

其实，在传统中国，或更精确地说，帝制时代，孔庙释奠礼无疑是国家祭典最重要的项目之一；论其施行之历史、遍布之地域，其他祭典或宗教礼仪皆无法望其项背。②

然而时至今日，台海两岸，这个祭祀传统不是成为存古的装饰品（台湾），即沦为新兴市场经济的商品（大陆）。一位曾经任教南台湾高等学府的文科同事告诉我，十数年来，他虽与台南孔庙毗邻而居，却鼓不起一丝兴趣踏进孔庙一步。这种冷漠感并非罕例。1992 年 9 月，个人前往曲阜考察阙里孔庙的见闻，亦可作为佐证。于此之前，先参观了杭州灵隐寺，那天并非特殊节日，然游客之多，绝对称得上人潮汹涌，寺内香烟缭绕，顶礼膜拜，令人动容。反观孔庙，游客稀落；大成殿设置的捐献箱，无情地反映了孔庙的商品价值。

有意思的是，孔墓（孔林里）之前，虽不乏来去匆匆的观

① 参见朱熹，《论语集注》（收入《四书章句集注》[北京：中华书局，1983]），卷六，“颜渊第十二”：“颜渊问仁。子曰：‘克己复礼为仁。一日克己复礼，天下归仁焉。为仁由己，而由人乎哉?’”（页 131）

② 参见拙作《权力与信仰：孔庙祭祀制度的形成》，《大陆杂志》86. 5（1993）：8—34；后收入拙著，《优入圣域：权力、信仰与正当性》（台北：允晨文化公司，2004；北京：中华书局，2010），允晨版页 163—216，中华版页 139—183。

光客，间或有拍照者，但绝无行礼之事。停留墓园个把小时，唯一行礼的，只有笔者一人。居间，笔者的举动，还引起旁观者的骚动；导游友人甚至颇感尴尬，谓："一鞠躬可也，何至于三！"要之，"三鞠躬"已致如此，"三跪九叩"的古礼想必益发惹人哗然失笑。

从历史的角度来看，今日台海两岸对孔庙文化的反应，只能视作民国初年以来反孔运动的推衍而已。自从胡适（1891—1962）以"只手打孔家店"来综括吴虞（1872—1949）的贡献,①这个口号便响彻云霄，甚至成为那个时代的精神标志。1917 年元旦，陈独秀（1879—1942）高声急呼："应毁全国已有之孔庙而罢其祀!"② 其激昂之态度，绝不下于"文革"批孔的"小将"；因此今日人们漠视孔庙，只能算是内心对陈氏呼吁遥远的回音。孔庙，或其所象征的儒家文化落到今日之地步，恐是历代儒生所始料未及的。

二、孔庙兴衰与政治宰制

倘若检视孔庙发展史，"政治"这股势力正是主导其兴衰的决定因素。即使以"新文化运动"著称的"五四"，其掺杂的政治考虑亦显而易见。"五四"针对袁氏复辟及效从者（若

---

① 胡适，《吴虞文录序》（1921 年 6 月 16 日），《胡适文存》（台北：远东图书公司，1953），第一集，卷四，页 797。

② 陈独秀，《再论孔教问题》（1917 年 1 月 1 日），《独秀文存》（合肥：安徽人民出版社，1987），卷一，页 94。

张勋等）滥用儒家文化象征（例如祭孔），进而导致反对一切有关孔庙的文化，这种连锁反应是可以理解的。而“政治”这个因素，适与孔庙之起伏相始相终，这无异提供了孟子所谓“赵孟之所贵，赵孟能贱之”①的最佳历史见证。

传统上，孔庙本来即列为国家祀典的官庙系列。孔庙从汉初由家庙、祠堂转为官庙开始，统治者的政治力量即不断介入其中。在历史宗教之中，孔庙作为儒家官方的祭祀系统，有两点特别引人注意：一是维持“万世一系”的奉祀者长达两千多年，历代爵称不一，但名目上就是孔子的嫡裔子孙。二是孔庙遍布各州县，其释奠主祭者按例由地方长官出任；除阙里孔庙之外，京师孔庙更具有独特的政治宣示作用。②

由于原初的孔庙（阙里）拥有家庙兼官庙的双重性质，是故，奉祀者必得与孔子具有血缘关系。根据史书的记载，汉末，奉祀孔裔已国绝失传；③然而后来的人君，为了维持此一传统，不得不透过“访求”或“议立”的方式，刻意塑造

---

① 参见朱熹，《孟子集注》（收入《四书章句集注》），卷一一，“告子章句上”，页336。Tse-tsung Chow, “The Anti-Confucian Movement in Early Republican China”, in *The Confucian Persuasion*, ed. Arthur F. Wright (Stanford, Calif.: Stanford University Press, 1960), pp. 288 – 312.

② 关于孔庙祭祀制度在历史长流中成形及演变的情状，拙文《权力与信仰》（见《优入圣域》）里有详述。

③ 东汉献帝初年，孔氏国绝失传。范晔，《后汉书》（台北：鼎文书局，1983），卷七九上：“初，平帝时王莽秉政，乃封孔子后孔均为褒成侯……及莽败，失国。……永元四年，徙封褒亭侯。……世世相传，至献帝初，国绝。”（页2563）

"万世一系"的圣裔，以维持祭孔的正当性。①

迄东汉之末，孔庙祭祀仅局限于孔子故乡——阙里一隅。但意外地，中国北方（包括曲阜）沦入胡人之手，为了祀孔，南方王朝只得在京师另起炉灶，从此开启孔庙向外地拓殖的契机。②经过南、北政权竞立孔庙，循至大唐帝国统一全国之后的贞观四年（630），太宗下诏州、县学皆作孔子庙。③这是官方由上至下推行孔庙祭祀制度最彻底的举动。明代时，有人曾统计过，中国境内孔庙竟达一千五百六十余处，④这尚不包括域外之地，例如朝鲜、越南等。挟帝国的力量，孔庙分布既深且广；此一优势致使孔庙的普遍性凌驾民俗庙宇之上。⑤

统治者极力推行孔庙祭祀制度，当然因为孔子之教有益于

① 例如：魏文帝黄初二年（221）访求孔氏后裔，得孔氏二十一代孙孔羡，立为"宗圣侯"；见陈寿，《三国志》（台北：鼎文书局，1983），卷二，页77—78。隋炀帝访求孔氏苗裔，立三十二代孙为"绍圣侯"；见魏征等，《隋书》（台北：史学出版社，1974），卷三，页72。唐高祖武德二年（619），博求孔子后；见刘昫等，《旧唐书》（台北：鼎文书局，1981），卷一，页9。

② 东晋孝武帝太元十一年（386），诏封孔靖之为"奉圣亭侯"，奉宣尼祀，并于南方京畿首次设立宣尼庙，专供祀孔之所。房玄龄等，《晋书》（台北：鼎文书局，1980），卷九，页235。许嵩，《建康实录》（北京：中华书局，1986），卷九，页283。

③ 欧阳修、宋祁，《新唐书》（台北：鼎文书局，1981），卷一五，页373。

④ 吕元善，《圣门志》（收入《丛书集成初编》[上海：商务印书馆，1936]，第三三一八至三三二一册，据盐邑志林本排印），卷一上，页18。

⑤ 例如：妈祖庙仅分布于东南沿海。

安邦定国之计。这一点，清朝的雍正皇帝（1678—1735）有极切要的体认，他说：

若无孔子之教，则人将忽于天秩天叙之经，昧于民彝物则之理；势必以小加大、以少陵长、以贱妨贵，尊卑倒置上下无等，干名犯分越礼悖义，所谓君不君、臣不臣、父不父、子不子。虽有粟，吾得而食诸？其为世道人心之害，尚可胜言哉？①

为了巩固有效的统治，“礼达而分定”的社会是必得加以肯定的。这适为儒教所能提供统治者的最大用处。是故，雍正毫不讳言：孔子之教，在君上尤受其益。②

而从现实政治的观点出发，一部孔庙发展史恰是统治者与儒生相互为用的写照。元代曹元用（1268？—1330？）在《遣官祭阙里庙碑》将二者依存的关系，叙述得十分扼要，他说：

孔子之教，非帝王之政不能及远；帝王之政，非孔子之教不能善俗。教不能及远，无损于道；政不能善俗，必危其国。③

“教不能及远，无损于道”想必是儒臣自贵之辞。曹氏之语最关键在点出“政不能善俗，必危其国”，从而肯定孔子之教对统治者的重要性，以及孔子之教与帝王之政二者相辅相成

---

① 庞钟璐，《文庙祀典考》（台北：中国礼乐学会，据光绪四年刊本影印，1977），卷一，页12a—12b。

② 雍正云：“孔子之教在明伦纪、辨名分、正人心、端风俗，亦知伦纪既明，名分既辨，人心既正，风俗既端，而受其益者之尤在君上也。”转引自庞钟璐，《文庙祀典考》卷一，“雍正五年谕礼部”，页12b。

③ 孔贞丛，《阙里志》（明万历年间刊本），卷一〇，页40b。

之处。

始自汉代，孔庙领有官庙地位之后，其政治性格便一步一步地深化。①这从分析参与祭祀者的成员，立可清楚地反映出来。唐宋以后，孔庙主祭者，上自天子、孔家圣裔，下至朝廷命官、地方首长，一律享有官方身份。即使是官学的儒生，也只是参与典礼的陪祭者而已。普通老百姓，甚至闲杂人士，更不得随意参拜。所以，孔庙对一般老百姓便显得“尊而不亲”了。

宋代有位儒臣，因辟雍始成，请开学殿，使都人士女纵观，然而却大为士论所贬，②可见孔庙的封闭性。又元朝有道诏令，适足以说明孔庙独特的境况。这道诏令关乎曲阜庙学的复立，并特别指示有司“益加明絜、屏游观、严泛扫，以称创立之美，敬而毋亵神明之道”③。足见“游观”孔庙均在禁止之列，遑论随意参拜了。明末朱国祯（1558—1632）恭谒孔庙，亦云：“入庙，清肃庄严，远非佛宫可拟。”④ 朱氏的观感透露了孔庙的特质与普通庙宇颇有违异之处。这不禁提醒我们

① 参见拙文《权力与信仰》。

② 脱脱等，《宋史》（台北：鼎文书局，1978），卷三五一，页11101。

③ 袁桷，《清容居士集》（收入《四部丛刊初编·缩本》［台北：台湾商务印书馆，1965］，第二九五至二九七册），卷三五，页516。此一诏令应是元世祖中统二年（1261）所颁《先圣庙岁时祭祀禁约搔扰安下》，之后亦屡下类似的诏令。参见佚名著，王颋点校，《庙学典礼》（杭州：浙江古籍出版社，1992），卷一，页12；卷二，页41—42。

④ 朱国祯，《涌幢小品》（收入《笔记小说大观》［台北：新兴书局，1984］，第二二编第七册），卷一九，页3a。

一桩趣事：明末散文家张岱（1597—1679），其进阙里孔庙，原来竟是“贿门者，引以入”。①可见进孔庙诚非大易事也。

三、孔庙冷落车马稀

关于孔庙与普通民众的距离，鲁迅（1881—1936）有一段颇为传神的叙述。他说：

> 种种的权势者使用种种的白粉给他（孔子）来化妆，一直抬到吓人的高度。但比起后来输入的释迦牟尼来，却实在可怜得很。诚然，每一县固然都有圣庙即文庙，可是一副寂寞的冷落的样子，一般的庶民，是决不去参拜的，要去，则是佛寺，或者是神庙。若向老百姓们问孔夫子是什么人，他们自然回答是圣人，然而这不过是权势者的留声机。②

鲁迅之所以说权势者一直把孔子抬到吓人的高度，是着眼历史上的王朝往往以儒家思想作为治国的根据。统治者即使私有所

---

① 张岱，《陶庵梦忆》（收入朱剑芒选编，《美化文学名著丛刊》[上海：世界书局，1947]），《孔庙桧》：“己巳，至曲阜，谒孔庙。贿门者，引以入。”（页9）己巳是明崇祯二年（1629）。这种状况在民初无大改变，蒋维乔于民国二年（1913）谒曲阜孔庙，仍需“有人引导，持钥启各殿宇”。蒋维乔，《曲阜纪游》（收入王文濡序、姚祝萱校，《新游记汇刊续编》[上海：中华书局，1925]），第一册，卷之七，页20。

② 鲁迅，《在现代中国的孔夫子》（1935年4月29日），《且介亭杂文二集》（收入《鲁迅全集》[台北：唐山出版社，1989] 第八卷），页102。

好，也只得行诸内廷，而非公诸天下。①所以，儒家作为经国济民的意理基础甚少动摇。职是之故，孔子形象不断升高，孔庙祀典亦循着水涨船高之理，历代迭有增益。

至于鲁迅言及人们少去孔庙参拜，衡诸眼前的事实，语必非假。个中原委极可能是孔子思想既缺乏“形上”趣味，也找不到超越的“人格神”，又无“彼世”的宗教泊地。这种理性的人文主义或许可以满足儒生与统治阶层的集体意识，但就芸芸众生的心理需求而言，儒家思想在解释个人切身的苦难时，显得无能为力。因此庶民一有困惑，只会想到求神问佛，也就是鲁迅所说，只会去佛寺、神庙，而不会去参拜孔庙。事实上，鲁迅所处的时代已是民国，孔庙早开放给民众参观，但人们依然沿袭旧社会的祭拜习俗，敬孔庙而远之，罕于涉足其间。

此外，在传统社会，与孔庙同属文庙系统的“梓潼祠”、“文昌庙”香火鼎盛，本无足为奇。但相形之下，孔庙反见冷落，则甚值留意。梁启超（1873—1929）在清末就慨然指出当时的学塾：“吾粤则文昌、魁星，专席夺食，而祀孔子者殆绝矣！”② 梁氏又感叹道：

> 入学之始，（文昌、魁星）奉为神明，而反于垂世立教大成至圣之孔子，薪火绝续，俎豆萧条，生卒月日，几无知者。③

---

① 譬如：明朝嘉靖帝之于道教，清朝雍正帝之于喇嘛教。

② 梁启超，《变法通议》，《饮冰室文集》（台北：台湾中华书局，1978），第一册，“文集之一”，页49。

③ 梁启超，《变法通议》，《饮冰室文集》，第一册，“文集之一”，页49。

文昌、魁星，民间向来认为是司命、司禄之神，与百姓有切身的关系；相较之下，孔子神格则显得遥远而模糊。二者重要的差别可能在于，孔庙作为官方祀典，基本上是国家的宗教，而非个人的宗教。

“祭孔”如同“祭天”，是统治者的专利。在特别时期，是皇朝改朔易色或新王登基必行的象征仪式；在平时，则为国家春秋定期举行的常典。换言之，祭孔已成为帝国运行不可分割之一环，并非百姓得以“觊觎”。

随着清朝政权的崩溃，士人阶层瓦解，孔庙祭祀制度顿时失去体制的凭依，只得从原本政教一体的帝制分解出来，重新在现代社会寻求立足点。但回顾民国以来的历史，孔庙制度饱经冲击，迟迟难以定位；因此只得以“妾身未明”的状态，居处于社会的灰色地带。只有在每年两岸孔子诞辰举行祭孔典礼时，才稍稍唤起人们的记忆；节日一过，又在脑后。原因无他，孔庙在现代中国人的生活已经边缘化了，不再是新社会的政教核心。

不止于此，孔庙凄凉之际遇，援下列事例即足以阐明无遗。1992 年，中国大陆报载拟组团前往韩国考察、学习孔庙祭典；①此岂非成了王阳明（1472—1529）的诗句“抛却自家无尽藏，沿门托钵效贫儿”②所讥刺的对象？1991 年，台湾桃园新修孔庙，竟不知孔庙建筑的独特风格，反以佛寺道观作为蓝

① 大略而言，目前祭孔中国大陆采“清制”，台湾采“明制”；最显著的差别是八佾舞生的衣着，大陆着红色，台湾着黄色。

② 王守仁著，吴光等编校，《王阳明全集》（上海：上海古籍出版社，1992），上册，卷二〇，《咏良知四首示诸生》，页 790。

本，甚至将象征“德侔天地，道冠古今”的通天柱加上华盖，殿门门钉亦任意加以增饰。凡此，均令人啼笑皆非。

四、“去政治化”是孔庙再生的必要程序

孔庙今日的境遇，表面上似乎可以“儒门淡泊，收拾不住”一语带过；但另一层原因，可能出于长久凝塑的政治象征，一时难以厘清。兹举台北孔庙为例说明。台北孔庙由于场地面积的限制，几乎每年都会引发举行“六佾舞”或“八佾舞”之争。但欲真正解决这个问题，首先要能摆脱“六佾舞”或“八佾舞”的政治意涵，而非卷入古代礼制（诸如对孔子行“八佾舞”是否僭越等等）不合时宜的无谓之争。要之，自帝制时代明定孔庙（京师与阙里孔庙）举行八佾舞以来，只有地方政府（州县）举行六佾舞。此外，台湾曾一度热烈讨论孔庙归属的问题，究竟应直属领导人办公室，或隶属内政事务主管机关，还是教育事务主管机关？结果亦缘论久而难定，不了了之。但，孔庙与孔裔顿时似乎变成文化弃婴，亟待认领。相形之下，孔庙祭祀传统上目之为“国之大祭”，唐代以来定为“中祀”,①清末特升为“大祀”;②孔家圣裔更为帝王奉若上宾，位列文臣之首，优遇有加。两相比较，时风易势，不可同日

---

① 在《唐六典》及《大唐开元礼》，孔子释奠礼均列为中祀。李林甫等，《唐六典》（北京：中华书局，1992），卷四，页120。萧嵩等奉敕撰，《大唐开元礼》（收入《景印文渊阁四库全书》［台北：台湾商务印书馆，1983］，第六四六册），卷一，页1a—1b。

② 光绪三十二年（1906），诏升孔子为大祀。见赵尔巽等著，启功等点校，《清史稿》（北京：中华书局，1976），卷二四，页957。

而语。

要之，孔庙绝非是封建文化的残余物，以致在今日社会格格不入。放眼邻近的日本、韩国，仍视孔庙为重要的文化资源，因此并无上述尴尬的处境。是故，孔庙必得经过“去政治化”（de-politicizing）的程序，使得“政治归政治，文化归文化”；如此，孔庙方能恢复本初的面目，以求在当今社会重新觅得文化定位。孔庙如能经过政治净化的程序，甚至转成民间团体，必能重获定位，融入现时社会之中。

然而，孔庙重获社会肯定，也只是恢复文化运作的外缘要件而已。孔庙祭祀制度能否全面恢复，或是否必须加以局部改造，则是另一件必须思考的问题。例如，昔时孔庙礼典例由官吏主祭，在今日民主社会里，是否应由民间团体主其事，并鼓励民众多加参与，使之成为具有文化意义的民间活动，这就关系儒家思想能否发挥往昔“大训生民，师范百王，仪轨千载”的作用，否则孔庙文化徒流于形式，并不具有任何实质的社会意义。

此外，孔庙礼制的核心部分——“从祀制”，在旧时代是象征道统之赓续，官方因此奖掖右文，希望名儒辈出，进而身后入祀孔庙，增辉圣朝。①但衡诸当前“道术为天下裂”，儒家思想是否稳居主流意识，不无疑问。更重要的是，目前文化趋势讲究的是多元发展，并尊重个体的歧异性。纵使退而求其次，儒家内部欲求得“至当归一，精义无二”的共识，亦非易

① 黄进兴，《学术与信仰：论孔庙从祀制与儒家道统意识》，《新史学》5．2（1994．6）：1—82；收入拙著，《优入圣域》，允晨版页217—311，中华版页185—260。

事。问题的症结即出在帝制时代里，重视的是正统思想的齐一性，孔庙从祀人选概由儒臣廷议，最终由最高政治权威——皇帝裁决，其过程审慎而漫长。从祀诸儒因“议久难定”，拖上数十年之久，历经数主，方告底定，亦大有人在。然而处于当前，由谁来决定“道统”的性质或儒学的时代精神？又有谁足负社会的重托，以审核或变动从祀人选？这的确费人心思。

另一方面，必须指出的是，孔庙实借着“从祀制”的运作，以期与当代的儒学思想与时俱进，历久弥新。距今最近一次的从祀更动，是民国八年（1919）颜元、李塨增祀孔庙，其意义在反映当时讲求实学的思潮。①但若就此维持祀制不变，则不啻认定民国八年的孔庙更置是儒学的“最终审判”，而得以亘古不变。然而，孔庙从祀制却可能从此僵化，而欠缺时代意涵。举例来说，孔子明言：“学而不思则罔，思而不学则殆。”②孔门本“学”、“思”并重，孟子、荀子各有所承；西汉以来，荀子之学兼具传经与传道之功，而明代中叶，缘心性之

---

① 民国八年1月3日，北洋政府徐世昌颁布“大总统令”，以颜元、李塨师徒从祀孔庙：“孔子道赞化育，陶铸群伦。自汉以降，代致崇典。……至于升堂入室之序，尤以躬行实践为归，不有表章，焉知遵率。先儒颜元、李塨，清初名硕，生平著书立说，本原仁孝，归功实用，深得孔子垂教之旨。……兹据内务部以颜李两儒有功圣学，呈请从祀两庑，位汤斌、顾炎武之次。事关祀典，咨度佥同，应予照行。”见《教育公报》6. 2（1919年2月20日），“命令”，页2；复印件见《政府公报》（台北：文海出版社，1971）。另可参见骆承烈、郭克煜主编，《孔子故里胜迹》（济南：齐鲁书社，1990），页94—101。

② 参见朱熹，《论语集注》卷一，“为政第二”，页57。

学盛行，荀子竟遭黜祀。[1]以今日的观点度之，极为不妥。是故，荀子倘若得以复祀孔庙，即可代表时下的学风，而孔庙立可获得另一番新鲜活泼的意涵。

理论上，孔庙从祀诸儒的进退目的，在反映各个时代儒家主流思想的动态。就文化设计的立场，孔庙从祀制深具历史意识；因此若少却从祀的运作，孔庙本身就隐没于历史之中，成为过去历史的纪录。换言之，孔庙从祀制的停滞，仪式上象征了儒家文化的结束或死亡；孔庙及其所象征的儒家文化，则沦为博物馆式的陈列物，儒家思想成为“考古的对象”，至多仅令人发思古之幽情，却与现实社会两不相涉。

套句莎士比亚《哈姆雷特》的语式：举行或不举行孔庙从祀制，兹事体大。毫无疑问，孔庙从祀制的恢复与否，对当代中国人在文化与心灵层面，都将是莫大的难题与考验；就在这里，我们亟待所谓真正“创造性的转化”出现。

最后，我想以主观式的随感，作为本文的结语。每回过目清代孔家七十三代衍圣公孔庆镕（1787—1841）的墨迹“守口不谈天下事，知心难得二三人”，总觉得其落寞之情，溢于言表，实在难以想象这副对联出自一位享尽人间荣华富贵且贵为天下第一家的主人者之手。然而，今日我们重提孔庙的问题，并非为孔氏一家一姓着想，重要的是，我们如何面对传统文化及其所衍生的困境。

---

① 荀子自北宋从祀孔庙，明世宗嘉靖年间遭到罢祀。详见拙文，《荀子：孔庙从祀的缺席者》，刘翠溶主编，《四分溪论学集：庆祝李远哲先生七十寿辰》（台北：允晨文化公司，2006），上册，页477—502。

刊于《当代》86（1993年6月）；收入《优入圣域：权力、信仰与正当性》（台北：允晨文化实业股份有限公司，1994、2004；北京：中华书局，2010）。

研究儒教的反思
——作为儒教圣域时的孔庙

> 曾经有个故事：有位醉汉在别处掉了家里的钥匙，却老是在街灯之下，寻寻觅觅，一无所获；别人好奇问他为何不去它处寻找呢？他回答说："这里比较亮呀！"
>
> ——Abraham Kaplan①

顾颉刚（1893—1980）在《古史辨自序》（1926）曾记述了一件陈年往事，他说：

> 有友人过我，见案头文庙典礼之书，叱嗟曰："乌用此，是与人生无关系者，而前代学者斤斤然奉之以为大宝，不可解甚也！"予谓不然。②

文中，顾氏虽未详细交代他何以有如此的判断，但他的回应实得我心之同然。

① Abraham Kaplan, *The Conduct of Inquiry : Methodology for Behavioral Science* (San Francisco: Chandler Publishing Company, 1964), p. 11.

② 顾颉刚，《古史辨》（台北：明伦出版社，据朴社 1926 年初版影印，1970），第一册，《自序》，页 31。

一、方法论的省思

个人研究儒教，因偶阅清人所撰的《文庙祀典考》①，而取儒教的圣域（holy ground）——孔庙（文庙）作为着眼点。此一进路聚焦神圣空间（sacred space）与信仰者的互动，而具有人类学的面相，却和前贤撷取教义（doctrines）与经典文本作为探索的重心，略有出入。纯粹概念的讨论，易流于凌空立论，而不符历史的实情。尤其与其他历史宗教比较，作为儒教圣典的《论语》，其宗教性显得有些迂回而力有未逮。

简之，迥异于以经典教义为依据的宗教，②儒教自辟蹊径，以祭祀仪式空间突显了它的宗教特质。权且搁此不论，一般探讨宗教的进路，不外涂尔干（Émile Durkheim，1858—1917）或韦伯（Max Weber，1864—1920）两种方式。③他们二位均是标杆性的学者，不仅在宗教学领域取得丰硕的成果，并且具有极清晰严谨的方法论意识。

涂尔干明白，传统以西方基督教为范式所下的定义，在研究其他社会的宗教有所缺陷，因此他不断予以修订；另一方面他却坚持宗教的探讨必须以清晰的界义作为前提。涂尔干研究

---

① 庞钟璐，《文庙祀典考》（台北：中国礼乐学会，据光绪四年刊本影印，1977）。

② 例如《圣经》（*the Bible*）之于基督教，《可兰经》（*the Koran*）之于回教，《吠陀》（*the Vedas*）之于印度教。

③ 参见 Bryan S. Turner, *Religion and Social Theory*（London: Sage Publications, 1991）, pp. 15 - 16。

澳洲土著的宗教时，即是遵循此一进路，①否则便可能搞混了研究的对象，以致前功尽弃。又，宗教心理学家詹姆士（William James，1842—1920）固然对执一不变的宗教定义感到不满，认为：“‘宗教’（religion）一词，与其代表任何单一的原则（principle）或本质（essence），毋宁是一集合的名称。”②但他的研究策略却是与涂尔干站在同一阵线。③

相对地，韦伯的取径截然有异。他不认为在研究的开端，便能知晓宗教的定义；相反的，唯有在研究完成之际，宗教的定义方能显现。甚至，韦伯认为宗教的本质并不是我们所关切的，最重要的，乃探讨某种社会行为的条件和效果。这诚然与他注重个人宗教行为的意义攸关。对韦伯而言，受宗教因素所激发的最基本的行为模式，系面对“此世”（this world）的。④

---

① Émile Durkheim, *The Elementary Forms of Religious Life*, trans. Karen E. Fields (New York: The Free Press, 1995), chap. 1.

② William James, *The Varieties of Religious Experience* (New York: Penguin Books, 1982), p. 26.

③ 詹姆士一方面认为所有宗教定义为徒然，另一方面即界定他所探讨的宗教心理原于“个人宗教”（personal religion）的范畴，而非“制度性的宗教”（institutional religion）。William James, *The Varieties of Religious Experience*, pp. 27 – 29. 类似的研究策略在晚近探讨宗教现象的著作中，依旧相当普遍。例如：泰勒（Charles Taylor, *b.* 1931）于其巨著《俗世的世纪》里，明白知晓界定“宗教”（religion）的困难，另一方面，则权挪“超越/内涵”（transcendent/ immanent）的分辨，以剖析其所拟定的议题。Charles Taylor, *A Secular Age* (Cambridge, Mass.: Belknap Press of Harvard University Press, 2007), p. 15.

④ Max Weber, *The Sociology of Religion*, trans. Ephraim Fischoff (Boston: Beacon Press, 1964), p. 1.

约言之，韦伯对“定义”的认知，其实与他的方法论的观点息息相关。他主张：

> 方法论只能帮助我们把研究中证明具有价值的方法，从思考的了解提升至明显的意识层面。它并非有效的智力工作的先决条件，就如解剖知识不是“正确”步行的先决条件一样。①

按，“定义”即归属方法的先行步骤。基本上，韦伯认为科学的建立与方法的拓展，端赖实质问题（substantial problems）的解决，而非依靠知识论或方法论的省思。韦伯的进路倾向历史的探索，在方法上采且战且走的策略。②晚近的人类学家亦倾向拒斥有所谓普世性的宗教定义，盖宗教定义的质素及构成关系，均具有历史的独特性，况且定义本身即是论述过程的历史产物。③

以上两种典范性的研究方式，各有所长。而我自己过去的研究取径较接近韦伯，其实却是受维根斯坦（Ludwig Wittgenstein, 1889—1951）晚期哲学的启发。④维根斯坦以“家族类似性”（family resemblance）的概念，取代“本质性定义”（es-

---

① Max Weber, *The Methodology of the Social Sciences*, trans. and ed. Edward A. Shils and Henry A. Finch (Taipei: Rainbow-Bridge Book Co., 1971), p. 115.

② Max Weber, *The Methodology of the Social Sciences*, p. 116.

③ Talal Asad, *Genealogies of Religion: Discipline and Reasons of Power in Christianity and Islam* (Baltimore: Johns Hopkins University Press, 1993), p. 29.

④ Ludwig Wittgenstein, *Philosophical Investigations*, trans. G. E. M. Anscombe (New York: Macmillan Publishing Co., 1968), p. 32.

sentialism)，令我茅塞顿开，眼界焕然一新，不只跳脱蔽固定义的无谓纠缠，①并且得以直捣问题的核心，径探儒教的宗教性格。②

维根斯坦的"家族类似性"，精神上系与尼采（Friedrich Wilhelm Nietzsche，1844—1900）相契。③尼采反复阐释：历史过程的复杂性令抽离时空的定义难以捉摸，他明言："惟有非历史的概念（concepts），方得予以定义。"④而"宗教"一词恰恰是历史文化的产物。

在19世纪的西方，攸关"宗教"（religion）一词，观念论者（idealists）业已玩尽了"字源学的把戏"（etymological

① 例如《作为宗教的儒教：一个比较宗教的初步探讨》一文。初载《亚洲研究》（香港）23（1997）：184—223；后收入拙著《圣贤与圣徒：历史与宗教论文集》（台北：允晨文化公司，2001、2004；北京：北京大学出版社，2005），允晨版页49—87，北大版页117—143。另收入游子安编，《中国宗教信仰——中国文化中心讲座系列》（香港：香港城市大学，2006）；以及陈明编，《儒教新论》（贵阳：贵州人民出版社，2010），页43—63。日译本《宗教としての儒教——比較宗教による初步的檢討——》，奥崎裕司、石汉椿编，《宗教としての儒教》（东京：汲古书院，2011），页74—110。

② 例如《圣贤与圣徒》一文。初载《"中央研究院"历史语言研究所集刊》71．3（2000．9）：509—561；后收入拙著，《圣贤与圣徒》，允晨版页89—179，北大版页144—204。

③ 参见Aydan Turanli，"Nietzsche and the Later Wittgenstein：An Offense to the Quest for Another World"，*The Journal of Nietzsche Studies* 26（Autumn 2003）：55－63。

④ Friedrich Nietzsche，*On the Genealogy of Morals*，trans. Walter Kaufmann and R. J. Hollingdale（New York：Vintage Books，1967），p. 80.

tricks）；但在古老的中国，却犹不能忘情于这出戏法。①在中国，无论支持或反对“儒教为宗教”的人，与其说寻找历史真正的根源，毋宁说在浩瀚的经典里各取所需，证成己说。

首先，正、反双方均喜援引儒家经典为己用，以主观性（美其称则谓“创造性”）的解释支持自身的立场。他们动辄诉诸训诂，以阐字义。例如：陈焕章（1880—1933）取《中庸》的“修道之谓教”以证成“孔教”；②陈独秀（1879—1942）却认为“教”者，意谓“教化”，非谓“宗教”；③蔡元培（1867—1940）进而质疑“孔教”殊不成名词。④双方于字义各遂己意，针锋相对，最终只供出了一个道理：阐释字义并无法解决概念的冲突。

究其实，经典或字义的争执仅是表象，真正的底蕴却是双方皆执“基督教”作为宗教的基型，以此裁度儒教。所不同的是，他们深受致用观念的影响，因此对基督教在西方历史的不同评价，直接左右了他们以儒教作为宗教的立场。以康有为（1858—1927）为例，他认为欧美所以强盛，不徒在政治与物

---

① 例如：唯物论者恩格斯（Engels）对观念论者费尔巴哈（Feurbach）的批评。参见 Frederick Engels, *Ludwig Feurbach and the End of Classical German Philosophy*（London: ElecBook, 1886）, pp. 32－33。

② 陈焕章，《孔教论》（收入《民国丛书》[上海：上海书店，据孔教会 1913 年版影印，1992]），第四编第二册，页 2—3，93。

③ 陈独秀，《驳康有为致总统总理书》（1916 年 10 月 1 日），《独秀文存》（合肥：安徽人民出版社，据 1922 年上海亚东图书馆本重版，1987），卷一，页 69。

④ 蔡元培，《在信教自由会之演说》（1917 年 1 月北京），孙常炜编，《蔡元培先生全集》（台北：台湾商务印书馆，1977），页 724—725。蔡氏甚至说“国教”亦不成一名词。

质方面，更根本的是基督教的教化。①相反地，梁启超（1873—1929）、陈独秀诸人却认为基督教在近代文明乃属陈旧势力，亟须加以革除。②

梁氏以《论语》曾记载孔子曰“未能事人，焉能事鬼”、“未知生，焉知死”以及“子不语怪力乱神”，遂定位孔子为“哲学家、经世家、教育家”而非“宗教家”。③而此一论点遂成此后儒教非宗教的基调。他又说“西人常以孔子与梭格拉底并称，而不以之与释迦、耶稣、摩诃末并称，诚得其真”④。梁氏等的看法，适见证孔子意象的蜕化，正逐步迈向其师——康有为所极力挞伐的“谬论”：“近人（遂）妄称孔子为哲学、政治、教育家，妄言诞称，皆缘是起，遂令中国诞育大教主而失之。”⑤ 惟观诸日后的发展，梁氏的说辞“孔教者，教育之教，非宗教之教”⑥，反而占了绝对的优势。

---

① 康有为，《孔教会序二》（1912 年 10 月 7 日），汤志钧编，《康有为政论集》（北京：中华书局，1981），下册，卷三，页 735—736。

② 梁启超，《保教非所以尊孔论》（1902），《饮冰室文集》（台北：台湾中华书局，1970），第二册，“文集之九”，页 53；陈独秀，《驳康有为致总统总理书》（1916 年 10 月 1 日），页 69—70。

③ 梁启超，《保教非所以尊孔论》，《饮冰室文集》第二册，“文集之九”，页 52。

④ 梁启超，《保教非所以尊孔论》，《饮冰室文集》第二册，“文集之九”，页 52。

⑤ 康有为，《请尊孔圣为国教立教部教会以孔子纪年而废淫祀折》（1898 年 6 月 19 日），汤志钧编，《康有为政论集》上册，卷一，页 282。

⑥ 梁启超，《论佛教与群治的关系》（1902），《饮冰室文集》第二册，“文集之十”，页 45。

要言之，梁氏不意启动了清末民初“儒教去宗教化”的按钮，从此“儒教非宗教之说”一发不可收拾，成为日后的主流论述；而今日绝大多数华人并不认同“儒教为宗教”，便是此一趋势的结果。①

概言之，清末以降的知识界，之所以视“儒教非为宗教”，原因大致有三：

其一，遵循“界义式的进路”（definitional approach），取当时的基督教作为一切宗教的基型（archetype），以衡量儒教的宗教属性。②必须点出的，基督教在历史上自有不同的样态；③而清末民初中国对基督教的认识，主要是传教士所引进的。该时各个基督教派毋宁以个人灵魂的救赎为主旨，而呈现私人宗教（private religion）的特征。此一特征与该时“追寻一己之福”的释、道二教相契，却与儒教在帝制中国所显现的公共宗教（public religion）的形态格格不入。这且说明了儒教的宗教性，在清末屡屡受到质疑，然而释、道二教的宗教地位却安然如故。

---

① 详细的论证，请参阅拙作，《清末民初儒教的去宗教化》，《古今论衡》22（2011. 6）：33—60；收入香港中大哲学系中国哲学与文化研究中心、刘笑敢主编，《中国哲学与文化》（桂林：漓江出版社，2012），第一〇辑，页177—202；又收入《从理学到伦理学》，允晨版页265—313，中华版页236—281。

② 请参阅拙作，《作为宗教的儒教》。

③ 基督教在历史上有繁复的面貌。简略的基督教发展史可参阅 Jaroslav Pelican，“Christianity”，in *The Encyclopedia of Religion*，ed. Mircea Eliade（New York：Simon & Schuster Macmillan，1995），vol. 3，pp. 348－362。

其二，清末民初的知识分子，陷于“教义”的论辩，而忽略了帝制时期（Imperial China）儒教所曾发挥的宗教角色与功能。①前述，梁启超即撷取《论语》，反证儒家非为宗教。究其实，经典的诠释与“教义”的真谛，大多为精英分子的兴趣，普通的信众则以“效益”与“灵验”为依归。②

最终，则涉及价值判断，盖其时“宗教”一词已沦为贬义，希冀儒教非为宗教，或予以改造为非宗教。③

有幸的是，由于偶然的机缘，个人在重建历史上孔庙祭祀制度的过程中，逐渐发现儒教的宗教现象及其独特的性质。业已隐微的儒教宗教特质，终得再次朗现。

二、历史上的儒教

反讽的是，无须繁复的论证，最便捷的方式，竟是直接寻绎传统社会对儒教信仰的认知。例如：明人冯梦龙（1574—1646）的《古今小说》对儒教位列“三教”之一，便辑有一段极生动的记载：

---

① 请参阅拙作，《解开孔庙祭典的符码——兼论其宗教性》，田浩编，《文化与历史的追索——余英时教授八秩寿庆论文集》（台北：联经出版公司，2009），页535—558。日译本：《伝统中国における孔子廟の祭典とその宗教性》（林雅清译），吾妻重二、二阶堂善弘编，《東アジアの儀礼と宗教》（东京：雄松堂出版，2008），页139—165。

② 揆诸事实，世上的芸芸众生有多少人是研读了宗教经典（例如：佛藏、道藏的文本）之后，才去参拜庙门的？答案恐甚少。这只要在古刹名寺门前，拦住信众一问究竟，则知不无根据。

③ 请参阅拙作，《清末民初儒教的去宗教化》。

从来混沌初判，便立下了三教：太上老君立了道教，释迦祖师立了佛教，孔夫子立了儒教。儒教中出圣贤，佛教中出佛菩萨，道教中出神仙。那三教中，儒教忒平常，佛教忒清苦，只有道教学成长生不死，变化无端，最为洒落。①

上段引文一望即知，作者于道教别有偏爱；但无意中道出三教虽有不同，但儒教的成德者——“圣贤”，与释教的“佛菩萨”、道教的“神仙”却均为信仰的典范（exemplars）。这些圣者咸得从祀立教者，其中尤以儒教的孔庙法度最为森严，其位阶素为中华帝国所一体奉行。②

民初陈焕章说得切中肯綮：“凡宗教必有教堂。”③惟他又汲汲辩道：“不能谓惟佛寺、道院、清真寺、福音堂等始可谓之教堂，而夫子之庙堂，独不可谓之教堂。”④他归结道：“孔教之教堂，则学校是矣，或曰文庙，或曰圣庙，或曰学宫。”⑤陈氏之有是言，着眼正是传统的“庙学制”，孔庙与学校联结

---

① 冯梦龙辑，《古今小说》（收入《古本小说丛刊》［北京：中华书局，1990］，第三一辑第一至四册），卷一三，《张道陵七试赵升》，页1a（总页553）。

② 请参见拙作，《学术与信仰：论孔庙从祀制与儒家道统意识》，《新史学》5．2（1994．6）：1—82。后收入《优入圣域：权力、信仰与正当性》（台北：允晨文化公司，1994、2004；北京：中华书局，2010），允晨版页217—311，中华版页185—260。

③ 陈焕章，《孔教论》，页27。

④ 陈焕章，《孔教论》，页27。

⑤ 陈焕章，《孔教论》，页27。

一体，有学必有庙。而“孔庙”正是儒教的教堂，儒教的圣地。①

其实不劳陈氏多费口舌，传统的士人对此自有定论。举其例：明弘治二年（1489）所撰的《重建清真寺记》便明确表达此一观点。它如是记载：

> 愚惟三教，各有殿宇，尊崇其主。在儒则有“大成殿”，尊崇孔子。在释则有“圣容殿”，尊崇尼牟（照原碑）。在道则有“玉皇殿”，尊崇三清。在清真，则有“一赐乐业殿”，尊崇皇天。②

惟需注意的，此处言及的“清真寺”并非伊斯兰教

---

① 关于孔庙与学校环环相扣的历史演进，请参阅拙作，《权力与信仰：孔庙祭祀制度的形成》，《大陆杂志》86. 5（1993. 5）：8—34。后收入《优入圣域》，允晨版页201—203，中华版页171—172。陈焕章以“孔林”为儒教的“圣地”，其实“孔庙”亦是“圣地”，特为点出。民初一位中国通庄士敦（Reginald F. Johnston，1874—1938）虽认为儒学非宗教，但见到国家祭孔典礼时，却很难不将这看作与基督教相对应的异教的仪式和教堂。Reginald F. Johnston，*Confucianism and Modern China*：*The Lewis Fry Memorial Lectures* 1934 – 35，*Delivered at Bristol University*（New York：D. Appleton-Century Company，1935），p. 77. 中译本：庄士敦著，潘崇、崔萌译，《儒学与近代中国》（天津：天津人民出版社，2010），页60。

② 转引自陈垣，《开封一赐乐业教考》，吴泽主编，《陈垣史学论著选》（上海：上海人民出版社，1981），页67—68。另见徐珂编撰，《清稗类钞》（台北：台湾商务印书馆，1966），第一五册，“宗教类（稗37）”，“青回回教”，页40。

(Islam)的聚会所，乃意指犹太会堂（synagogue）。①观此，虽然四教属性有别，但儒教的孔庙同其他宗教的圣域（holy ground）竟毫无轩轾。

不但如此，儒教甚至可与基督教及伊斯兰教并驾齐驱。以元宪宗（蒙哥汗）与道士的对话为例，他说：

> 今先生言道门最高；秀才人言儒门第一；迭屑人奉弥失诃，言得生天；达失蛮叫空，谢天赐与，细思根本皆难与佛齐。②

以上引言牵连甚广，有细绎之必要。首先，“先生”即道士的尊称，“秀才”望文即知为儒生。“迭屑”与“弥失诃”均为外语音译，意指基督徒与耶稣。“达失蛮”乃元代对伊斯兰教教士的通称。③此一引言显然旨在宣示宪宗以释教为依归。但从我们关注的脉络，却能看出儒教可与其他宗教并排齐观的事实。这种认知，下抵清代末叶犹未曾改变。有位自号“浮邱子”的读书人便言：

> 三代而上其教一，周秦以降其教三，暨乎今也其教五。所谓其教一，儒教是已。所谓其教三，儒教而外，赘

---

① 杨永昌，《中国清真寺名称的由来及其沿革》，氏著，《漫谈清真寺》（银川：宁夏人民出版社，1981），页1。陈垣，《开封一赐乐业教考》：“一赐乐业，或翻以色列，犹太民族也。”（页77）

② 祥迈，《辩伪录》（收入《大正新修大藏经》［台北：新文丰出版公司，1983］，第五二册），卷三，页770c。

③ 参见蔡美彪主编，中国历史大辞典辽夏金元史卷编纂委员会编，《中国历史大辞典·辽夏金元史卷》（上海：上海辞书出版社，1986），页314“迭屑”条，页334“弥失诃”条，与页478“答失蛮”条。又，“达失蛮”一作“答失蛮”。

以道教、释教是已。所谓其教五，三教而外，赘以天主教、回回教是已。①

显见在帝制中国，儒教与他教尚属同一范畴，直迄晚清，此一态势方始不保。

职是之故，一旦我们稍加浏览历代残存的孔庙碑文、地方志，以及大量私人文集中所录的“学记”、“庙学记”、“祭孔文”，甚或地方官循例所撰的“告先圣文”、“告先师文”等等文类，则信仰者或祭祀者心目中的“儒教”的宗教意象，立即跃然纸上。这些为数众多的文本，在在晓示儒教的宗教性质乃属官方的公共宗教（public religion），②换言之，也就是一般通称的“国家宗教”（state religion），而非今人较为熟稔的“私人宗教”（private religion）。

以下，则略为拣择若干文本，以佐证上述断言。

孔庙或孔子庙，顾名思义，系祭祀孔子以及历代杰出的先贤、先儒的儒教圣域，乃道统之所系。清圣祖（1654—1722）于康熙二十三年（1684）进谒阙里孔庙，敬题“万世师表”，

---

① 汤鹏，《浮邱子》（长沙：岳麓书社，1987），卷一一，《原教上》，页337。

② José Casanova，“Public Religion Revisited”，in *Religion*：*Beyond a Concept*，ed. Hent de Vries（New York：Fordham University Press，2008），pp. 101－119. 传统的公共宗教与晚近的公共宗教有所不同，后者着眼介于“国家”与“个人”之间的社会空间。20世纪80年代，西方兴起的公共宗教则请参阅 José Casanova，*Public Religions in the Modern World*（Chicago：University of Chicago Press，1994）。

悬于大成殿内。①这四个大字适透露孔庙主要的信仰者，不出统治者与士人阶级。

之所以致此，正是帝制时期，儒教与政治文化发展的积淀。按，自汉初以来，孔子从一介书生，逐渐演变成汉代政权的创制者。例如，现存最古之孔庙碑文见于《孔庙置守庙百石孔龢碑》，该碑立于东汉桓帝永兴元年（153），文中即明白宣示："孔子大圣，即象乾坤，为汉制作。"② 稍后，立于东汉桓帝永寿二年（156）的《鲁相韩敕造孔庙礼器碑》亦称道："孔子近圣，为汉定道。"③ 更迟，立于东汉灵帝建宁二年（169）的《鲁相史晨祠孔庙奏铭》，也称颂孔子"主为汉制，道审可行"④。

观上，孔子竟然神乎其神，能为数百年后的王朝定制，可见他已俨然成为"为汉立制"的先知。此例一开，后来的王朝则争相仿效，祭孔遂成"创业垂统，皇朝受命"的政教象征。举其例，魏文帝（187—226）履位之初，即访求孔氏圣裔，行

---

① 清圣祖，《康熙二十三年御题万世师表刻石》，骆承烈汇编，《石头上的儒家文献——曲阜碑文录》（济南：齐鲁书社，2001），下册，页800。按，该书虽较为系统地整理孔庙碑文，但仅止于曲阜一隅。地方上尚有为数众多的碑文，可资参考。举其例：韩愈的《处州孔子庙碑》，参见韩愈著，马其昶校注，《韩昌黎文集校注》（台北：华正书局，1975），页283—284；柳宗元的《道州文宣王庙碑》、《柳州文宣王新修庙碑》，参见《柳宗元集》（台北：汉京文化事业有限公司，1982），页120—126。

② 洪适，《隶释》（北京：中华书局，据洪氏晦木斋刻本影印，1985），卷一，《孔庙置守庙百石孔龢碑》，页15a—b。

③ 洪适，《隶释》卷一，《鲁相韩敕造孔庙礼器碑》，页18a。

④ 洪适，《隶释》卷一，《鲁相史晨祠孔庙奏铭》，页26b。

祭孔之礼，并定调孔子“可谓命世大圣，亿载之师表”①。

原先缘孔子能“模范百王，仁极天下”，因此“后世愿治之主，莫不宗之”，②日后则进而演变成规范性的成规，“有国家者所当崇奉”③。元代的曹元用（1268—1330）把其中奥妙，讲得极为透彻。他说：

> 孔子之教，非帝王之政不能及远；帝王之政，非孔子之教不能善俗。教不能及远，无损于道；政不能善俗，必危其国。④

“教不能及远，无损于道”，显然为儒生自贵之辞罢了。重要的是，曹氏道出统治者与祭孔之间互相为用的实情。

明代的创业之君——朱元璋（1328—1398），在与孔家圣裔对话中，则更露骨地表白：“你祖宗留下三纲五常，垂宪万世的好法度，你家里不读书，是不守你祖先法度。”⑤ 清代的雍正（1678—1735）于其上谕，也坦承：

---

① 魏文帝，《黄初元年鲁孔子庙碑》，骆承烈汇编，《石头上的儒家文献》上册，页62—64。陈寿的《三国志》则系于黄初二年（221），参见陈寿，《三国志》（台北：鼎文书局，1983），卷二，页77—78。

② 元成宗，《大德五年重建至圣文宣王庙碑》，骆承烈汇编，《石头上的儒家文献》上册，页248。

③ 元仁宗，《至大四年保护颜庙禁约榜碑》，骆承烈汇编，《石头上的儒家文献》上册：“孔子之道，垂宪万世，有国家者所当崇奉。”（页258）

④ 元文宗，《遣官祭阙里庙碑》（天历二年［1329］），孔贞丛，《阙里志》（明万历年间刊本，台北：“中央研究院”历史语言研究所藏），卷一〇，页40b。

⑤ 明太祖，《洪武元年朱元璋与孔克坚孔希学对话碑》，骆承烈汇编，《石头上的儒家文献》上册，页349。

孔子之教在明伦纪、辨名分、正人心、端风俗，亦知伦纪既明，名分既辨，人心既正，风俗既端，而受其益者之尤在君上也。①

"受其益者之尤在君上"，雍正无疑道出尊孔的底蕴。

盖历代统治集团祈求孔子"护国脉，安民生"、"文教昌明，举国蒙庆"，屡见不鲜。②明成祖（1360—1424）即祈求孔圣道："作我士类，世有才贤。左我大明，于斯万年。"③ 而元武宗（1281—1311）在加封孔圣"大成至圣文宣王"的谥号时，尚祈孔夫子"尚资神化，祚我皇元"④，均是此一心态的具体表征。而这正是传统公共宗教的特色，而为今人所忽视。

因此，祭孔一事不止泽及孔家子孙，明武宗（1491—

① 转引自庞钟璐，《文庙祀典考》卷一，雍正五年"雍正谕礼部"，页12b。

② 明神宗，《万历四十七年吕维基修孔庙疏碣》，骆承烈汇编，《石头上的儒家文献》下册，页681。地方官甚至怀疑，"近来荒灾异常，未必非文庙失修所致，修理一节，决难迟缓"。

③ 叶盛著，魏中平点校，《水东日记》（北京：中华书局，1980），卷一九，"太宗文皇帝御制重修孔庙碑文"（永乐十五年［1417］九月十九日立石），页191。并比较明孝宗《弘治十六年重立永乐十五年御制重修孔子庙碑》，骆承烈汇编，《石头上的儒家文献》上册："……作我士类，世有才贤。左我大明，于斯万年。"（页443）又，成祖庙号原为"太宗"，至世宗嘉靖十七年（1538）方改为"成祖"。

④ 元武宗，《大德十一年加封制诏碑》，骆承烈汇编，《石头上的儒家文献》上册，页250。另，《石头上的儒家文献》将此事误植为成宗所为。查元成宗于大德十一年（1307）春正月崩，大德十一年五月武宗即位，七月武宗加封"至圣文宣王"为"大成至圣文宣王"，来年（1308）方改年号为至大。见宋濂等，《元史》（北京：中华书局，1976），卷二二，页484。

1521）便敕告孔氏家人："兹惟我国家之盛事，非独尔一家之荣也。"① 其实，不止于孔家的殊荣，连儒生都与有荣焉；朝廷命官咸额手称庆："岂惟孔氏子孙有光，实天下儒服之士举有光也。"② 惟必须提示的是，并非所有统治者均对孔庙祭祀优崇有加，例如：明太祖曾一度停止天下通祀孔子；明世宗则借孔庙"毁像"、减杀祭孔礼仪，压制士大夫集团。③惟终究无法抹灭孔庙作为儒教圣域的事实。

按，孔庙乃"道统之所系"，本系儒生精神的原乡，因此晋谒孔庙遂成文人雅士朝圣之旅，特别是参访阙里孔庙，意义尤为非凡，致有"幸遂平生愿，今日获登龙"④ 之叹。以曾为地方官的理学大儒——朱熹（1130—1200）为例，举凡任官、辞官，均撰有"告先圣文"、"谒先圣文"、"辞先圣文"，以虔

---

① 孔继汾，《阙里文献考》（清乾隆二十七年刊本），卷九，页6下。

② 元惠宗，《后至元五年御赐尚醴释奠碑》，骆承烈汇编，《石头上的儒家文献》上册，页290。

③ 请参见拙作，《道统与治统之间：从明嘉靖九年（1530）孔庙改制论皇权与祭祀礼仪》，《"中央研究院"历史语言研究所集刊》61.4（1990. 12）：917—941；后收入拙著，《优入圣域》，允晨版页125—163，中华版页107—137。英译本见"The Cultural Politics of Autocracy: The Confucius Temple and Ming Despotism, 1368 - 1530", trans. Curtis Dean Smith and Thomas Wilson, in *On Sacred Grounds: Culture, Society, Politics, and the Formation of the Cult of Confucius*, ed. Thomas A. Wilson (Cambridge, Mass.: Harvard University Press, 2002), pp. 267 - 296。

④ 明思宗，《崇祯十三年王浃仁谒圣八咏诗碣·第一首"朔蚤谒圣庙"》，骆承烈汇编，《石头上的儒家文献》下册，页705。

告先圣之灵，无一非以阐扬斯文为己任，使天下学者知所依归。①

三、儒教的宗教性格

要之，迥异于“私人宗教”，儒教的祭孔主要为“昭一代文明之治”② 的集体诉求（collective appeals），而非邀个人的福祉。诚如传统对三教的分疏：儒教旨在“治世”，而佛教、道教却在个人的“修心”与“养生”上面。③

同时，孔庙祭典只允许官员与儒生参加。即使下迄清代末叶，孔庙照旧是“非寻常祠宇可比，可以任人入内游观”④。

就社会成员而言，士农工商，唯有士的阶级允予参与，而具有强烈的排他性与垄断性。是故，与一般百姓的关系，自然就相当隔阂。清初的礼学名家秦蕙田（1702—1764）一语点出百姓对孔子“尊而不亲”⑤ 的情结，不啻道破此中的底蕴。清

---

① 参阅朱熹著，陈俊民校编，《朱子文集》（台北：德富文教基金会，2000），卷八六。

② 参见明宪宗，《成化十二年褒崇先圣礼乐记碑》，骆承烈汇编，《石头上的儒家文献》上册，页409。另，《石头上的儒家文献》误植此文标题为成化十年（1474）。

③ 志盘，《佛祖统纪》（收入《大正新修大藏经》第四九册），卷四七，宋孝宗谓：“以佛修心，以道养生，以儒治世。”（页430a）

④ 见光绪廿四年四月初十日《申报》9022（1898年5月29日），第一版《阅报纪毁圣讹言一则率书其后》云：“文庙……非寻常祠宇可比，可以任人入内游观。”

⑤ 秦蕙田著，卢文弨、姚鼐等校，《五礼通考》（桃园：圣环图书公司，据味经窝初刻试本影印，1994），卷一一七，页1b。

末的严复（1854—1921）复见证庶民百姓“无有祈祷孔子者”①，他说：

> 今支那之妇女孺子，则天堂、地狱、菩萨、阎王之说，无不知之，而问以颜渊、子路、子游、子张为何如人，则不知矣。②

他又观察道：“中国之穷乡僻壤，苟有人迹，则必有佛寺尼庵，岁时伏腊，匍匐呼吁，则必在是，而无有祈祷孔子者。”③连当时保教甚力的康有为亦不得不坦承：“吾教自有司朔望行香，而士庶遍礼百神，乃无拜孔子者。”④这无疑是着眼信仰者的行为而发。

冯友兰（1895—1990）在他的回忆录《三松堂自序》，刊载了这么一段孔庙的趣谈：

> 有个笑话说，关帝庙、财神庙的香火很旺盛，有很多人去烧香。孔子的庙前很冷落，很少人去烧香。孔子有点牢骚。有个聪明人问孔子：你有关公的大刀吗？孔子说：没有。又问：你有财神爷的钱吗？孔子说：也没有。那个

---

① 严复，《保教余义》（1898年6月7日—8日），林载爵编，《严复文集编年（一）》（收入《严复合集》［台北：辜公亮文教基金会，1998］，第一册），页157。

② 严复，《保教余义》，林载爵编，《严复文集编年（一）》，页157。

③ 严复，《保教余义》，林载爵编，《严复文集编年（一）》，页157。

④ 康有为，《两粤广仁善堂圣学会缘起》（1897年5月17日），姜义华、吴根梁等编校，《康有为全集》（上海：上海古籍出版社，1990），第二集，页621。

人就说：你既然没有关公的大刀，又没有财神爷的钱，那当然没有人理你，你何必发牢骚呢！

冯氏在登录了这个笑话之后，复加了如是的按语："这虽然是个笑话，但说的也是社会上的实际情况。"①

然而"儒门淡薄，收拾不住"，并不止于此。在传统民间社会，与孔庙同属文庙系统的"梓潼庙"、"文昌庙"反而香火鼎盛，甚至达到"梓潼，则靡士而勿祀"② 的光景，而相形之下孔庙则见冷落，此一奇特的现象殊堪留意。譬如：在帝制时代，孔夫子所传的儒教经典原为科考最终的依据，然而考生却是向文昌、魁星祈求功名，而非向孔子本人，其亲疏于此尽见。这种情况，即使在今日的台湾依旧如此，台北的文昌宫每逢考试季节，七千盏光明灯不歇时销售一空；反观去孔庙祈求加持考运的考生，却寥寥无几。

其实，在太平天国起义前夕，传播福音的梁发（1789—1855）就指出：

> （儒教）所以把文昌、魁星二像，立之为神而敬之，欲求其保庇睿智广开、快进才能、考试联捷高中之意。然中国之人，大率为儒教读书者，亦必立此二像奉拜之，各人亦都求其保佑中举、中进士、点翰林出身做官治民矣。③

---

① 冯友兰，《三松堂自序》（收入《三松堂全集》[郑州：河南人民出版社，1985]，第一卷），页 44。

② 陈确，《陈确集》（台北：燕京文化出版公司，1984），卷七，《圣庙议》，页 190。

③ 梁发，《劝世良言》（台北：台湾学生书局，影印美国哈佛大学藏本，1965），卷一，《论世人迷惑于各神佛菩萨之类》，页 5a—5b。

梁启超在清末亦供出当时的学塾“吾粤则文昌、魁星，专席夺食，而祀孔子者殆绝矣！”① 梁氏又感叹道：

> 入学之始，（文昌、魁星）奉为神明，而反于垂世立教大成至圣之孔子，薪火绝续，俎豆萧条，生卒月日，几无知者。②

按，孔圣诞辰向来官民殊少措意，原是历史的事实。迟迄雍正五年（1727），孔子诞辰甫由异族统治者——清世宗定为斋日。③但其继承者乾隆旋另持异议，认为“诞辰之说，出于二氏，经传不载。……士不通经，所宜摈斥”④。其实，孔诞非但无法与释、老二氏相比，竟连与民俗神祇若观音、关帝、鲁班、罗祖均无法比拟。⑤而文昌、魁星，民间一向认为是司命、司禄之神，与百姓有切身的关系，相较之下，孔子神格则显得模糊而遥远。

又，孔庙拒庶民于“万仞宫墙”之外，而文昌宫、梓潼庙则是大门敞开，欢迎四方信众。⑥二者重要的差别可能存于：

---

① 梁启超，《变法通议》（1896），《饮冰室文集》第一册，“文集之一”，页49。

② 梁启超，《变法通议》，《饮冰室文集》第一册，“文集之一”，页49。

③ 参阅庞钟璐，《文庙祀典考》卷一，“雍正五年春二月谕内阁”，页11b—12a。

④ 转引自陈垣，《孔子诞感言》，陈智超编，《陈垣全集》（合肥：安徽大学出版社，2009），第一册，页49。

⑤ 陈垣，《孔子诞感言》，陈智超编，《陈垣全集》第一册，页49。

⑥ 试比较陶希圣，《梓潼文昌神之社会史的解说》，《食货月刊》复刊2．8（1972．11）：1—9。

孔庙作为官方祀典，基本上是国家的宗教，而非个人的宗教（personal religion），而文昌、梓潼却是地道的民俗信仰。

四、尾语

此外，孔庙祭典的宗教意义之所以受到忽略，与近代的思潮亦息息相关。析言之，清末以来，传统礼制备受攻击，因此有心阐发儒家义理者，恒舍“礼”而就“仁”，谭嗣同（1865—1898）的《仁学》便是最经典的代表。①自此以往，蔚为风潮。民国以来，自诩为新儒家者，从第一代至第三代，几乎无一例外。因此，“仁学”被奉为近代儒学思想的圭臬。清朝溃亡之后，中华帝国体制遂随之崩解，作为传统社会支柱的儒家礼教，更遭受全面的抨击。礼崩乐坏之后，梁漱溟（1893—1988）说的得当：“礼乐是孔教惟一重要的作法，礼乐一亡，就没有孔教了。”②既无外显的形体（礼），毋怪后起的新儒家只得高扬“心性之学”，朝“仁”的超越层面，寻求内在心灵的寄托，以致当代新儒家只敢高谈危微精一的“仁”，而不敢奢言文质彬彬的“礼”；岂非忘记孔子所谓“仁”，需

---

① 谭嗣同，《仁学》（收入《谭嗣同全集》［北京：中华书局，1981］，下册），页289—374。

② 梁漱溟，《东西文化及其哲学》（香港：自由学人社，1960），第四章，页140—141。

“克己”、“复礼”互济，方能一日天下归仁。①换言之，徒有精神层面的“仁”，而无有践形的“礼”，儒家难免成为无所挂搭的游魂，与现实社会两不相涉。职是，晚近的新儒家复受西方启示，②只顾抉发形上层面的“宗教性”、“精神性”，顾此失彼，其前景委实令人担忧。

唯一例外的是，西方哲学家芬格列（Herbert Fingarette，*b.* 1921）孤鸣独发，在1972年发表《孔子：即凡作圣》（*Confucius: the Secular as Sacred*），论证“礼”在孔子原始思想的枢纽地位。芬氏鉴于中外的儒学专家往往受近代西方哲学心理主义的影响，过度解释《论语》的内在主体（主观）思想。他受奥斯汀（John Langshaw Austin，1911—1960）“展演言语”（performative utterance）概念的启示，刻意彰显“礼”的行为意义，论证“仁”、“礼”乃一体两面，缺了“礼”，则“仁”无所指。③这一提出，在西方汉学界造成极大的论战，但在东方则寂然罕闻。

且勿论芬氏的说辞是否周延无误，他确是无意中平衡了往

---

① 参见朱熹，《论语集注》（收入《四书章句集注》[北京：中华书局，1983]），卷六，“颜渊第十二”：“颜渊问仁。子曰：‘克己复礼为仁。一日克己复礼，天下归仁焉。为仁由己，而由人乎哉?’”（页131）

② Peter van der Veer, “Spirituality in Modern Society”, in *Religion: Beyond a Concept*, pp. 789–797.

③ Herbert Fingarette, *Confucius: The Secular as Sacred* (New York: Harper & Row, 1972). 奥斯汀的语言分析哲学，则见J. L. Austin, *How to Do Things with Words* (Cambridge, Mass.: Harvard University Press, 1962)。文本根据为1955年奥氏在哈佛大学一系列的讲稿。

昔只向“仁”一端倾斜的儒学。可是新儒家与芬氏固然在义理上有所出入，二者仍然只就儒家经典上“做文章”，却殊少留意传统儒教信仰者的实践层面：这包括了制度面的孔庙祭礼以及信仰者主观的认知。职是之故，探讨“孔庙”作为儒教的祭祀制度，于当前显得特别迫切。因为作为儒教礼制核心的孔庙，民初以来同受到极大的破坏与蔑视，造成原有的宗教意涵闇暗不明、隐而未发。

归结起来说，个人探究儒教进路，若有任何特点的话，首先系受西哲维根斯坦的启发，得以摆脱宗教定义的纠缠。①这项转向毋乃是祛除观念障碍的工作，属于“破”的成分居多。而所“立”的，则是径取孔庙作为圣域，以剖析儒教的宗教性格。也就是说，聚焦儒教的空间实践，而暂拟搁置经义的争执，希冀孔庙圣域的探讨可充作一把钥匙，适时解开儒教的宗教之谜。

刊于《東アジア文化交涉研究：東アジア文化交涉學の新しい展望》别册8（大阪：关西大学文化交涉学教育研究据点，2012年2月）；收入《从理学到伦理学：清末民初道德意识的转化》（台北：允晨文化实业股份有限公司，2013；北京：中华书局，2014）；又收入《儒教的圣域》（香港：三联书店，2015）；又收入《思想的芦苇》(上海：上海人民出版社，2017)。

---

① 《正义论》（*A Theory of Justice*）的作者劳尔思（John Rawls，1921—2002）亦曾自道，他能逐渐发展自己的“公平理论”的原因之一，在于放弃以往分析哲学的讨论方式，避免为“字义”的“厘清”纠缠不休。参见 John Rawls，*A Theory of Justice*（Cambridge，Mass.：Belknap Press of Harvard University Press，1971），p. xi。

文学的真实与历史的真实

——王冕之死①

元末明初的狂士——王冕（1287？—1359），经由吴敬梓（1701—1754）著名小说——《儒林外史》的渲染，他孤傲而才气纵横的形象，业已栩栩如生地烙印在广大读者的心灵，不只成为传统士人所景仰的偶像，也变成家喻户晓的人物。吴敬梓置王冕为全书的首回，与其他章回所刻画的读书人庸俗不堪、令人发笑的丑态恰成对比，正符合作者所自述“说楔子敷陈大义，借名流隐括全文”②的用意，在艺术创作上，自是绝大的成功。但小文所要探讨的，却是历史的事实与文学创作之间，曲折的紧张性和创新性。

王冕在家乡，可是个“偶像破坏者”。他曾有“爨下缺薪，则斧神像爨之”③ 的惊世骇俗之举；又曾夜坐佛膝上，映长明

---

① 小文撰写的过程，受到林胜彩博士协助以及黄元意同学的讨论，特此致谢。

② 吴敬梓，《儒林外史》（台北：联经出版公司，1978），第一回。

③ 陆容，《菽园杂记》（收入《笔记小说大观》［台北：新兴书局，1976］，第一四编），卷十二，页1244。

灯读书。①

但最值得玩味的是，史传与小说各自如何交代王冕最后的结局。细绎留存至今的文本，“王冕之死”却极具争议，难下定论。大略言之，王冕之死古今史籍不外归诸两大原因：其一，暴毙，其二，遇难。而两大原因各拥文献证据。②

宋濂（1310—1381）的《王冕传》向来为后世所尊，③王冕“暴毙”不仅成为主流论述，更成为《明实录》、《明史》的依据。④宋氏认定朱元璋（1328—1398）曾“物色得冕，置幕府，援以咨议参军，一夕以病死”⑤。由于宋濂系明初开国功臣，素负文名，他的说法遂为众人所取。但倘若比对该时的原始史料，则颇有斟酌的余地。

职是之故，清初大家朱彝尊（1629—1709）交代王冕晚年的下场，则与宋濂所述迥然有异。他特为表彰王冕对于朱元璋“不降其志以死者”，因别为立传，图欲上之“史馆”，希冀编

---

① 宋濂，《王冕传》，《芝园后集》（收入《宋濂全集》[杭州：浙江古籍出版社，1999]），卷十，页1473。

② 另有溢出历史的神仙说（若明末散文家张岱之辞），则不予论列。见张岱纂，《越中三不朽图赞》（民国七年绍兴印刷局重刻本），页102b。

③ 宋濂，《王冕传》，页1473—1475。

④ 张廷玉等，《明史》（北京：中华书局，1974），卷二八五，页7311。李景隆等撰，黄彰健校勘，《明太祖实录》（台北：“中央研究院”历史语言研究所，1966），卷七，页2a—2b（总页79—80）。

⑤ 宋濂，《王冕传》，页1475。

纂者慎择,①可见朱氏认真的态度。

朱氏的质疑，无非本诸王冕的同乡徐显（生卒年不详）的说辞。徐氏系王冕好友，王冕北游南归，告诫徐显天下将大乱，遂决定南栖归隐。②徐显也替王冕写了篇传记，文末说王冕遭寇（明军）挟持见“大帅”，冕慷慨晓以大义，但“明日君疾，遂不起，数日以卒”，众人为之具棺服敛，墓碑署曰“王先生墓”，可见犹为一介平民。③徐显论赞王冕云：“卒能使暴戾之寇，格心起敬，浩然之气，至死不衰。”④所以只能直称“元逸民”，而与尔后官修《明史》入列“文苑传”，显有歧出。

但在艺术再现上，王冕这一人物则别有一番意味。盖以历史人物作为文学创作的题材，虽仍存有大幅想象发挥的余地，但比起全然虚构的人物，多少受到时空与史实的若干制约；最为后人所津津乐道的，莫若《三国演义》之于《三国志》。换言之，文学创作固然依违于历史的缝隙之间，却非完全受其范围。视《儒林外史》为“稗官”文类的闲斋老人，便认为

---

① 朱彝尊，《王冕传》，氏著，《曝书亭集》（台北：世界书局，1964），卷六四，页 741—742。可惜官修《明史》终究仍本诸宋濂之说。

② 徐显，《王冕》，氏著，《稗史集传》（收入《四库全书存目丛书》［台南：庄严文化公司，1996］，史部第八七册，据北京图书馆藏明刻本影印），页 16b。

③ 徐显，《王冕》，页 17a。该文复为时人张辰《王元章传》所本，参见陈遹声、蒋鸿藻纂修，《诸暨县志》（清光绪三十四年修，宣统三年刊本，扉页题名“国朝三修诸暨县志”），卷五一，《明张辰彦晖王元章传》，页 18b—20a。

④ 徐显，《王冕》，页 17b。

“稗官为史之支流，善读稗官者可进于史”①。他举《三国演义》为佐证，说道：

> 《三国（演义）》不尽合正史，而就中魏晋代禅，依样葫芦，天道循环可为篡弑者鉴，其他蜀与吴所以废兴存亡之故，亦具可发人深省。②

可见“文”与“史”之间的关系，并非仅以“虚构”与“事实”的分辨，就可以一语道尽，其辩证关系需得逐一详究。

宋濂的《王冕传》说“冕屡应进士举不中”，但在《儒林外史》里却绝口不提王冕曾屡试不中之事，刻意将其塑造成无意仕进，“不求官爵，又不交纳朋友，终日闭门读书”的高士。按，文学创作本不须“秉笔直书”，与史实小大出入可也。

又，王冕原以“画梅”见长，倚此闻名于世。但在《儒林外史》里却不提“梅花”，改以画“荷花”见著；按，“荷花”作为象征，不外取喻释教佛本身或载道工具，但核诸王冕生平素不礼佛、敬佛，则知非其所本。职是，《儒林外史》里塑造王冕画荷的寓意，应与佛教无关。作者吴敬梓较可能取材自北宋大儒周敦颐（1017—1073）的传世名文《爱莲说》③，将出淤泥而不染、不蔓不枝、香远益清、可远观而不可亵玩的莲花，转化作君子洁净高超的象征。

王冕似曾见过明太祖，明初刘辰（1334—1412）的《国初事迹》里，载有以画梅著称的王氏，曾赴金华见太祖，太祖待

---

① 闲斋老人，《儒林外史序》，见《儒林外史》，页1a。

② 闲斋老人，《儒林外史序》，页1b—2a。

③ 周敦颐，《爱莲说》，《周濂溪先生全集》（收入《百部丛书集成》［台北：艺文印书馆，1968］，第二六册·正谊堂全书第一函，据清康熙张伯行编同治左宗棠增刊本影印），卷八，页1a。

之颇厚，曰：“我克绍兴，看你做知府。”①遂赐衣服遣回，并未任用。按，该书类案牍之辞，逐条纪实，行文朴质，无所隐讳，应有所据。甚至复传有王冕曾献奇计于明军之事，告以攻城之略，却惨遭溃败，王冕得咎，遂受疏远。②明人另有传言，云“洪武开国之初，所以待元绅士者极其优厚，奖其忠义而抑其顽钝、无耻者”；反讽的是，名列“忠义者”的王冕却落得如此下场：“诸暨王冕，值大兵攻城，舁至军前，直言而死。此又忠义者之果于自决，非为上者之不优容也。”③ 此似为太祖开脱之言。诸如此类遁词，不禁启人疑窦。

相反的，宋濂并未亲见王冕，却着意为之立传，恐缘当时两军对垒（朱元璋与张士诚），王冕为该时名士，其投效与否，大有文宣价值。此外，明初另一国师刘基（1311—1375）也为王冕的《竹斋集》写过序。④一介逸士需劳得两位重要的开国

---

① 刘辰，《国初事迹》（收入《四库全书存目丛书》史部第四六册，据北京图书馆藏明秦氏绣石书堂钞本影印），页4。关于该书评价，请参阅纪昀等，《钦定四库全书总目》（台北：台湾商务印书馆，1983），卷五二，页37b—38a。

② 徐勉之，《保越录》（收入《丛书集成初编》[长沙：商务印书馆，1939]，第三九〇六册，据《学海类编》、《艺海珠尘》及《十万卷楼丛书》本排印），页11—12。萧良幹等修，张元忭等纂，《绍兴府志》（台北：成文出版社，据明万历十五年刊本影印，1983），卷四三，页22a。

③ 来集之，《倘湖樵书》（收入《续修四库全书》[上海：上海古籍出版社，1997]，第一一九六册，据上海图书馆藏清康熙二十一年倘湖小筑刻本影印），卷九，页55a，56b。

④ 刘基，《竹斋集序》，王冕著，寿勤泽点校，《王冕集》（杭州：浙江古籍出版社，2012），页290—291。

文臣为其作传、写序，显得十分不简单。

疑团是：以王冕的狂傲自恃、放言无碍，遇上素轻儒生、拒听雅言且嗜杀的朱元璋，恐凶多吉少。太祖诛杀其义子亲侄朱文正（1336—1365?）的罪名，正是“亲近儒生，胸怀怨望”①。何况太祖毫不掩饰地径告其近臣：“金杯同汝饮，白刃不相饶。”②王冕处境的艰危，可想而知。

惟王冕的死因扑朔迷离，徒增后世史册纷扰，致难为其清楚定位。清乾隆三十八年（1773）纂修的《诸暨县志》即反映了此一窘境，它如是记述道：

> 王冕，万历《绍兴府志》列“儒林”，《浙江通志》载《续高士传》列“隐逸”，《续宏简录元史》③列“文翰”，《明史》列“文苑”；今录宋濂传，仍拟列“儒林”。④

该书采宋濂之说，故将王冕入列“儒林”，但不得不承认和其他史册的分类多有分歧。

吴敬梓则在两橛之间，借文学创作，将王冕刻画成始终如一的高逸之士，通过艺术加工，使其形象臻于完美，并超拔于

---

① 吴晗，《朱元璋传》（北京：三联书店，1949 沪初版），页200。刘辰，《国初事迹》，页8。孙宜，《洞庭集》（成都：巴蜀书社，1993），“大明初略三”，页506。

② 张廷玉等，《明史》卷一三九，页3987。并请参阅吴晗，《朱元璋传》，第五章“恐怖政治”。

③ 此书指邵远平撰，《续弘简录元史类编》，共四十二卷，清康熙时期刻印。

④ 沈椿龄等修，楼卜瀍等纂，《诸暨县志》（台北：成文出版社，据清乾隆三十八年刊本影印，1983），卷二五，页9a。

历史枝节的纠缠。在《儒林外史》里，王冕最终选择躲避明朝征召，吴敬梓如此交代：

> 王冕隐居在会稽山中，并不自言姓名；后来得病去世，山邻敛些钱财，葬于会稽山下。……可笑近来文人学士，说着王冕，都称他做王参军！究竟王冕何曾做过一日官？①

观此，作者让王冕“得病而死”，且不曾“做王参军”，在史料两相对垒的夹缝中，开拓权宜的想象空间，也实践了他将王冕形塑成“嵚崎磊落”之士的宿愿。因为王冕即使怀有经世之志，并不见得愿意投效明军。他所处的历史情境乃是多方势力竞逐的场域，包括旧有的元朝政权、新起的张士诚（1321—1367）和草莽出身的朱元璋。回旋其间，委实令人难以适从。其生平遭遇，为各方势力各取所需，遂呈现传闻异辞的状态。

于此，顾颉刚（1893—1980）的“古史层累说”，也可适用在后世的历史人物上，例如王冕的境遇。原先朴质的原始记述，愈到后世，愈形丰富。即使事隔多年，好事者则捕风捉影、臆想出偌多追加之辞，甚至达到绘声绘影的地步，诸如明太祖与王冕生动的对谈内容。②

析言之，攸关王冕的生死，既存史料的分歧与矛盾，在在使得发掘历史真相者，难以取得定论。相形之下，反倒是《儒林外史》里的“王冕”，由于作者精心刻画，呈现了风格完整

---

① 吴敬梓，《儒林外史》，页12。

② 郎瑛，《山农刺时》，氏著，《七修类稿》（北京：中华书局，1959），卷二九，页446。李西月编，《张三丰集》（扬州：江苏广陵古籍刻印社，1996），卷二，“王山农”，页27b。

的理想形象，充分体现了艺术的真实性（authenticity）。盖吴敬梓所形塑的“王冕”，至能体现王冕的真精神（ethos）。王氏在晚年所作的一幅画中，即兴书写虚拟的“梅先生”，他人一望即知系王冕的自况之辞。《梅先生传》的文末，王冕借“太史公”的口吻总结道：

> 梅先生，翩翩浊世之高士也。观其清标雅韵，有古君子之风焉。彼华腴绮丽，乌能辱之哉！以故天下人士景爱慕仰，岂虚也耶！①

诚如其所述，则吴敬梓笔下的“王冕”，是否更加契合王冕的自我形象呢？果真如此，岂非印证了西哲亚里士多德（前384—前322）所说的“诗比历史拥有更为普遍真实的意涵”②？！

刊于《书城》总第124期（2016年9月）。

---

① 王冕晚年（乙未年，即1355年）作“照水古梅轴”，右上方自题“梅先生传”。《梅先生传》收入寿勤泽点校，《王冕集》，页278。

② Aristotle, *Poetics*, in *The Complete Works of Aristotle: The Revised Oxford Translation*, ed. Jonathan Barnes (Princeton: Princeton University Press, 1995), vol. 2, p. 2323.

以序为书

——评介《朱熹的历史世界》[1]

“以序为书”在近代学术史，计有两位：前有梁启超（1873—1929），今有余英时。

民国九年（1920），梁启超替蒋百里的《欧洲文艺复兴史》作序，下笔不能自已，文成竟与蒋著相埒，遂别刊成册，此为《清代学术概论》的由来。该书虽属急就章，但规模宏阔，影响深邃，一时传为美谈。

梁氏在书序里尝夸言“天下古今，固无此等序文”，其自豪之情溢于言表。惟意想不及八十年后的余英时竟重历其境，有过之而无不及。

《朱熹的历史世界》系余英时教授自美国普林斯顿大学（Princeton University）荣退之后，完成的首部巨著，其著述因缘与梁氏颇有巧合之处。原来余教授应“德富文教基金会”之托，为《朱子文集》的新标点本作序，结果思绪澎湃，下笔不能自已，稿成千余页，都五十万余字，掷地有声。

论才思敏捷，梁氏名著费时仅十五日，而余氏则历时三载

---

① 余英时著，《朱熹的历史世界》（台北：允晨文化公司，2003），上册 512 页，下册 600 页。

方告杀青，表面上，前者略胜一筹。惟究其实，乃学术积累不同所致。

梁氏固承乾嘉之后今文绪余，于有清一代学术如数家珍，故能一气呵成，了无窒碍。反观民国以来，“朱子之学”乃名家必争之地。自张君劢以下，周予同、钱穆、范寿康、陈荣捷诸大贤，甚至包括新儒家的唐君毅、牟宗三均有所着墨；晚一辈的刘述先、陈来、郑樑生等逢此热门议题，自不轻易放过；耕耘有年的扶桑学界尤不在话下，例如从老一辈的有田和夫、后藤俊瑞，至诸桥辙次、佐藤仁、间野潜龙，堪称名家辈出。

近十年，朱学复若雨后春笋，四处冒出，中外著作不下百部。后起造作者，若要推陈出新，脱颖而出，绝非易事。余教授即舍弃陈说，另辟蹊径，直接进入朱熹的历史世界。果不出所料，他获致不同凡响的成果。

全书粗窥之下，略显扑朔迷离。该书的结构“序中有序”、“书中有书”，初阅者仿佛踏入无尽宝藏的迷宫。但若明白“知人论世”系余教授撰述本书唯一的指导原则，便不难拾阶而上，窥其堂奥了。

所谓“序中有序”，肇因时空异动，故本书二序并列，虽然详略有别，咸在撮述著作因缘与论学大要。“书中有书”则是该书尚分“绪说”、“通论”与“专论”三大卷，可各自独立成篇，复又前后呼应，互为文本。

一代大儒朱熹，生于南宋高宗建炎四年（1130），卒于宁宗庆元六年（1200），享寿七十有一。在中国思想史上，他系承先启后的关键人物，而且奠定了尔后八百年的学术规模，其重要性毋庸置疑。可是《朱熹的历史世界》既非他的生平传略，亦非他的思想阐释；观其副题却是“宋代士大夫政治文化的研究”，此似有避重就轻之嫌。其实这正是余教授匠心独运之处：详人所略，略人所详。

按朱熹少时即以兴起斯文为已任，终其身孜孜不倦，其为学博大精深，经、史、子、集，罔不究心；易言之，他于今日文、史、哲领域均留下了极为丰富可观的成绩，可供后人钻研。因此向来的研究遂集中于学术层面的探讨，这原无可厚非。

相对于学问的成就，朱熹的政绩殊不成比例。朱熹的高弟——黄榦，在为其师所撰的《行状》中，总结朱子的从政纪录时说道：

> （朱子）自筮仕（出仕）以至属纩（辞世），五十年间，历事四朝，仕于外者仅九考，立于朝四十日。道之难行也如此。

关于“立朝四十日”，余教授有极精辟的考辨（详见该书第十章“孝宗与理学家”）。更重要的，黄榦的结语“道之难行也如此”，适一语道尽朱熹一生政治活动的困顿。而这恰是余教授分析的起始点。

原来就在上述引言之前，《行状》有一段话读来颇为唐突，黄榦一边为其师的忧国情怀见证道：“先生平居惓惓，无一念不在于国。闻时政之阙失，则戚然有不豫之色。语及国势之未振，则感慨以至泣下。”这段话情词恳切，令人动容；然而黄氏笔锋突然一转，复写道：“然（先生）谨难进之礼，则一官之拜，必抗章而力辞；厉易退之节，则一语不合，必奉身而亟去。”要之，朱熹绝非矫情做作之人，然而进退辞受之间，却如此煞费周章，的确让人费解。

吾人倘只欲求得浮泛之解，黄榦的说辞信手拈来即可敷衍了事，黄氏就当褒扬其师道：“其事君也，不贬道以求售；其爱民也，不徇俗以苟安。”可是这终究仅止于赞扬之辞，对理解朱熹行事何以如此自高自贵，并无太大的帮助。

为谋彻底解开此一谜团，余教授遂拉长分析的焦距，将观察的焦点延伸至北宋。在那段时期，士人的政治主体意识获得空前的发展，非但“以天下为己任”，且直逼“与君共治天下”的态势；而正是这种政治基调的延续，使得南宋理学以道自任，立于参政的制高点而不坠。

理学与政治的关系素来若隐若现，故学界乏人问津，其中的曲折复非三言两语可以交代得清楚。余教授于是以本书的大半篇幅，去完成此项披荆斩棘的工作。

开宗明义，余教授便厘清了“道统”与“道学”的纠葛；复假途剖析古文运动与新学、道学的形成，点出道学家“辟佛”的真相。本书的重头戏当然是宋代政治文化的特色，以及“士”的地位；顺此而下，自然涉及党争与南宋理学的崛起。其中所涉的学术起伏，例如北宋儒学的复兴、新学与道学的交锋与最终朱学的胜利，以及孔庙从祀制等，均可从旁佐证。

在剖析的过程中，余教授胜义迭出，譬如考出“国是”的政治运作，为两宋政治史添写了崭新的一页；另外，上篇中理出“道统”、“道学”的原始真义，下篇里阐发朱、陆（九渊）“皇极”争辩的政治涵义，均是道前人所未道。

细言之，“道学”原指“黄老之学”，自宋初始渐取得今义。这与《宋史·道学传》的论断“‘道学’，古无是也”全然吻合。而“道统”一词，则迟迄南宋方才出现。记忆所及，朱门后学王柏于跋《道统录》时，载有段话足可印证余氏的分析：“道统之名，不见于古而起于近世，故朱子之序《中庸》，拳拳乎道统之不传，所以忧患天下后世也深矣。”①

此外，历来攸关“皇极”的论辩，若非深陷字义训诂的泥沼，即是溺于捕风捉影的玄虚之谈，而余教授适时的政治诠解，令人豁然开朗，大惑顿解。

须知宋明理学的研究，总是留滞在概念层次的论辩，无多新义，而方法陈旧不堪，又早为人诟病。相形之下，余教授结合政治史与文化史的进路，确实耳目一新，而所涵盖时序之长与范围之广，复非西方“新哲学史”（以史基纳［Quetin Skinner］为代表）所能望其项背。

最后姗姗来迟的是书中的主人翁——朱熹，透过他的政治活动，余教授勾勒出理学家彼此声援的政治网络。可见理学家“异中有同”，“异”的是学术宗旨，“同”的是政治立场。

依据官修《宋史》，宋世内禅者四，南宋居其三。高宗首启其例，继之孝宗、光宗，迄宁宗止，一脉相传，禅让几成皇位继承的惯例，此事颇是蹊跷。而朱熹的从政生涯亦缘“历事四朝”，随之起伏不定。

其实，赵氏父子的缉熙而让，只不过为了掩饰皇室汹涌的暗流。易言之，皇室的矛盾与外廷的党争，恰恰组成南宋政治的二重奏。而余教授倚其史识，辅以现代的心理分析，遂得发幽抉微，一五一十道出事情的原委。尤其他刻画光宗的“失心疯”，直若亲睹，令人拍案叫绝。而该章将史料与心理分析的概念融合无间，允称中国心理史学的最上品。观此，余教授依题命意，再次展现其多元的研究进路。

在“绪说”部分，余教授并不讳言他的研究取径迥异于时

---

①《鲁齐王文宪公文集》卷一一，页1上。

下以望空为高的流行进路。他颇引以为傲：书中的立论，咸得自辛勤爬梳的原始资料。套句朴学大师——顾炎武的名言，即是取“采山之铜”所精铸的良币。这点他不愧为敢言的历史大家。

于他之前，以道统论为代表的“大叙事”（grand narrative）主导了中国哲学与思想史的解释。依此陈说，“道体”系永恒的存在，留俟后人恍兮惚兮地把捉，而“道学”的发展遂超越时空，无涉具体的历史情境。在此一观点的投射之下，宋明理学家竟似不食人间烟火的迂儒，成天苦思冥索“人心惟危，道心惟微”的精义。若套用余教授本人的用语，这类成说系学术“两度抽离”的产物。首先是把“道学”从儒学抽离出来，其次再将“道体”从道学抽离出来，最终竟是生活与学问互不相涉。而余教授的贡献便是重塑理学的人间世关怀，而非将理学通化约为政治的问题。

此一睿见得来委实不易。当下哲学史的工作，虽真能辨析入微，发先儒所未发，犹恐深锁在道统叙事的桎梏里。究其极，连当代新儒家的论述竟无非是传统大叙事的翻版。是故，余教授得及时戳破传统的迷思，不只具有解放的效果，而且树立了一个研究的新典范。

平心而论，中外固然有别。余教授之所以能洞悉个中底蕴，自然得力于他深厚的学养与历史意识。但在意向上，却与后现代不谋而合。较诸西哲德里达（Jacques Derrida）解构西方形上学的“逻各斯中心主义”（logocentrism），余教授所从事的历史解析工作毫不逊色。

有趣的是，余氏的业师——钱穆先生，晚年以《朱子新学案》名重于世；而余氏的及门——田浩（Hoyt Tillman）复以

《朱熹的思维世界》风行大陆、台湾及香港。由此观来，余氏的巨著无疑寓有承先启后之志，吾人谨拭目以待。

刊于《哈佛人》2003 年第 7 期；又刊《读书》（大陆）2003 年第 9 期；收入《从理学到伦理学：清末民初道德意识的转化》（台北：允晨文化实业股份有限公司，2013）。

附录一　找到史家的恰当位置

——黄进兴的当代史学之旅

李浴洋（北京大学中文系博士生）

2016年9月11日至24日，应北京大学人文社会科学研究院的邀请，著名历史学家黄进兴院士到访北京大学。访问期间，除参加人文社会科学研究院揭牌仪式，黄进兴还出席了一系列学术活动。其中最为重要的是发表了题为“当代史学的进行式”的系列演讲。该演讲由“历史的转向：20世纪晚期人文科学历史意识的再兴”与“从普世史到世界史和全球史：以兰克史学为分析始点”两场组成，是黄进兴对于当代史学演进趋向的最新判断与思考。

随着其主要著作自20世纪90年代以来陆续“登陆”，黄进兴在大陆学界，尤其是思想史研究领域中已经拥有了相当广泛的影响力与号召力。在他看来，“晚近两岸史学日趋同步，因此所面对的问题也极为相似”（他山之石，可以攻错——《后现代主义与史学研究》简体版序）。是故，黄进兴对于当代史学的困境与生机做出的论述，也就不仅在台湾学界具有启示意义，对于大陆人文学术的各个门类同样具有借鉴作用。而史学史，特别是史学理论史正是黄进兴长期关注的研究领域。对于当代史学的追踪、反思与突围，是贯穿黄进兴的学术生涯的一条主线。

负笈哈佛，徜徉中西学术

黄进兴1950年生于台湾，1969年考入台湾大学历史系，获得硕士学位后，1976年赴美留学。他先在匹兹堡大学师从许倬云，后到哈佛大学师从史华慈，同时一直得到余英时的悉心指导。1983年获得博士学位后，他返回台湾任教，长期供职于“中央研究院”历史语言研究所，并且在2009年至2016年间出任该所所长，可谓当代台湾学界的重要代表。

在黄进兴迄今为止的全部著作中，影响最大的是他以夫人“吴咏慧”之名出版的学术随笔《哈佛琐记》。该书收录了他1983年回台后陆续完成的关于六年哈佛时光的回忆文章。在黄进兴看来，“人无法选择自然的故乡，但人可以选择心灵的故乡”，而哈佛便是他的“心灵的故乡”。以致他日后重返哈佛时，“顿时忘却旅途的疲劳”，“彻夜竟像期待远足已久的小孩，兴奋得难以成眠”。(《哈佛琐记·重返哈佛》)

哈佛六年，黄进兴的主要精力都用在了“读书”与“听课”上。学术大师的课堂风采，是《哈佛琐记》中着墨最多的地方。据黄进兴回忆，哈佛“其时名师云集，诸如哲学的罗尔斯、心理学的科尔伯格、社会学的贝尔、思想史的史华慈，百家齐鸣，交织成一部波澜壮阔的交响曲”。(《哈佛琐记》新版序）怀抱“前往西方取经的宏愿”的他，自然不会错过这一求学的绝佳时机。于是，在诸位大师的课堂上流连，也就成为了他最为乐此不疲的事情。时隔数年，他还依旧记得：“罗尔斯讲到紧要处，适巧阳光从窗外斜射进来，照在他身上，顿时光芒万丈，衬托出一幅圣者图像，十分炫眼。”(《哈佛琐记·哲学祭酒》）而此类片段，在《哈佛琐记》中几乎俯拾皆是。

学术大师之所以成为值得欣赏的风景，并非因其音容笑貌格外动人，而在于其思想锋芒具有足够的感召作用。黄进兴的留学生活表面上是在不同的课堂中穿梭，实质则是追随诸位大师的学术理论，“按图索骥”式地博览群书。从《哈佛琐记》中可以明显看出，黄进兴当时主要的兴趣在于社会科学。这与“二战”后美国学界的主流趋向直接相关：一是社会科学走向全面繁荣，二是“鼓励各种学科相互合作”的“科际整合”思潮方兴未艾，“导致大家经常以接受其他学科与否，来断定一位学者是前进或保守”。（《哈佛琐记·跛足的英雄》）因此，社会科学的浓郁气息同样弥漫在美国的人文学界。在历史系攻读博士学位的黄进兴自然置身其中。当然，曾经置身其中的这一潮流日后成为了黄进兴 2016 年在北大演讲时的反思对象，这是后话。

尽管浸淫于西方当时盛行的社会科学浪潮中有年，黄进兴却并未简单地成为西学的“信徒”。在博士论文选题时，他接受了余英时的建议，将清代理学家李绂作为自己的研究对象。不到两年，他就完成了论文《18 世纪中国的哲学、考证和政治：李绂与清代陆王学派》。如此速度，在哈佛几乎不可想象。由是也可见黄进兴平时的学术训练之到位。不过饶有意味的是，此文全无他用功颇勤的西学印记。这一方面当然说明了他未尝荒废自己的中学修养，但另一方面也反映出彼时的他对于中西学术尚持区别对待的态度。在他从哈佛毕业时，史华慈给他的赠言正是：“你在求学期间，花了不少时间修习、研读西方课程，可是在博士论文里，竟不见踪影。希望有朝一日，能将东、西方的知识融会贯通，好好发挥。”

孔庙空间，如何生长与挫败

带着史华慈的临别赠言，黄进兴回台任教。其实，早在他赴美留学时，便是带着自己的问题去的。在台大读书时，黄进兴完成的硕士论文是《历史主义：一个史学传统及其观念的形成》，即对于“历史主义”这一西方史学传统中的核心范畴进行的观念史研究。据他回忆，在台湾“其时以西洋思想史作为论文题目，较为罕见”（《历史主义与历史理论》序）。由此可见他的西学兴趣之浓厚。而他选择赴美留学，也正与其希望一探西学之究竟的心情有关。在美期间，通过了解西方学术内部各派的彼此攻错，黄进兴逐渐意识到了当时大行其道的“方法论热”其实存在不小的局限与偏颇。而史华慈的赠言，更启示他开始关注中西史学能否在实践中会通的问题。

在此后的学术生涯中，黄进兴一方面继续追踪当代史学的发展，并且及时做出总结与检讨，另一方面则集中精力进行了孔庙研究。关于前者，他先后有《历史主义与历史理论》和《后现代主义与史学研究》等专书问世；而后者，则是奠定了他在学界地位的三部力作——《优入圣域：权力、信仰与正当性》、《圣贤与圣徒：历史与宗教论文集》和《皇帝、儒生与孔庙》。

黄进兴与孔庙结缘的故事，早已成为了一段学界佳话。1981 年，家人给回台休假的黄进兴介绍了一位女友。两人初次约会，他便带对方去了孔庙参观。在服务部，为了“打肿脸充胖子”，他买下了一部定价不菲的《文庙祀典考》。结果，两人的关系未能继续发展，孔庙却成为了他念兹在兹的关注对象。

黄进兴的孔庙研究，分为两个阶段。在前一阶段，他的主要工作是清理了在中国绵延两千余年的孔庙祭祀制度，讨论了历代儒生集团与统治集团在这一空间中展开的较量与合作。在某种程度上，黄进兴这一时期的研究是其博士论文思路的延伸。在博士论文的最后一章“拥有圣君的代价：康熙皇帝统治下政治机构对道统的同化”中，黄进兴已经触及了清代儒学与皇权的关系问题。

而将这一议题与孔庙这一空间结合后，展开得也就更为透辟与充分。在此基础上，他将话题进一步向前推进，深入到了对于儒教本身的考察中去。在他看来，自晚清以来聚讼百年的关于儒教是否为宗教的讨论，都忽略了一大关节，即以往的论争大都是在“民间宗教”、“民俗信仰”与“原始宗教”等层面上展开的，对于“国家宗教”的认识程度十分不够。而孔庙的意义正在于其彰显了一种“国家宗教”的性格。黄进兴就上述话题做出的具体论述，便是他的《优入圣域》一书。

在完成《优入圣域》后，黄进兴的孔庙研究旋即转入了第二阶段，因为他发现此前自己“对统治者和士人阶层争相宰制孔庙礼仪虽略有陈述，但着眼点仅限于高层政治和精英文化，对地方上的个别情况反少留意；特别是对作为儒教圣域的孔庙，其社会、宗教的实践竟毫无措辞，这不得不谓是一项缺失”（《比较宗教与宗教概念——〈圣贤与圣徒〉序》）。于是，他引入了“比较宗教”的视野，具体考察了“作为宗教的儒教”在孔庙这一空间中如何生长与挫败。值得注意的是，在他的这一部分研究中，具有显著的理论关怀。

黄进兴认为：“在帝制中国，孔庙祭典概由人君与士人统治阶层所垄断。它不但为官方所主导，并且展现公共宗教的特质。唯近代中国知识分子缘浸淫于西式私人宗教的范式，反而习焉不察，无从捉摸其独特的宗教性格，从而判定儒教非为宗教。”他自谓其研究是“针对此一盲点”，力图“发掘历史的原貌，进而厘清传统中国信仰的多元面相”。（《优入圣域》新版序）而这便是其另外两部孔庙研究著作的主要内容。其间中西对话的旨归已经十分明显。至此，黄进兴以其具体的研究实践回应了史华慈当初的殷切期待。而他自己，也经此在历史与理论之间找到了史家应当具有的恰当位置。

晚近的黄进兴一手继续其孔庙研究，一手涉入近代中国“道德意识”的命题。他的新著《从理学到伦理学：清末民初道德意识的转化》已经出版。一个新的研究领域又在他的学术生涯中打开了。

在黄进兴成长的时代，他先是经历了台湾学界“理论意识高涨，分析哲学盛行”（《历史主义与历史理论》序）的风潮，后又纵身于美国学界社会科学一家独大的热浪。他一路跟踪，也一路反思，最终在追踪与反思中形成了自己独到的学术路径。在生逢一种学术浪潮具有覆盖效应的时代中，能够树立起自家面目，无疑是一种突围，也未尝不是对于一位学者的最大考验与最佳肯定。在这种意义上，他在北大演讲“当代史学的进行式”，既是对于学术史的“回溯”与“预流”，同时也是讲述某种程度上的自己的故事。是故，如此带有深情与温度的演讲，也就格外值得关注。

附录二 “当代史学的进行式”系列摘编

黄进兴 讲述

李 静（北京大学中文系博士生） 选录

第一场 历史的转向——20世纪晚期人文科学历史意识的再兴

“历史的转向”并非史学一科可以矩矱或道尽。它乃发生在人文及社会科学“重新发现历史”的共通现象。

“历史的转向”并非单纯回归到19世纪的“历史主义”，盖“历史主义”所强调的“发展性”和“独特性”在后现代的氛围，两者均需再经审慎的检验。而除却唤醒“历史的真实性”，“历史的转向”需要对以往的史学进行一连串的反思。“反思”的对象包括上至国家、民族、社会、阶级等客体，下抵学者自我的省察，甚至触及时间、空间、时序的范畴。这些概念往昔均被视为理所当然、不证自明的分析单元，但只要梳理其底蕴，却都是在特定时空情境所造成，是故得予重新解析，考镜其源流。

历史与文化的知识，不似自然的事物，而具有时空的制约，必得因时制宜，方能蒙其益而不受其害。

历史意识并非凌空环顾，而是受限于一定的视野；所以，历史意识难免局限、倾斜，甚至酿成系统的偏颇。而 19 世纪史学所标榜的客观性理想，只是遥不可及的神话。相形之下，中国的反思史学刚刚起步，于今之际，唯有急起直追，才能令中国史学超拔于“历史的无意识”！

第二场　从普世史到世界史和全球史：以兰克史学为分析始点

臆想中，世界史应是史家治史最高的境界或最终的目标，究其实并不然。19 世纪中叶以降，世界史在整个历史学科，不得说无足轻重，却是相当边缘。世界史通常只是业余人士的雅好，并不受专业史家所重视。不容讳言，该时的世界史与新建制的史学，实格格不入；因是渐次式微，甚至沦为茶余饭后的佐谈，称不得一门正规的学问。

20 世纪末，由于研究水平的提升及教学的普及，更加上全球化意识的推波助澜，令它居于史学的次领域。演讲即旨在阐述此一曲折的过程：从原初追寻世界的意义，至剖析人类往事的知识历程，以揭露世界史起承转合的蜕化，最终方得在 20 世纪末站稳脚步，成为当今史学的核心领域。

历史研究不能没有通史般的胸怀，否则将显得微不足道；但是通史如果没有建立在各民族史扎实的研究之上，也将仅是浮沙建塔而已。因此，批评方法、客观研究和综合解释应该携手合作，缺一不可。

“普世史”重视的是历史的大事件，特别攸关各民族的相互关联，而政治和外交的折冲更是关怀的焦点所在。当这些权力冲突时，即是“历史时刻”的来临，其结果终究是平衡的状态，而“世界史”的秘密适见于此。换言之，世界史无非是国家民族各种力量相互斗争之际所形成的。

20世纪末期出现超越国家界限的区域整合（如欧盟、东协等国际组织），以及经济全球化（例如跨国公司）的现象，无疑是拓展世界史的极佳温床。要之，20世纪90年代“全球化”的风潮，直可视为50、60年代“现代化”理论的再进化版。对追求全球化的学者而言，民族国家只是近代历史的产物，其过时的架构已无法涵盖日新月异的世界趋势，因此必须突破藩篱，另起炉灶，重新寻找书写世界历史的蓝图。换言之，“全球意识”的觉醒与“全球史”的崛起，乃是相互激荡的结果。若说之前的普世史和世界史大概仅及“人文的世界”，但全球史则需顾及自然的历史，也就是把领域扩充至人类全体所居处的地球。

全球史的目标不在涵盖面的辽阔和时间的长远，而是在从事任何在地或特殊的议题时，都应心系全球的关联性，教导学生过去人类生活的多样性，避免单一轴线的大叙述。是故，在21世纪，全球史的教科书不但要告知年轻人攸关这个“世界”的知识，并且应教导他们如何从事反思性的“历史思考”，切忌将人类往事化约为单一原则，或统一因素的作用；也就是新文化史家娜塔莉·戴维斯所称的“全球史，但诸多故事”。果真如此，方得符合“人人通古今之变，个个成一家之言”的厚望。